DAI动环改进

张涛◎著

中国科学技术出版社
·北 京·

图书在版编目（CIP）数据

DAI 动环改进 / 张涛著 . — 北京：中国科学技术出版社，2021.5

ISBN 978-7-5046-9028-9

Ⅰ. ① D… Ⅱ. ①张… Ⅲ. ①企业管理 Ⅳ. ① F272

中国版本图书馆 CIP 数据核字（2021）第 069066 号

策划编辑	杜凡如
责任编辑	杜凡如
封面设计	马筱琨
版式设计	锋尚设计
责任校对	吕传新　张晓莉
责任印制	李晓霖

出　　版	中国科学技术出版社
发　　行	中国科学技术出版社有限公司发行部
地　　址	北京市海淀区中关村南大街 16 号
邮　　编	100081
发行电话	010-62173865
传　　真	010-62173081
网　　址	http://www.cspbooks.com.cn

开　　本	710mm×1000mm　1/16
字　　数	275 千字
印　　张	14.5
版　　次	2021 年 5 月第 1 版
印　　次	2021 年 5 月第 1 次印刷
印　　刷	北京顶佳世纪印刷有限公司
书　　号	ISBN 978-7-5046-9028-9/F・272
定　　价	59.00 元

（凡购买本社图书，如有缺页、倒页、脱页者，本社发行部负责调换）

序

打破企业发展僵局　实现企业管理跃迁

当前，数字化与智能化已逐渐成为新的生产力，推动着产业的创新变革和社会的发展。数字经济的蓬勃发展与数字化技术的革新进步为企业带来了更多的发展机遇和更广阔的价值空间。如何改进企业结构、提高产品质量、优化企业流程，从而激发企业实现新业务的增长，是摆在所有企业面前的重要议题。

数字时代的特点之一是应用场景与技术深度融合，这让企业的发展、环境变得更加复杂，也给企业管理带来了诸多挑战。而唯有新的发展战略和科学的管理手段，方可助力企业不断改进，从而实现健康的可持续发展。新华三集团在助力百行百业进行数字化转型的过程中，也在不断地对企业的管理方法进行思考和总结，并时刻保持上游思维，直面发展中遇到的各种问题，不断查找根本原因，并针对性地解决相关问题，以帮助企业逐步实现并完善科学有效的管理。

经过长时间的摸索实践与提炼总结，"DAI（Define-Analyse-Improve）动环改进"方法论是我们认为最清晰、高效和实用的方法之一，通过界定（Define）、分析（Analyse）和改进（Improve）三大步骤，找出核心问题并逐个击破，循序渐进地改善运营状况，实现动态优化和持续发展，避免企业陷入僵化，最终跃迁至新的发展水平。

古人云"上工治未病"，企业唯有着眼未来，主动求变，才能立于不败之地。我们将"DAI动环改进"方法论奉献给大家，期望在数字时代，让更多企业利用这套行之有效、科学完整的方法论，持续改进、健康发展，在跃迁突破中成功转型，迸发出新活力。新华三集团愿意为百行百业的数字化转型尽绵薄之力，与中国万千企业共同成长！

于英涛
紫光股份董事长兼新华三首席执行官

前言

2010年夏天,我在英国朴次茅斯大学进行研究性学习。有一天我骑着单车,穿越小城去见我的导师芭芭拉教授。途中,一张有趣的海报吸引了我。海报中莎士比亚手持放大镜研究一个太极图,海报的红色底色在阳光下格外耀眼。我不是很喜欢标签化设计,但承认标签化设计总能吸引我。为了看清海报的内容,我穿过马路以更清晰地看到海报文字内容。具体内容是一位牛津大学的教授将举办一场讲座:东方文化在西方管理哲学的映射。我拿出手机把海报拍下来,到了导师那里便分享给她。

芭芭拉教授建议我去听听这个讲座,满头银发的她眨着眼睛调皮地说:"你不妨去检验一下他到底是学贯中西,还是哗众取宠,牛津人嘛。"

教授开场的第一句话就吸引了我,他说中国有句古话叫作"The superior doctor prevents illness(上工治未病)",这是他一生的座右铭;然后讲了扁鹊的故事。这不是我第一次听到这个故事,但是教授的叙事方式很不一样,他把"The superior doctor prevents illness"这句话和扁鹊的故事一直"编织"在他的讲座中,对东方文化中防患于未然的思维模式和西方管理学中注意分析潜在问题、消除原因的风险概念进行了对比。我听得兴致盎然。

教授讲述的扁鹊故事是这样的。皇帝(其实是魏文王)问扁鹊:"你们三兄弟中谁的医术最高明啊?"扁鹊说:"我大哥的医术其实是最高的。他总是在别人还没发病的时候就把病治好，由于一般人不知道他能事先消除病因，他的名气无法传出去，只有我们家里人才知道。我二哥的医术次之，他能在症状初发的时候遏制病情，一般人以为他只能治轻微的小病，所以只在我们村里有些名气。我的医术其实最差，我都是等人的病情很严重了才开始治疗，动不动就做大手术，一天天地双手沾满鲜血（中国版本说的是放血疗法），用的都是药性猛烈的药……结果我名气反而特别大，全国都知道我。"这个版本基本忠于中国版本。

听完讲座后，我迫不及待地和芭芭拉教授聊起这位教授，把他的生动演绎讲给她听。我非常喜欢教授的观点，他本人也很有趣。他不仅没有哗众取宠，还激发了我对比较管理学的兴趣。芭芭拉教授又眨着眼睛说那位教授是她的初恋，初恋一般错不了。我怔了一会儿，才意识到她在开玩笑。在幽默这条路上，我一辈子也赶不上芭芭拉教授。

后来在六西格玛黑带大师的认证答辩会上，一位美国籍评委忽然问我："在你为公司设计的六西格玛执行框架中，你的首要理念是什么？"这个问题没有在我的"准备列表"里，但是我下意识地脱口而出："The superior doctor prevents illness。"谢谢牛津大学的教授教我这句地道的英语。

2000多年前，我们中国人就说出了"上工治未病"这样振聋发聩的名句。在问题发生前就消除它、令问题无法产生的境界，如今被管理学界称为上游思维。不过让所有企业家和管理者头痛的是，今天我们仍然很难在企业中做到防患于未然，甚至大多数管理者的大部分时间都在焦头烂额地处理手边的问题，并没有真正思考产生这些问题的由来，基本上无法做到"上工治未病"。

我们忙着在下游不停地解决问题，却没有意识到，为什么不去上游看看谁在制造问题；

我们忙着处理企业内部的利益，解决流程"痛点"，却忽略了探寻客户的关键需求；

我们忙着要求每个员工必须保持高绩效，并严格地执行末位淘汰制度，却很少着手解决组织内部影响绩效的部门关系和官僚机制；

我们忙着搞定显著的特殊原因，聚焦短期速赢，却忽略了系统里隐含的普遍原因，丢掉了长期红利；

我们忙着制定各种规章制度，却轻视流程的执行；

我们忙着提升速度，却忽略了没有增值的速度其实对客户无益的事实；

我们忙着展现数字，却对数字分析可能存在的陷阱视而不见；

……

我们太忙了，以至能把身边的问题处理好就不错了。问题得到了处理，这不就是改进吗？

一家在线旅行预定公司发现其呼叫中心每年配置超过20 000人来协助客户找回行程单，而且配置人数还在不停地增长，因为客户总是打电话抱怨他们在公司的网站上找不到行程单。公司为了解决这个问题，于是调配更多的员工来给客户提供更周到的服务！

问题解决了吗？只要配置更多的人，就能解决这个问题。而且统计数字表明，更多的客户抱怨被有效地处理，呼叫中心的投诉率下降了，在线旅行公司在改进！还可以在20 000人中评选出优秀员工从而做出示范效应。优秀员工可以参加公司年会、接受表彰，还可以促进企业文化建设，激励每个员工做得更好……

但问题真的解决了吗？

真正的改进思维与上面在线旅行预定公司的行为完全相反，它要求我们去问如下问题。

为什么客户在公司的网站上找不到行程单？

为什么没有更早地发现很多客户找不到行程单这个问题？

为什么没有寻找原因就便给出了解决方案？

为什么迅速增加的人力需求没有被识别为管理异常？

为什么只满足客户的要求而不分析客户的需求？
……

如果这家在线旅行预定公司引入了持续改进理念，那么雇佣20 000人"找回行程单"的悲剧就不会发生了。不过幸运的是，这家公司后来成立了改进小组，他们采用持续改进理念的方法和工具，不断地进行调研，通过数据排查问题，排除干扰，最终发现导致行程单丢失的根本原因是网站设计的问题。其具体原因是数据库自动发送的行程单邮件被客户邮箱误认为是垃圾邮件而删除了，客户只好打电话通过人工方式找回行程单。这个技术问题很快得到了解决，在线旅行预定公司再也不用配置20 000人去接电话帮助客户找回行程单了。公司领导层意识到并不是以后出现问题就用所谓的方案去解决问题，而是把持续改进的理念引入公司中，让整个组织不断地在改进中寻找原因，让问题在刚有苗头，甚至还未展现的时候就被消除。这个理想不容易实现，但值得努力。

几乎所有的持续改进理论都反对仅"救火"，而不去寻找"火灾"的原因这种做法。不断地查找原因，直到发现根本原因，并针对根本原因来解决问题，才是上游思维，是持续改进理念的核心观点。这也是持续改进理念诞生近百年，至今仍然被诸多企业奉为管理的核心法则之一的原因。

世界变化如此之快，客户比以往任何时候都更加挑剔，也更有权力。企业面临的挑战和压力无疑是呈指数级增加，企业总是需要选择几个基本方法论作为管理的核心理念来解决管理难题。在众多管理理论中，持续改进理论日益受到金融业、制造业、服务业、高科技公司、非营利组织及政府机构的青睐，学术界对持续改进理论的研究也日益深入。这一方法论不仅没有在互联网和数字时代呈现疲态，反而在各类企业的不断实践中持续发展和螺旋式上升。

持续改进是企业提升顾客体验的重要途径，从最早期属于生产质量管理领域中的概念，逐渐演进为普适于企业经营管理全过程的体系，应用于企业中的各个部门。持续改进的一般步骤包括确定改进目标、寻找可能的解决方法、验证实施结果、正式应用等。在持续改进理念形成的早期，其核心主要是由一些行之有效的改进工具及具体方法组成。随着持续改进对企业绩效的巨大促进作用凸显，越来越多的企业及商学院开始投入资源来整理、提炼、研究、输出各种改进思路。比较著名的有美国W. 爱德华兹·戴明（William Edwards Deming）博士的戴明环（PDSA，Plan-Do-Study-Act）体系、美国麻省理工学院提炼出的丰田精益理论、闻名全球的六西格玛管理体系，以及谷歌的持续创新迭代体系等。

人们意识到持续改进的方法可以大大帮助人们了解组织中的系统，并不断地进行优化，以更好地满足客户需求。这种方法取代了过时的错误检测理念，带来了更多、更快、更高效的改进。当这些持续改进方法被系统地集成到一个改进模型中、持续改进方法形成了独特的原则及管理哲学观时，持续改进方法就形成了体系，构建了一整套完整的从原则到理念、从模型到工具和技法的合集。这些体系往往聚焦管理及组织行为学中的本质，因此具备相当旺盛的生命力，在互联网和数学时代，仍然被诸多快速发展的企业所采用和实施。我国很多企业也开始秉承持续改进方法论和相关学说，在企业内部进行相关实践，取得了显著的效益，提升了竞争力。

本书所聚焦的DAI动环改进方法论也是一种持续改进方法论，是由多个持续改进方法论演化和发展的产物，是基于戴明环、丰田精益体系、六西格玛管理体系等方法论的基本共识、最佳实践、工具及应用，结合互联网和数字时代企业的管理特点而演进的一种方法论。

DAI动环改进方法论把改进分为3个步骤，分别是界定（Define）、分析（Analyse）、改进（Improve），并且借鉴戴明环，构成DAI动环，动环的意义在于改进动作并非线性开始和结束，而是让企业的改进行为从界定开始，到分析，到改进，再到界定，到分析，到改进……在这3个步骤中持续循环，持续改进组织绩效，从而形成环状的起始衔接，在动态循环中实现"上工治未病"。

同时，DAI动环改进方法论引入三大一般性原则和五大工作哲学观来指导在3个步骤循环中遇到的各种场景，让改进者始终能够聚焦在客户、目标、系统和根本原因上，实现真正的改进。那么，有心的读者可能要提问了：

如何在复杂的业务场景界定改进？

什么是界定？要界定什么？如何界定？

如何分析根本原因？

是进行定性分析还是定量分析？

如何针对问题提出改进措施并实施？

……

这些问题在本书中都会得到答案。

DAI动环改进方法论不是凭空诞生的，是基于经典的持续改进方法论抽象整合而成。本书的作者借此书向各位前辈及无数致力于持续改进工作的工作者致以最崇高的敬意。正是他们在历史长河中不断地对持续改进方法论进行提炼和升华，才使后人有机会站在他们的肩膀上，继续他们未完的事业。DAI动环改进方法论之所以能够诞生，就是因为他们的研究和实践，没有他们的努力，就没有今天的DAI动环改进方法论。本书中，我们将分别向大家介绍DAI动环改进方法论的几个重要组成部分，分别是最高使命、一般性基本原则、核心管理哲学观、持续改进模型及持续改进方法和工具。

本书涉及的所有案例都从现实场景中总结而来，感谢那些向我们提供案例的团队及持续改进工作的工作者！感谢王晨刚、张晓光、李涛林、詹志炜等六西格玛黑带大师对本书创作所提出的建议、意见和诸多修订！尤其是工具部分，如果没有他们细致入微的修订，强调细节的工具使用的内容就无法以现在的面貌呈现在第7章中。感谢梁怀雄先生从新加坡发来的意见！他的建议令我如获至宝，以至好几个晚上忘我地完善和修订书稿。感谢新华三大学的李涛校长用熵的概念来启发我的创作，他的鼓励和鞭策，是这本书能够面世的重要原因。他对我创作的信任，也是这本书诞生的起点！

  我还要感谢我的爱人。在写书的这段时间里，我们没有去电影院，没有去音乐厅，也没有去我们最钟爱的美术馆；我们还放弃了公园和森林……我并没有把这当成理所应当，只是感动于人生中能有相濡以沫的爱人，这是多么幸运！谢谢你，我的爱人。我答应你重新开始练习钢琴，希望未来有一天能为你弹奏你喜爱的舒伯特的《小夜曲》。

张涛

新华三大学

2020年9月

目录

1 概论 / 001
1.1 持续改进对于组织和业务的意义 / 002
1.2 持续改进方法论的使命 / 003

2 主流持续改进理论的发展和演进 / 005
2.1 戴明学说 / 006
2.2 精益理论 / 009
2.3 8D 问题解决法 / 011
2.4 六西格玛 / 013

3 DAI 动环改进方法论简介 / 017
3.1 DAI 的含义 / 018
3.2 DAI 动环的含义 / 019
3.3 DAI 动环改进方法论的结构和内容 / 020

4 DAI 动环改进方法论的基本原则 / 023
4.1 由外而内原则 / 024
    4.1.1 由内而外即内焦点型改进原则 / 024

  4.1.2 由外而内即外焦点型改进原则 / 024

  4.1.3 由外而内原则的重要含义 / 026

  4.1.4 如何遵循由外而内原则 / 027

4.2 系统化原则 / 029

  4.2.1 系统思维 / 029

  4.2.2 系统和流程 / 031

  4.2.3 系统和人 / 031

  4.2.4 系统化原则的 3 个要求 / 033

4.3 统计原则 / 035

  4.3.1 制定操作定义 / 035

  4.3.2 理解变异 / 036

  4.3.3 理解变异的原因 / 038

  4.3.4 统计原则的步骤 / 040

5　DAI 动环改进方法论的工作哲学观 / 043

5.1 流程观 / 044

  5.1.1 理解流程 / 046

  5.1.2 流程能力 / 048

5.2 数据观 / 050

  5.2.1 理解数据的质量特性 / 051

  5.2.2 理解数据的属性 / 051

5.3 增值观 / 054

  5.3.1 持续改进要求持续提高增值过程在系统中的比例 / 055

  5.3.2 优化非直接增值活动而不是盲目移除 / 056

  5.3.3 浪费必须尽力消除 / 056

5.4 速度观 / 067

  5.4.1 理解系统增值率 / 068

  5.4.2 理解非直接增值率 / 070

5.5 变革观 / 071

6 DAI 动环改进方法论模型和步骤 / 077

    6.1   模型综述 / 078
    6.2   界定 / 079
    6.3   分析 / 083
    6.4   改进 / 086

7 DAI 动环改进方法论的工具与方法 / 089

    7.1   流程图 / 090
        7.1.1   什么是流程图 / 090
        7.1.2   为什么要用流程图 / 091
        7.1.3   何时使用流程图 / 091
        7.1.4   如何使用流程图 / 091
        7.1.5   实际案例 / 092
        7.1.6   注意事项或典型误区是什么 / 093
    7.2   流程连接图（LOP） / 093
        7.2.1   什么是 LOP / 093
        7.2.2   为什么要用 LOP / 095
        7.2.3   何时使用 LOP / 096
        7.2.4   怎么使用 LOP / 096
        7.2.5   实际案例 / 097
        7.2.6   注意事项或典型误区是什么 / 098
    7.3   价值流图（VSM） / 099
        7.3.1   什么是 VSM / 099
        7.3.2   为什么要用 VSM / 099
        7.3.3   何时使用 VSM / 100
        7.3.4   怎么使用 VSM / 100
        7.3.5   实际案例 / 103
        7.3.6   注意事项或典型误区是什么 / 105
    7.4   范畴界定（SIPOC） / 105
        7.4.1   SIPOC 是什么 / 105
        7.4.2   为什么要用 SIPOC / 106
        7.4.3   何时使用 SIPOC / 106
        7.4.4   怎么使用 SIPOC / 106

7.4.5 实际案例 / 107
7.4.6 注意事项或典型误区是什么 / 108
7.5 数据收集表（DCF）/ 108
7.5.1 什么是 DCF / 108
7.5.2 为什么要用 DCF / 109
7.5.3 何时使用 DCF / 109
7.5.4 怎么使用 DCF / 109
7.5.5 实际案例 / 109
7.5.6 注意事项或典型误区是什么 / 110
7.6 问卷调研 / 111
7.6.1 什么是问卷调研 / 111
7.6.2 为什么要用问卷调研 / 111
7.6.3 何时使用问卷调研 / 111
7.6.4 怎么使用问卷调研 / 111
7.6.5 实际案例 / 112
7.6.6 注意事项或典型误区是什么 / 114
7.7 基线 / 114
7.7.1 什么是基线 / 114
7.7.2 为什么要用基线 / 114
7.7.3 何时使用基线 / 114
7.7.4 怎么使用基线 / 114
7.7.5 实际案例 / 115
7.7.6 注意事项或典型误区是什么 / 116
7.8 客户之声链（VCC）/ 116
7.8.1 什么是 VCC / 116
7.8.2 为什么要用 VCC / 117
7.8.3 何时使用 VCC / 117
7.8.4 怎么使用 VCC / 117
7.8.5 实际案例 / 119
7.8.6 注意事项或典型误区是什么 / 119
7.9 项目宪章 / 120
7.9.1 什么是项目宪章 / 120
7.9.2 为什么要用项目宪章 / 120
7.9.3 何时使用项目宪章 / 120
7.9.4 怎么使用项目宪章 / 120

  7.9.5 实际案例 / 122
  7.9.6 注意事项或典型误区是什么 / 122

7.10 亲和图（AD）/ 123
  7.10.1 什么是 AD / 123
  7.10.2 为什么要用 AD / 123
  7.10.3 何时使用 AD / 123
  7.10.4 怎么使用 AD / 123
  7.10.5 实际案例 / 124
  7.10.6 注意事项或典型误区是什么 / 125

7.11 驱力图（FFA）/ 125
  7.11.1 什么是 FFA / 125
  7.11.2 为什么要用 FFA / 125
  7.11.3 何时使用 FFA / 125
  7.11.4 怎么使用 FFA / 125
  7.11.5 实际案例 / 127
  7.11.6 注意事项或典型误区是什么 / 127

7.12 甘特计划图（GPC）/ 127
  7.12.1 什么是 GPC / 127
  7.12.2 为什么要用 GPC / 128
  7.12.3 何时使用 GPC / 128
  7.12.4 怎么使用 GPC / 128
  7.12.5 实际案例 / 129
  7.12.6 注意事项或典型误区是什么 / 130

7.13 质量功能展开（QFD）/ 130
  7.13.1 什么是 QFD / 130
  7.13.2 何时使用 QFD / 131
  7.13.3 质量屋的结构和范例 / 131
  7.13.4 怎么使用 QFD / 134
  7.13.5 实际案例 / 135

7.14 走势图 / 136
  7.14.1 什么是走势图 / 136
  7.14.2 何时使用走势图 / 136
  7.14.3 如何分析走势图 / 137
  7.14.4 实际案例 / 137
  7.14.5 走势图的要点 / 139

7.15 常规控制图 / 142
    7.15.1 什么是常规控制图 / 142
    7.15.2 为什么要使用常规控制图 / 142
    7.15.3 常规控制图分为哪些类型 / 143
    7.15.4 如何使用常规控制图判断过程中的异常 / 144

7.16 计量型控制图 / 149
    7.16.1 计量型控制图的类型 / 149
    7.16.2 单值–移动极差控制图使用范例 / 150
    7.16.3 均值–极差控制图使用范例 / 152
    7.16.4 均值–标准差控制图使用范例 / 154

7.17 计数型控制图 / 155
    7.17.1 计数型控制图的类型 / 155
    7.17.2 不良品数控制图使用范例 / 156
    7.17.3 不良品率控制图使用范例 / 158
    7.17.4 缺陷点数控制图使用范例 / 159
    7.17.5 单位缺陷点数控制图使用范例 / 161

7.18 排列图 / 163
    7.18.1 什么是排列图 / 163
    7.18.2 何时使用排列图 / 164
    7.18.3 使用排列图的注意事项 / 164
    7.18.4 排列图的使用范例 / 164
    7.18.5 绘制排列图的操作步骤 / 166

7.19 直方图 / 169
    7.19.1 什么是直方图 / 169
    7.19.2 何时使用直方图 / 169
    7.19.3 直方图的使用范例 / 170
    7.19.4 直方图的使用误区 / 173

7.20 鱼骨图 / 177
    7.20.1 什么是鱼骨图 / 177
    7.20.2 鱼骨图的使用步骤 / 178
    7.20.3 鱼骨图范例 / 179
    7.20.4 鱼骨图的主要类别 / 180
    7.20.5 鱼骨图的注意事项 / 181
    7.20.6 鱼骨图的使用误区 / 181

7.21 5Why 分析法 / 182

  7.21.1 什么是 5Why 分析法 / 182

  7.21.2 5Why 分析法使用范例 1 / 182

  7.21.3 5Why 分析法的分析步骤 / 183

  7.21.4 5Why 使用范例 2 / 184

  7.21.5 5Why 分析法注意事项 / 184

7.22 假设检验 / 185

  7.22.1 什么是假设检验 / 185

  7.22.2 假设检验的概念 / 186

  7.22.3 假设检验中原假设和备择假设的确定 / 186

  7.22.4 假设检验的两条原理 / 187

  7.22.5 何时使用假设检验 / 187

  7.22.6 假设检验的 Minitab 实现 / 188

7.23 散点图 / 189

7.24 回归分析法 / 194

  7.24.1 什么是回归分析法 / 194

  7.24.2 一元线性回归分析法 / 194

  7.24.3 回归分析法的注意事项 / 201

7.25 失效模式及后果分析（FMEA） / 202

  7.25.1 什么是 FMEA / 202

  7.25.2 何时使用 FMEA / 202

  7.25.3 FMEA 的作用是什么 / 203

  7.25.4 怎么使用 FMEA / 203

  7.25.5 FMEA 案例 / 206

参考文献 / 208

后记 / 211

1 概论

1.1 持续改进对于组织和业务的意义

持续改进对组织和业务的终极意义，就是降低组织的熵！

"熵"原来是热力学的概念，它的核心理念是热量的传递是自动地从高温向低温转移，在一个封闭系统里最终达到热平衡，这个过程叫作熵增；平衡后的状态就是熵死，也称热寂。薛定谔将熵的概念延展到宇宙万物中，即宇宙万物都趋向从有序到无序，即熵值必然增加。简单来说，熵增的概念就是从有序到无序，这是一个自然的趋势。任何事物，只要不加以干涉，总会趋于无序，然后达到平衡（僵化），最后热寂。爱因斯坦称熵增是科学界第一法则。

近年来，熵的概念是企业经营管理中绕不过去的关键词，熵应用于企业和组织的要点如下。

1）一个组织总会自然倾向于无序状态。

2）无序状态的背后，是自然发生的很多问题和矛盾，而且问题和矛盾会越来越多。

3）无序状态的终结，是最终达到一种混乱的平衡，然后死亡（热寂）。

熵增是非常悲观的科学概念，那么从科学的角度来看，熵增的宿命能否被改变呢？科学家终于在20世纪70年代找到了答案，提出了耗散结构（Dissipative Structure）。避免熵死的方法之一就是建立耗散结构，耗散结构的必要条件如下。

1）制造开放系统。

2）系统与外界进行能量交换。

3）系统内部不同元素之间保持非线性相互作用。

4）系统远离平衡状态。

这样，高能量的系统能够在无序状态下形成并维持在时间、空间及功能上的有序状态，又称为非平衡状态。耗散结构阐明了系统自身的进化过程，其对企业管理的意义如下。

1）封闭系统终究是要熵死的，封闭的企业必将灭亡。

2）企业要想避免熵死、长期保持活力，就要建立耗散结构。

3）企业建立耗散结构，必须保持系统开放。

4）企业建立耗散结构，就必须与外界交换能量和信息，输入输出各种变量，包括知识、技能、人力、资本等；并且远离平衡状态。

5）企业建立耗散结构，必须找到无序状态背后的根本原因，持续改进和变革，抵抗无序状态，建立有序状态。

因此，企业避免熵增有3个方向：开放，交换，改进。耗散结构避免熵增的机制与持续改进对组织的作用机制不谋而合。持续改进寻找问题的原因，不断打破原有的平衡并做出改进，让企业变得更加有序，远离僵化。持续改进的目的就是持续降低企业的熵。

当然，持续改进的理念从诞生到壮大，并非一开始就与熵减概念相关联。毕竟，熵的概念用于企业管理领域是近些年的事，但是持续改进的核心理念，与熵减概念完美匹配，不得不说这是自然规律与管理规律相遇的必然。

没有持续改进的文化，即使是一个龙头企业，其领先地位也可能是暂时的，其管理水平和业务发展总会停滞在某个阶段，企业的创新精神也会逐渐消解，熵值也不断增加，不用多久便会被竞争对手超越。没有持续改进方法论的指引，企业的内部变革会缺少一致性、散乱而无序，很难聚焦在以客户为中心的方向上。这些变革可能临时打破了平衡，但综合来看，仍然引发了熵增，因此很难帮助企业赢得客户青睐，赢得市场。

对于企业而言，无论在制造时代、信息技术时代，还是数字化智能时代，持续改进的理念都是基本战略和基本企业文化的内核。无论技术对行业/产业产生多么颠覆式的重构，对内而言，企业要长远生存，就必须持续改进。回到原点，一家企业，只要不断地降低熵，就必然要走上持续改进的道路，从而赢得竞争，赢得客户。

1.2 持续改进方法论的使命

持续改进方法论的唯一使命，就是持续提升客户体验。

对这个使命的误解包括持续改进就是改进产品质量、持续改进就是提高流程速度、持续改进就是不断优化组织、持续改进就是不断提高员工技能，这些误解并不是错误，而是混淆了过程和使命。持续改进方法论所涉及的流程能力改进、管理规则的优化，或者员工技能的提升，都是过程，而不是使命。

持续改进方法论所有变革的价值指向必须是不断提升客户满意度，让客户愿意推荐企业的产品或服务；甚至能够做到超出客户满意预期，引领客户体验，从而引领市场和行业。持续改进方法论所引发的一系列改进变革包括流程、组织、规则、政策、方法、技能等，都是为了达到这个目的。这些变革，并非为了变革而变革，其出发点都应源自客户的需求。

在持续改进方法论的发展演进过程中，有些企业仅仅把持续改进方法论作为产品质量的支撑理论，造成了灾难性后果，这是因为改进的出发点脱离了客户需求，仅仅是为了满足企业内部对产品质量的某种指标要求，其改进结果必然无法满足客户需求。这些企业在被市场淘汰时，还无法完全理解为何产品质量如此过硬却被市场无情地抛弃。

有些企业在做内部改进时并未进行客户需求分析，但由于某种巧合，恰好匹配了客户需求，或者因为企业领导者的敏锐嗅觉，使改进的方向和内容暂时符合市场需求，因此可以在某个阶段取得一定成效。基于这种偶然性，企业很有可能继续并推广这种内焦点型的改进机制，企业内部也会逐渐形成内焦点型的企业文化。当企业遇到社会经济重大变化或技术浪潮的重大颠覆时，这些内焦点型机制的改进往往无法对企业转型做出关键性贡献。企业仍然会遇到"我们一直在改进但还是失败了"的困局。

不管如何强调持续改进客户体验的使命都是不过分的。这个使命要求我们时刻牢记：过程中的所有指标都是为使命服务的；如果没有这个使命，持续改进就没有存在的理由。

2 主流持续改进理论的发展和演进

最早的时候，持续改进只是质量管理领域针对"检验"而来的一个理念。在早期的质量管理中，检验环节是不可或缺的。检验环节的价值是在产品出厂前把好最后一道关，杜绝不合格产品出厂。后来，人们认识到，如果从材料到零件再到产品成型的每道工序都减少误差或瑕疵，那么产品成型时自然是合格的。检验作为一道工序也就没有存在的必要了。而真正需要的，是连续不断地对生产流程、工艺方法等进行改进，从而持续提高产品质量。因此，持续改进理论被提出以后，成为质量管理的重要理念。

随后，在戴明博士和罗马尼亚的约瑟夫·M. 朱兰（Joseph M. Juran）博士等宗师级专家的研究、实践、发展和推广下，持续改进理论超出了质量管理的范畴，发展为一种变革模式，持续改进理论开始作为一种管理理念进入新阶段，包含了更加广阔和深远的内涵。持续改进理论要求企业不断改进、不断完善，不仅要持续解决问题，积累管理经验和实践经验，而且要在企业发展战略层面形成不断创新和迭代的文化；克服企业发展中不断遇到的困难，通过全员参与生产经营的各个环节，使改进活动目标化、日常化、制度化，使企业的管理水平持续螺旋式上升，促进企业快速平稳发展。

持续改进理论的本质演变为持续进行的内部变革，这些变革可能涉及流程、组织、规则、政策、方法、技能等企业经营领域的一切行为。持续改进所产生的持续变革，是提高用户满意度的循环活动，这些变革由客户需求而生，因客户而存在。一个企业如果能够从客户需求出发，不断进行内部变革，那么这家企业就是有生命力的。一家能够持续改进的企业，并非指一家总在改进产品质量的公司，而是指一家能够驱动整个组织向着满足市场需求而不断改进的公司。

2.1 戴明学说

作为持续改进和质量管理的先驱者，戴明博士对持续改进方法论和质量管理理论始终产生着极为重要的影响。戴明博士在1950年前后为日本的工业振兴提出了一系列战略，为企业引入了统计学和流程持续改进的方法，为第二次世界大战后的工业崛起做出了巨大的贡献。随后他在美国应邀进行了一系列改进理念的推广和实践，对美国福特汽车公司和美国通用汽车公司形成独有的改进方法起到了关键作用，使这两家企业因建立了改进体系而获得了全球业务的增长。戴明博士也因此声名鹊起，成为持续改进和质量管理领域的宗师。

戴明学说简洁易明，其主要观点包含在著名的"戴明十四要点"中，具体如下。

1）产品改进与服务改善的永久目的。管理高层必须从短期目标跳出来，转到长远目标上。即把改进产品和改善服务作为永久目的，坚持经营，这需要在相关领域进行改革和创新。

2）采纳新理念。必须对粗劣的原料、不良的操作、有瑕疵的产品和松散的服务零容忍。

3）停止依靠大批量检验来达到质量标准。检验其实是等于有次品，检验出次品已经太迟，且成本高效益低。正确的做法是改良生产过程。

4）废除价低者得的做法。价格本身并无意义，只是相对于质量才有意义。因此，只有管理者重新制定原则，采购工作才会进行改变。企业一定要与供应商建立长远的关系，并减少供应商的数目。采购部门必须采用统计工具来判断供应商及其产品的质量。

5）永不间断地改进生产及服务系统。在每个生产活动中，企业必须降低浪费和提高质量，不管是采购、运输、工程、维修、销售、分销、会计、人事、客户服务及生产制造，都应该严格遵守此条要求。

6）建立现代的岗位培训方法。培训必须是有计划的，且建立于可接受的工作标准上。必须使用统计方法来检验培训工作是否有效。

7）建立现代的督导方法。督导人员必须要让管理高层知道需要改善的地方，然后管理高层必须采取行动。

8）驱走恐惧心理。所有同事必须敢于提出问题，表达意见。

9）打破部门之间的"围墙"。每个部门都不应该只顾独善其身，而是需要发挥团队精神。跨部门的质量圈活动有助于改善设计、服务、质量及成本。

10）取消对员工发出计量化的目标。激发员工提高生产率的口号、海报等宣传品都必须废除。这些宣传品所号召的事情往往在一般员工的控制范围之外，因此这些宣传品只会导致员工的反感。虽然无须为员工订下可计量的目标，但公司始终要有这样一个目标：永不停歇地改进。

11）取消工作标准及数量化的定额。定额把焦点放在数量，而非质量。计件工作制度更不好，因为它鼓励制造次品。

12）消除打击员工工作积极性的因素。任何会导致员工失去工作积极性的因素都必须消除，包括不明确何为好的工作表现。

13）建立严谨的训练及培训计划。由于质量和生产力的改善会导致部分工作岗位数目的变化，因此所有员工都要不断地接受训练及培训。这些内容都应包括基本统计技巧的运用。

14）建立一个每天都推动以上13个要点的高层管理团队。

PDCA（Plan-Do-Check-Act）循环是美国质量管理专家沃尔特·A. 休哈特（Walter A. Shewhart）博士首先提出，由戴明博士采纳、宣传，从而获得普及，因此又称戴明环。PDCA循环是一种能使任何一项活动有效进行合乎逻辑的工作的程序，在改进体系和质量管理中得到了广泛应用。P、D、C、A这4个英文字母所代表的具体含义如下。

P（Plan）：计划。包括方针和目标的确定及活动计划的制订。

D（Do）：执行。指具体运作，实现计划中的内容。

C（Check）：检查。指总结计划执行的结果，分析哪些结果是成功的，哪些结果是失败的，明确效果，找出问题。

A（Act）：行动。对总结的检查结果进行处理，成功的经验加以肯定，并予以标准化，或制定作业指导书，便于以后工作时遵循；对于失败的教训也要总结，以免重现。对于没有解决的问题，应提交给下一个PDCA循环去解决。后来戴明博士把PDCA循环修改为PDSA（Plan-Do-Study-Act），更真实地反映了这个过程的活动。

多年来，公众对戴明学说做了诸多总结，形成4个基本原则，具体如下。

1）为了企业的生存和发展，管理层必须树立明确的使命或方向以领导整个企业进行变革，而客户则是考虑一切问题的立足点和出发点。

2）企业的管理应该以良好的系统为基础，通过持续不断地改进来实现质量生产率的提高和成本的降低。这个系统是超出企业边界的，需要通过与供应商和客户进行合作。这便是著名的系统观。

3）重视企业文化和领导的作用，要营造一个"场"或一种氛围来积极地影响员工，充分调动员工的积极性和创造性。要使员工树立主人翁精神，实现个人目标与组织目标的统一，使员工发自内心地承担起企业责任和义务，而不是依赖绩效考核。

4）重视每个员工的价值，要通过训练和培训来提升每个员工的能力，使他们愿意并且能够为企业的成功做出自己最大的贡献。

把戴明学说比喻为启明星，是企业管理以人为本的中心思想，是后来所有改进体系的理论基石。在日本工业振兴及美国信息产业高速发展的时代，戴明学说起到了无与伦比的作用。诸多企业的文化内核也建立在戴明学说之上，这些企业有松下、日产、福特、通用等公司，也有惠普、微软、思科等科技公司。2015年前后，惠

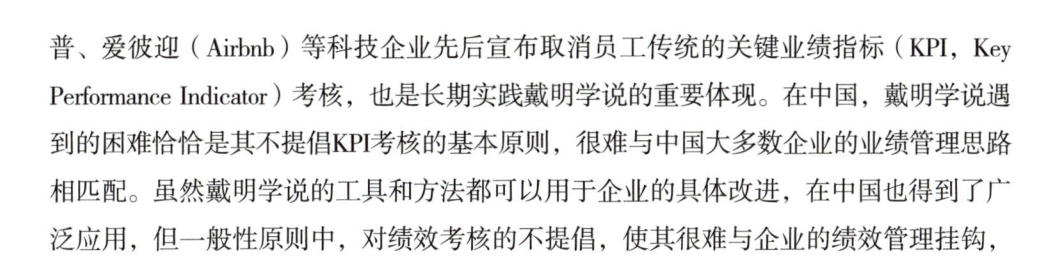

普、爱彼迎（Airbnb）等科技企业先后宣布取消员工传统的关键业绩指标（KPI, Key Performance Indicator）考核，也是长期实践戴明学说的重要体现。在中国，戴明学说遇到的困难恰恰是其不提倡KPI考核的基本原则，很难与中国大多数企业的业绩管理思路相匹配。虽然戴明学说的工具和方法都可以用于企业的具体改进，在中国也得到了广泛应用，但一般性原则中，对绩效考核的不提倡，使其很难与企业的绩效管理挂钩，难以在理论整体上受到中国企业家的深层认同，因此难以在中国企业中得以完整实施。

2.2 精益理论

精益理论，也称精益管理，源自精益生产（Lean Production），是衍生自丰田的一种管理哲学。"精益"一词最早出现在麻省理工学院的研究生约翰·克拉富西克于1988年发表的对丰田管理研究的作品中，其中提到"精益生产系统的胜利"。克拉富西克在提出"精益"一词之前，就对丰田的管理哲学做了诸多研究，这些研究进一步引出了美国麻省理工学院的国际汽车计划组织（IMVP, International Motor Vehicle Programme），多位专家和教授历时5年，对全世界17个国家和地区的共计90多个汽车制造厂的调查和对比分析，写出了大量的研究报告，并于1991年出版了名为《改变世界的机器》的著作，定义了一种以丰田管理方式为原型的"精益生产"方式。精益理论由此诞生并开始发展，并且后来在服务业和科技产业领域获得广泛发展与应用。精益理论由最初的在生产系统的管理实践成功延伸到企业的各项管理业务中；也由最初的业务管理具体方法上升为方法论和战略管理理念。

精益理念通过减少经营行为和生产过程中的浪费而实现改进，为客户创造经济价值，使企业的社会性价值实现最大化。因此在精益理论中，消除浪费是改进的第一目标。

在精益理论中，浪费第一次被扩大出3种广义定义，分别是浪费（Muda）、不平衡（Murt）和不均匀（Mura）。同时，浪费的反面是价值增值，精益理论也第一次对"增值"进行了新的定义，即在企业所有的行为或流程中，客户愿意买单的行为或流程。这两个概念的定义，也是后续所有管理理论逐渐形成统一共识的定义，是改进理念的基石之一。这些基本理念，构成了著名的"精益思维"。

精益思维的核心就是消除浪费，提升价值，以最小的资源投入（包括人力、设备、资金、材料、时间和空间），准时（JIT，Just in Time）地创造出尽可能多的价值，并随时随地进行改进，为客户提供新产品和及时的服务。

精益理论中3种浪费的定义如下。

1）浪费（Muda），指在精益管理中，以客户的角度看来，不具有增加价值且可以移除的所有活动，主要有7种，见表2-1。

表2-1　浪费的种类及其描述

浪费种类	描述
多余运输	把原本没有必要的物料运送到业务流程中
多余库存	客户需要的产品或生产产品的物料，因等待交付而滞留在库房中，包括零件、半成品和成品
多余运动	人员、设备和信息的不必要移动，即非业务性流动
等待	等待下一个流程环节
生产过剩	生产的产出比客户的需求多
多余加工	因工艺、流程、设计、工具、材料等原因产生的复工
瑕疵	进行检查和修复瑕疵的投入

2）不平衡（Muri），也称负担，指管理者强加给员工和设备的一些过度的工作要求，主要是由于工作设计缺乏秩序和逻辑而造成的。例如，制造业中的工人过度负重、将生产工具乱搬乱放、危险工作；服务业中超过同伴的工作速度、过度分配资源、业绩指标过高等都会带来这类不平衡的浪费。不平衡是属于超出人体、机器/设备、流程、管理体系承受能力的因素。要消除不平衡，就要整体提高员工的工作效率，而不是针对个体；要求企业不要采取捷径，或者擅自修改决策条件。消除不平衡，最重要的是企业要重视规划和设计。

3）不均匀（Mura），有两个层面的含义：①指各种经营行为之间的不均衡，如销售和生产的不均衡；②指不必要的变化或不一致的管理，主要指在工作设计实施的过程中产生的质量波动和变异，以及管理过程中因不同工具、不同规则、不同编码及不同要求所带来的灾难性后果。

精益理论不仅是汽车制造业的主流管理理论，而且在诸多追求效率、注重质量和成本均衡的公司中得到广泛应用。例如，戴尔、山姆会员店、海尔、格力等公司都是精益理论的践行者和受益者。精益理论提出的"价值"新定义，对信息产业革命中诞生的科技巨头起到了至关重要的指导作用。在"价值增加"理念的指导下，思科、亚马逊、微软等公司迅速形成了自己独有的产品文化和商业逻辑，并在内部策略的改进、组织和流程的设计上，围绕"价值增加"做出了各自的探索。即使这些公司并未对外宣称自己的改进体系是精益理论，但其基础改进理念仍然是基于精益理论的核心理念，这也是精益理论对企业改进的重大贡献。

诸多精益理论的实践者在应用过程中，发现了精益理论在执行中存在的一些风险，主要是杜绝浪费和减少不平衡之间难以实现两全。精益理论要求尽可能地不浪费人力、材料、设备、能源、信息等，实现理想完美的状态，这是精益生产追求的目标和努力的方向。但是在资源方面要求过于苛刻的精简理论本身会导致另一种浪费：即不平衡的出现，这会导致员工的士气下降、忠诚度下降、流失率增加；在材料方面，安全库存和战略储备库存的减少可能给企业造成更大的材料成本损失；在设备方面，一些关键性的设备如果出现备件供应不及时，可能会给企业造成更大的停机损失；在质量控制方面，过激地去掉一些检验环节和人为控制环节，或者成本压缩，将导致企业的质量风险升高；在其他方面同样如此。这种平衡需要高超的管理技巧和实践能力，精益理论的应用不仅需要依赖专家人才的专业知识，而且对实施人员依赖程度很大，一旦人员离职，改进将不能持续。另外，精益理论中的改进工具相对来说比较分散、系统化不强，解决简单问题效率更高，对于复杂问题，效率并不高。由于精益理论缺乏知识的规范性，其实践过程无法保证处于统计受控的状态。

2.3 8D 问题解决法

几乎在丰田发展精益理论的同期，受戴明学说的影响，美国福特汽车公司也发展出了一套独特的持续改进体系——8D问题解决法，也称为团队导向问题解决方法，或8D Report，简称8D法，其中的D代表英文单词Discipline（规矩）。福特公司的管理人员希望有一个系统化的方法，可以让设计、制造及生产单位一起处理重复发生的问题。8D法的处理方式是首先找到根本原因，然后采取行动消除根本原因，最后实施永久对策。针对漏失点（也称为逃逸点）的研究可以提升系统侦测错误的能力，即使错误再度发生，也有能力可以检测出来。预防措施也可以找出管理系统中出现上述错误的原因，避免再次发生。

8D法的步骤如下。

· D1　成立改善小组。由议题的相关人员组成，通常是跨部门和跨功能性的，明确团队成员之间的分工或担任的责任与角色。小组成员由具有产品或流程专业知识的人员组成。

·D2 描述问题。将问题尽可能地量化且清楚地表达，并能解决中长期的问题而不是只解决眼前的问题。可以采用何人（Who）、何事（What）、何地（Where）、何时（When）、为何（Why）、如何（How）及多少钱（How much）——5W2H分析法来识别及定义问题。

·D3 实施及确认暂时性的对策。对于D2中的显见问题立即开展快速有效的短期行动，避免问题扩大或持续恶化，其核心是快速行动加快速纠偏。

·D4 原因分析及验证原因。发现D2问题的真正原因、说明分析方法、使用工具（品质工具）的应用。所有问题的原因都需要经过确认或证实，不只是单纯的头脑风暴的结果。可以用5Why分析法或是鱼骨图来根据问题或是其影响来标示其原因。

·D5 选定及确认长期改善行动效果。拟订改善计划、列出可能的解决方案、选定与执行长期对策、验证改善措施，清除D4发生的真正原因。通常以逐步骤的方式说明长期改善对策，并经过试量产来确认永久对策已经解决客户的问题。

·D6 改善问题并确认最终效果。执行D5后进行结果与成效验证。

·D7 预防再发生及标准化。制定后续行动方案确保D4的问题不会再次发生，如修改管理系统、操作系统、流程，进行人员教育培训、改善案例分享、作业标准化，分享知识和经验等。

·D8 改善小组及规划未来方向。若上述步骤完成后问题已改善，对改善小组的努力进行肯定，并规划未来的改进方向。

在20世纪90年代末，福特公司将8D法升级为Global 8D，使之成为福特公司及其供应链公司的标准，并一直沿用至今。Global 8D主要的优化如下。

增加D0步骤作为流程的开始。在D0步骤中团队需列出此问题的症状，并确认在Global 8D开始前，是否需要采取紧急应变措施。D0步骤也包括了一系统的评估问题，其目的是确认是否需要进行后续的Global 8D流程。

步骤D4~D6增加了标示漏失点程序。漏失点是指整个系统中原本在早期就可能或可以检测出的问题，却没有检测出。此目的不只是考虑根本原因，也考虑系统中是否有未考虑到之处，造成此问题没有检测到。Global 8D在D4步骤就标示及确认漏失点，在步骤D5和D6时，团队需要选择一个永久的改善措施来避免漏失点，并要验证、实行此措施，确认有效。

8D法是基于戴明学说PDCA的深度演进，这种方法简单，是发现根本原因的有效方法，并能够采取针对性措施消除根本原因，执行永久性改善措施。同时，8D法能够帮助探索允许问题逃逸的控制系统。漏失点的研究有助于提高控制系统在问题再次出现时的监测能力。预防机制的研究也有助于帮助系统将问题控制在初级阶段。近年来，8D法在汽车产业以外也开始盛行，随着精益生产及持续改进的应用，8D法也在食品制造、健康护理及高科技产业得到广泛应用。

8D法经常被用来与精益理论做对比。8D法更多地被认为是从解决问题入手的持续改进方法，但不是与企业治理文化、战略管理相匹配的整套理论。8D法强调持续改进的步骤本身，而不是持续改进背后的理念，这使它缺乏戴明学说或精益理论中蕴含的显而易见的管理哲学观。同时，8D法和精益理论一样，缺乏统计管理的一般性原则，在处理大型企业复杂的改进时缺乏效率。

2.4 六西格玛

六西格玛概念于1986年由摩托罗拉公司的质量管理专家比尔·史密斯（Bill Smith）提出，是一种改善企业质量流程管理的方法论；以"零缺陷"完美的商业追求，旨在降低生产过程中产品及流程的缺陷次数，防止产品变异，提升品质，带动质量大幅提高、成本大幅度降低，最终实现持续改进质量和财务成效及企业竞争力的突破。六西格玛受到美国通用电气公司（简称通用电气）第八任首席执行官杰克·韦尔奇（Jack Welch）的推广，于1995年成为通用电气的核心管理思想。韦尔奇在通用电气公司2000年的年报中指出："六西格玛所创造的高品质，已经奇迹般地降低了通用电气公司在过去复杂管理流程中的浪费，简化了管理流程，降低了材料成本。六西格玛的实施已经成为介绍和承诺高品质创新产品的必要战略和标志之一。"经由通用电气的大力推广，其供应链体系，以及经销商体系形成的生态企业圈，开始全力实施六西格玛，并且迅速扩大到美国、欧洲、日本等地区及国家的制造企业，包括德州仪器、飞利浦、西门子、霍尼韦尔、阿尔斯通、索尼、东芝等，都先后将六西格玛确定为企业的核心改进方法论。在中国，六西格玛的应用也非常迅速，除了富士康、三一重工等制造业的龙头企业外，还包括中国移动、招商银行等服务业企业，其应用非常广泛。

六西格玛的原始定义是统计学里的一个单位，表示与平均值的标准偏差，用以描述总体中的个体与均值的偏离程度，测量出的西格玛值表征着诸如单位缺陷、百万缺陷或错误的概率性，西格玛值越大，缺陷或错误就越少。六西格玛是一个目标，这个质量水平意味着所有过程和结果中，99.99966%是无缺陷的，即在100万件产品中，只有3.4件是有缺陷的，这几乎趋近于人类能够达到的最理想的水平。六西格玛管理关注过程，特别是企业为市场和客户提供价值的核心过程。因为过程用西格玛来度量后，西格玛值越小，过程的波动越小，以最低的成本损失、最短的周期满足客户要求的能力就越强。国外成功经验的统计显示：企业全力实施六西格玛革新后，每年可以在产品和服务质量层面提高0.5~1个西格玛水平，直至达到4.7西格玛都无须大的资本投入。在这期间，利润率的提高十分显著。当达到4.8西格玛以后，企业再继续提高西格玛水平仍然会带来产品、服务的竞争力提高及市场占有率的增长，但需要对业务过程进行重新设计，这时企业的资本投入增加很快，企业需要付出的组织和管理成本也随之增加。

六西格玛的基本理论如下。

1）持续改进，稳定和预测性地提高流程结果（如减少流程统计方差）对于商业成功非常重要。

2）生产和商业流程可以通过测量、分析、提高和控制进行改进。

3）获得持续的质量提升需要整个企业，特别是领导者的参与。

六西格玛实际包含3层含义，具体如下。

1）它是一种质量尺度和追求的目标、定义方向和界限。这个层面由科学的统计方法来保证。六西格玛包含丰富的统计学管理的方法、工具、思路和手段，是统计学在持续改进上最强有力的应用。

2）它是一套科学的工具和管理方法，运用DMAIC（Define，Measure，Analyse，Improve，Control）进行流程的改进和设计。这个层面由严谨规范的改进项目规则来保证。六西格玛设计的改进项目规则，是迄今为止最健全、最完整的规则，弥补了戴明学说和精益理论在项目改进规则上的不足。DMAIC改进过程具体如下。

定义（Define）。确认需改进的产品或过程，确定项目所需要的资源。

测量（Measure）。定义缺陷，收集产品或过程的表现作为基线，建立改进目标。

分析（Analyse）。分析测量阶段所收集的数据，以确定一组影响质量的变量，该变量按重要程度进行排序。

改进（Improve）。优化解决方案，并确认该方案能够满足或超过项目质量改进目标。

控制（Control）。确保过程完成改进后能继续保持下去，不会返回之前的状态。

3）它是一种经营管理策略。六西格玛管理是在提高客户满意度的同时降低经营成本和周期的过程革新方法，是通过提高组织核心过程的运行质量，来提升企业赢利能力的管理方式。这也是在新经济环境下，企业获得竞争力和持续发展力的经营策略。

六西格玛方法论具有鲜明的与众不同的特征，具体如下。

1）对客户需求的高度关注。六西格玛管理以更为广泛的视角关注影响客户满意度的所有方面。六西格玛管理的绩效评估首先就是从客户开始的，其改进的程度用对客户满意度和价值的影响来衡量。六西格玛质量代表了极高的对客户需求的符合性和极低的缺陷率，它把客户的期望作为目标，并且不断超越这种期望。

2）高度依赖统计数据。统计数据是实施六西格玛管理的重要工具，通过数字来说明一切，所有的生产表现、执行能力等都量化为具体的数据，成果一目了然。决策者及经理人可以从各种统计报表中找出问题在哪里，真实掌握产品的不合格情况和客户投诉等。而改善的成果，如成本节约、利润增加等，也都以统计数据为依据。

3）重视改善业务流程。传统的质量管理理论和方法往往侧重于结果，通过在生产的终端加强检验及开展售后服务来保证产品质量。然而，生产过程中所产生的瑕疵品对企业来说已经造成损失，且售后维修需要额外的成本支出。更为糟糕的是，由于允许存在一定比例的瑕疵品，人们逐渐丧失了主动改进的意识。

4）六西格玛管理将重点放在产生缺陷的根本原因上，认为质量是靠流程的优化，而不是通过严格地对产品的检验来实现的。企业应该把资源放在认识、改善和控制根本原因上，而不是放在质量检查、售后服务等活动上。质量不是企业内某个部门和某个员工的事情，而是每个部门及每个员工的工作，追求完美应成为企业中每位成员的行为。六西格玛管理有一套严谨的工具和方法来帮助企业推广实施流程优化工作，识别并排除那些不能给客户带来价值的成本浪费，消除无附加值的活动，缩短生产和经营循环周期。

5）倡导跨部门沟通的企业文化。六西格玛管理扩展了合作机会，当人们真正认识到流程改进对于提高产品质量的重要性时，就会意识到在工作流程中各个部门和各个环节的相互依赖性，加强部门之间、环节之间的合作和配合。由于六西格玛管理所追求的改进是一个永不停止的过程，而这种持续的改进必须以员工素养的不断提高为条件，因此，有助于形成勤于学习的企业氛围。事实上，导入六西格玛管理的过程本身就是一个不断学习和培训的过程，通过组建推行六西格玛管理的骨干队伍对全员进行分层次的培训，使大家都了解和掌握六西格玛管理的要点，充分发挥员工的积极性和创造性，以在实践中不断进取。

六西格玛与一些持续改进方法论有着显著的区别。首先，六西格玛对获得可测量、可量化的财务回报有明确的规定。其次，六西格玛对领导力和支持提出了很高的要求。再次，六西格玛建立了一系列专业级别，级别由高到低，分别有"大师级黑带（MBB，Master Black Belt）""黑带（BB，Black Belt）""绿带（GB，Green Belt）"及入门级的"黄带（YB，Yellow Belt）"等，来领导和实施六西格玛的方法。并且，六西格玛要求整个体系用可确定的数据进行决策，而不是运用猜想和预测。

六西格玛在实施方面并非毫无局限。六西格玛主要应用于大型企业。通用电气于1998年宣布利用六西格玛节省了3.5亿美元（约合22.6亿元人民币），这个数字后来增长到10亿美元（约合64.6亿元人民币）。根据专家研究，员工数量小于500人的公司不适合使用六西格玛，或者需要改变标准，让六西格玛来适应这些小企业。这主要是因为六西格玛所需的黑带体系要求企业有一定的基础建设投入。同时，只有大型企业才能让六西格玛带来更多的改良机会。阻碍六西格玛应用的另一个原因是数据采集。六西格玛管理要求一切以数据为基础，在大多数情况下，很多企业由于没有实行统计过程控制（SPC，Statistical Process Control），六西格玛管理所需要的数据也难以获得，开展六西格玛项目也无从着手。如果企业已有适当的系统和工具去支持日常质量问题的处理，强行导入六西格玛管理则可能会破坏原有的工作程序，使工作流程产生混乱。

3 DAI 动环改进方法论简介

DAI动环改进方法论是持续改进方法论大家族的新成员，是以主流的持续改进方法论为基础，结合当今世界的企业、组织及产业发展带来的新环境而演进和发展出的方法论。DAI动环改进方法论在许多基础原则及理念部分支持多数经典持续改进学说的哲学观；尊重前人在该领域取得的巨大成就，认可并继承经典改进学说在认识组织、系统和识别价值方面的基础理论。同时，DAI动环改进方法论在模型和执行方式上，有自己的思路和方法。这些思路和方法既基于经典持续改进学说的模型、工具和方法，又考虑到数字时代企业变化的因素，因此变得简洁和易于操作。

3.1 DAI 的含义

DAI分别代表改进的三大步骤和内容，在DAI动环改进方法论中被定义为界定（Define）、分析（Analyse）和改进（Improve）。因此DAI的含义，就是通过界定改进机会、改进目标、改进数据、分析问题，从而提出改进思路并执行和控制改进结果的一套改进机制。这3个关键词，代表了DAI动环改进方法论最基本的改进思路，具体如下。

1）无论改进什么，都要从界定各种信息出发。这些信息包括业务背景、问题本身、流程关联、系统状态和界限、以往业绩、改进目标、财务预期等。

2）无论改进什么，都要分析问题的根本原因，找出影响系统和业绩的核心原因。这些分析包括定性和定量分析，需要使用各种分析工具，并通过统计技术进行验证。

3）无论改进什么，都要基于界定和原因，提出改进方案，实施变革，检测改进结果的有效性，并确保改进结果持续生效。

因此，DAI动环改进方法论将经典持续改进方法论的具体步骤整合在三大步骤中。

无论是精益理论、六西格玛，还是8D法，都有自定义的改进步骤，这些方法论越发展，越倾向于把改进步骤拆分得更加详细。其好处不言而喻，每个步骤都有清晰的工作界限和焦点，有利于改进者操作；多个步骤的护航使改进工作更加周全，但缺点也很明显。改进工作被拆分得过于琐碎，人为地拉长了改进周期；同时，对多个步骤的严格遵守带来了不必要的界限和节奏隔断。更重要的是，当今社会快速变化，很多组织、流程或系统存在的周期非常短，这要求持续改进必须在很短的时间内获得效益，而一味追求方法论在步骤上的全面，必然会导致实际中改进项目的速度变慢。回到本质，方法论是用来指导人们做好改进工作的，而改进工作是为了业绩、效率和成果而存在的。因此持续改进方法论本身应该简洁有效,并内涵丰富,具有科学的理论内核和指导原则。

DAI动环改进方法论只有三大步骤,并非指其简单地删减经典持续改进方法论中必要的环节,而是从有效性出发,对必要环节进行整合。举例来说,界定部分包括了改进机会识别和定义、改进目标界定、数据界定和评估、团队界定、系统范畴界定、流程界定等内容,这些工作内容在其他持续改进方法论中都可以不同的方式和形式被映射于不同的阶段。这种做法的好处是可以避免某些经典方法论坚持独立的环节,因为在当下快速迭代的业务场景中,独立环节可能无法得到应用。

DAI三大步骤,是寻找无序状态的根本原因,并击破无序状态,推进企业向有序状态发展的过程,也是熵减的过程。

3.2 DAI 动环的含义

DAI动环指持续改进在3个循环反复的步骤里不断进行。界定、分析、改进这3个步骤从始到终,以终为始,不断循环,也就是循序渐进,滚动发展。只有如此,才能持续不断地发现无序状态的根本原因,持续地变革和改进,从而实现熵减,避免企业步入僵化,避免热寂死亡。

DAI动环有4个特点,其模型如图3-1所示,具体如下。

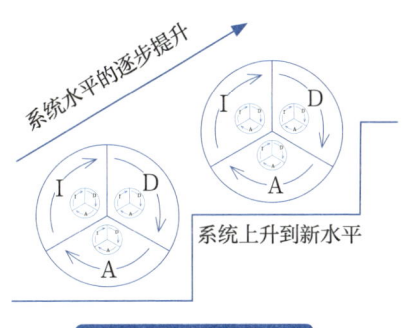

图3-1 DAI动环模型

1)周而复始。DAI动环改进方法论的3个步骤不是运行一次就结束,而是周而复始地进行。一个循环结束了,解决了一部分问题,可能还有问题没有解决,或者又出现了新问题,或者系统需要改进到更高的级别,这时就需要进行下一个DAI循环,以此类推。DAI动环对无序状态的跟踪和击破是无限循环的,任何时候都不应该停下来。一旦DAI循环停止,企业必然会熵增。

2)多环并行。类似于行星轮体系,一个企业或组织的运行体系与其内部子体系是大环与小环的关系,而大型改进项目和小型改进项目,也是大环和小环的有机组合体。

3)阶梯式上升。DAI循环不是停留在同一水平的循环,而是不断解决问题,逐步提升水平的过程。

4）数据驱动。DAI动环内部的每个阶段都需要以数据为基础，应用统计工具进行改进。没有数据的动环是无法滚动和改进的环，是形式主义的改进。

DAI动环和戴明环有异曲同工之处，两者都主张周而复始地改进，只有周而复始地转动改进环，才能推动系统持续提升，所以称为持续改进；都要求必须使用统计技术来支撑改进；都要求改进环不是独立存在的，而是大环和小环套用。但两者在基本逻辑上略有不同。DAI动环聚焦改进本身的步骤和循环，戴明环聚焦管理改进所需的步骤和循环。两者在改进中不冲突，既可以单独使用，也可以配合使用，戴明环可以放入DAI动环中，进行步骤支持；DAI动环也可以放入戴明环中，进行改进执行。

3.3 DAI 动环改进方法论的结构和内容

DAI是动环改进方法论中模型和改进步骤的简称，但是动环改进方法论并非只有3个步骤，它是按照方法论应具备的结构发展而成的，具备持续改进方法论体系的组件和关系。作为一套能够指导工作的持续改进方法论，DAI动环改进方法论包括使命与意义、基本原则、工作哲学观、DAI模型、知识点、工具和应用方法等内容。DAI动环改进方法论的结构如图3-2所示。

1）使命和意义是一个方法论存在的理由，DAI动环改进方法论的意义和使命在第1章中已经介绍。

2）基本原则。方法论是关于自然、社会和思维活动的结构、逻辑组织、方法和手段的学说，它的主要任务是探讨实践活动及其科学理论的一般过程及其规律，并对这些过程和规律进行理论性概括，上升为具有"规范"意义的理论认知和一般性原则。因此，基本原则是一套方法论能够普遍指导工作的规范、理论、方法和技巧的总和，是方法论不可或缺的部分。根据对一系列具体的改进方法进行分析研究、系统总结，DAI动环改进方法论最终提出的基本原则有3条，分别是由外而内原则、系统化原则和统计原则。

3）工作哲学观。工作哲学观也称工作理念，指人们经过长期的理性思考及实践，对某一方面工作所形成的思想观念、精神向往、理想追求及观念体系，是指引人们对该工作从事理论探究和实践运作的航标。在DAI动环改进方法论中，工作哲学观

图3-2 DAI动环改进方法论结构

```
                    使命与意义

        基本原则
        1）由外而内原则；2）系统化原则；3）统计原则

            工作哲学观
            1）增值观；2）速度观；3）流程观；4）数据观；5）变革观

                    DAI 模型

        知识点          工具          应用方法
        变异和缺陷      流程图        如何识别控制图
        价值流          LOP           如何用回归分析
        一般原因和特殊原因  排列图      进行分析
        变革            控制图        ……
        ……              ……
```

图3-2 DAI动环改进方法论结构

具体表现在基本原则的指导下，应该从哪些层面来思考改进工作，这些改进工作的基本逻辑是什么，追求的方向是什么。基本原则告诉改进者不能缺什么，工作哲学观告诉改进者要追求什么。DAI动环改进方法论的工作哲学观有5条，分别是增值观、速度观、流程观、数据观、变革观。

4）DAI模型。DAI模型即DAI动环如何周而复始地形成循环，以及如何在具体改进项目中执行DAI循环。

5）知识点。知识点是持续改进方法论中很多独立存在的概念、抽象定义，以及观点的集合，但是知识点并不独立成章，而是分布在所有章节中，用以支撑基础原则、工作哲学观、模型及工具和应用方法的说明。

6）工具及应用方法。DAI动环改进方法论整合了戴明学说、精益理论、六西格玛、8D法等诸多改进方法论的工具，并从当下工作场景出发，对工具的使用思路进行了重新梳理。这些工具，以及其应用方法将在第7章详细介绍。

4 DAI 动环改进方法论的基本原则

基本原则即方法论的一般性原则，它告诉我们什么是不可或缺的，规范是什么，后续工作在什么方针指引下进行。基本原则是方法论从实践中来，得出普遍原则，再到实践中去的重要体现。

4.1 由外而内原则

外和内是相对于企业自身而言。外指企业所处领域的外部市场及客户，内指企业内部的治理。由外而内原则是企业的内部改进，以客户需求和外部市场为导向。由外而内和由内而外，是两种不同的企业管理和改进原则。为了更加清晰地理解由外而内原则，我们通过对比来介绍该原则。

4.1.1 由内而外即内焦点型改进原则

由内而外原则认为企业的内部优势和能力将使企业处于优势地位。由内而外原则的出发点是基于内部思维和直觉来设计和实施工作，包括流程、系统、工具和产品。因此，改进要以企业的内部需求及痛点为基础来进行改进。改进的原始动机，是因为改进者相信，这个改进对企业最有利，如果顺便对客户也有利，效果更好。如果有冲突，则以对企业最有利为第一优先。由内而外原则的思维模式如下。

1）改进企业内部痛点优于改进客户体验。
2）最大化股东的回报高于为客户带来利益。
3）改进企业内部效率高于提升客户互动。
4）控制成本优于提升客户体验。

4.1.2 由外而内即外焦点型改进原则

由外而内原则基于以下理念：客户导向和客户体验是成功的关键。这意味着管理者要从客户的角度来看待业务，然后设计流程、工具和产品，并根据对客户最有利和满足客户需求的标准来做出决策和持续改进。之所以做出各种改进，是因为改进者相信这是最适合客户的改进。所有改进要围绕着客户体验进行，即使某个改进看起来仍是改进企业内部痛点，但其原始动机，一定是因为这个痛点对客户体验造成的损害达到了必须改进的程度。

由外而内原则的思维模式如下。

1）改进客户体验高于改进企内部痛点。

2）为客户带来的利益高于最大化股东的回报。

3）提升客户互动高于改进企业内部效率。

4）提升客户体验高于控制成本。

由内而外原则和由外而内原则并没有对错之分，两者都可以实现企业的熵减。不过由内而外原则因其开放性，以及和外界的能量交换级别都逊色于由外而内原则，因此由内而外原则建立的耗散结构，其效力也逊于由外而内原则。DAI动环改进方法论认为，在改进资源有限的情况下，应该优先进行外焦点型改进，这样可以做到熵减最大化。

很多企业都声称他们因客户而存在，但在企业内部花费了更多的精力。内部关注必不可少，但是企业应该在优先级上做出合理部署。如果一家企业的改进项目超过50%都是内焦点型改进，那么改进负责人需要警惕，企业是否偏离了以客户为关注点的原则。不专注于客户的企业可能会失去相关性，浪费成本并失去机会。而且，由外而内原则已经被更多的企业认可，毕竟以客户为中心的理念已经深入人心。

同时，从企业现行管理方式看，很多企业做不到或很难完全做到由外而内原则，仍然停留在由内而外原则。或者因为某种主观客观因素，由内而外和由外而内这两个原则并存于企业内部，以至管理一致性上存在着某种程度的矛盾和混乱。作为改进者，需要明确的是，即使企业内部有相当多的内焦点型改进，这些改进也是合理的，也要把由外而内原则作为第一原则。这是因为当我们在企业内部实施一种方法论时，明确原则是第一要务，不能把两种对立的原则都作为第一原则。

认可第一原则的意义在于认可它的优先地位和指导价值，但这不代表一刀切地消灭其他原则。上文提到了，内焦点型改进也是熵减，很多内焦点型改进有短平快的效果，因此，不能武断地认为内焦点型改进是无效的、不值得做的。

现代管理学之父彼得·德鲁克（Peter F. Drucker）说："客户是企业的基石，是企业存活的命脉，只有客户才能创造就业机会。社会将能创造财富的资源托付给企业，也是为了满足客户需求。"由外而内的原则是以客户的需求及外部市场的需求为方向，通过内化形成、改进导向的原则。这种视角旨在使企业重新关注他们的领域正在发生的事情。由外而内原则的共识是企业怎么看待自己的产品并不重要，重要的是客户如何认识企业的产品和服务。由此，DAI动环改进方法论坚持由外而内的原则：企业认为自己要改进什么并不重要，重要的是这些改进是否为客户创造了价值。企业内部的改进一定要以客户需求为内部出发点。由外而内原则是DAI动环改进方法论的最高原则。

4.1.3 由外而内原则的重要含义

由外而内原则有两层重要含义，具体如下。

1）只有从外部找到价值，企业才能得生机。使企业持续充满活力的因素在于外部，而不是内部的控制。耗散结构的原理也可以得出同样的结论。企业与外部实现能量交换所带来的效果要大于企业内部的自交换。当然，坚持从外部寻找价值不代表完全否定内部控制的合理性。DAI动环改进方法论反对非此即彼的二元论，在第5章增值观的部分，也会有类似的情形，并非所有非增值活动都要消除。

2）客户是外部力量的代表和推动者，为客户提供更高的价值是持续改进最重要的出发点。在自由竞争的市场上，企业能够生存的唯一原因就是客户的青睐。客户对企业时刻产生着各种影响，包括客户的习惯、客户的采购或购买方式、客户自身的业务或生活需求等，这些都不是企业内部的力量，也不是企业内部的关系。持续改进的出发点如果聚焦在内部关系或内部资源上，就会偏离客户所代表的外部力量。因此，虽然持续改进所改进的是企业内部的流程或机制，但是其出发点，一定是外部力量对企业的影响，这样才能确保内部改进最终为客户做出贡献。

这两层含义可以帮助我们确立改进策略，即最高策略一定不是内焦点型。当我们做出决策要改进某个流程、某个机制、某个产品、某个服务等时，基本出发点不是我们想把它们控制得"更好"，而是改进它们有助于提升客户体验。我们持续提升客户体验，才能在与客户互动的过程中，不断创新，不断抓住新机遇，保持企业的活力，降低企业的熵。

根据这两层重要含义，我们如何对待内焦点型改进，就有了判断依据。首先，内焦点型改进是必要的，但其优先级低于外焦点型改进。其次，评估内焦点型改进时需要慎重，而评估的标准，就是企业的内部痛点对客户的影响是什么，改进它是否创造了客户价值，或者改进它提升的效率、解决的问题是否间接实现了对客户、市场、竞争、品牌等的促进。大部分情况下，改善企业内部效率可以直接或间接地提升客户体验，但这不是绝对的，有两种例外情况，具体如下：①企业内部的某些痛点恰恰是因客户的某种特殊需求而必须设立的内部控制阈值，去除这个阈值，一些部门或个人会很轻松，但会损害客户的利益；②企业内部的某些痛点，并不是真正的痛点，反而是达成客户体验的必要工作，但是这些工作可能要求企业投入巨大的资源和精力，因此被错误地视为"痛点"，而盲目去除这些"痛点"也会损害客户体验。

4.1.4 如何遵循由外而内原则

（1）正确认识和理解客户需求

既然所有的改进都要从客户需求出发，为客户创造价值，那么正确认识和理解客户需求就变得至关重要。正确认识客户需求是指不要把客户的要求、反馈或抱怨当作客户需求。客户需求并不是我们与客户的互动本身（反馈、抱怨都是客户与我们的互动），而是这些互动背后映射的客户由自身业务而产生的需要被企业满足的渴望。通常情况下，客户不会直接说出这是他的需求。客户的需求往往通过情绪化、场景化的方式来诉说，因此，理解客户需求是一个映射的过程，其映射过程如图4-1所示。我们通过示例来说明传递过程。

```
   收集              明确              理解
┌────────┐       ┌────────┐       ┌────────┐
│ 客户之声 │  ──▶ │ 客户要求 │  ──▶ │ 客户需求 │
└────────┘       └────────┘       └────────┘
客户的反馈、抱怨、投诉  整理出客户的要求   映射的客户需求
```

图4-1 客户需求映射过程

> **示例**
>
> 客户抱怨说："你们路由器的维修工程师总是很晚才来，来了一次又一次，很久也修不好。我总要请假在家等你们，我的老板因此已经对我很不满了……"

这是客户之声的层面。我们可以很清楚地由客户之声明确客户要求如下。

1）维修工程师要尽早到达。

2）快点修好。

这两条仍然只是客户要求，而不是客户需求。要求是由需求驱动的，想要理解客户需求，我们需要继续探寻。客户为什么要求维修工程师尽早到达？客户反正也在家里，晚一点为什么不行呢？我们探寻的结果，客户可能不是抱怨时间有多晚，而是维修工程师没有按约定时间来，耽误了客户后面的生活或工作安排。关于快点修好这件事，隐含的需求其实是希望一次就修好。这时客户需求可以概括为：我需要维修工程师在约定的时间一次修好设备。由此可以看出，由客户之声到客户要求再到客户需求，每一次递进都有着微妙的区别。正是这个微妙的区别，指引我们最终到达一个重要的关键点。由此我们需要对客户需求映射传递链增加一个最终环节：制定改进指标。改进后的映射传递链如图4-2所示。

收集	明确	理解	制定
客户之声 →	客户要求 →	客户需求 →	改进指标
客户的反馈、抱怨、投诉	整理出客户的要求	映射的客户需求	根据客户需求对应成质量指标

图4-2 改进后的客户需求映射传递链

仍然以上例为例，因为理解了客户需求，我们的指标可以定义如下。

1）按时上门达标率，即按时上门的工单次数和维修工单总次数之比。

2）一次修复率，即一次修复的工单次数和维修工单总次数之比。

那么基于这两个指标的改进就是针对客户需求的改进；为实现这两个指标而设立的项目就能够改进客户体验，实现由外而内原则。

正确理解和认识客户需求，是改进的第一步，在DAI动环改进方法论中，"D"的步骤里有很多工作是理解客户需求，相关工具也会在后续章节中进行介绍。

（2）理解客户体验的关系

客户并不是孤立的，供应商、合作伙伴和竞争对手都会影响客户的体验、行为及决策。由外而内原则要求我们以广泛的观察视角去理解客户所处的关系环境、这些相关者的行为对客户的影响。因此，由外而内原则，并不是仅仅把客户当作"外部"因素，客户所处的"外部"环境及其关系总和，才是外部广义含义。当我们去定义改进、选择改进、评估改进时，务必要考虑这些因素。比如我们针对供应链效率进行提升，从由外而内的原则来看，这毫无疑问可以改进客户体验，是值得付出努力去做的改进。如果改进后数据证明改进有成效，效率也得到了提升，那么这种情况是否真的满足由外而内原则？如果仅局限在这一层，我们的改进就有可能局限在与自己历史数据比较而产生一种误解中，以为我们只要改进了，客户就会满意。但是，客户所处的外部环境要求我们从更广阔的视野去思考：我们是否改进得足够好，甚至比竞争对手还好吗？这时，我们有必要进行对标分析，看看整个外部市场的水准已经在什么程度上影响了客户的需求，因此，客户所处外部环境的关系总合，才是由外而内原则的重要因素。

（3）理解客户体验的环境

客户以及与客户相关的业务都存在特定的环境。对于大多数客户而言，生活或工作中总有一些因素会影响他们的行为和顾虑，这些因素可能是新法规，也可能是利率、新技术、经济趋势等。了解这些因素如何影响客户对于了解客户的行为和喜好至关重要。这种了解是内部改进的重要依据。忽略这些因素很有可能会导致我们的改进是"一厢情愿"的改进，虽然看起来满足了客户的某种需求，但是却忽略了因为客户外部环境变化而产生的需求漂移。比如某个厂商一直致力于改进上门维修硬件的响应速度，从一般性由外而内的价值取向上看，这毫无疑问是可以改进客户体验的，是值得付出努力去做的改进。但这种改进却忽略了客户设备的外在环境已经改变，例如，客户采购了某种新的虚拟化技术，对故障硬件必须立即修好这件事已经没有那么高的要求。这个时候一味地投入资源所做的改进却没有打中客户需求的靶心，这就是因为忽略了客户环境变化所带来的需求偏移。

作为DAI动环改进方法论的最高原则，由外而内原则是其他原则的准绳。例如，系统化原则、统计原则等原则也需要基于由外而内原则来产生效应。

4.2 系统化原则

近年来，系统一词变得非常流行。系统是一组相互依赖的项目、人员或流程，他们因一个共同的目标而共同工作。无论我们从哪个角度来谈论持续改进，系统化原则都是重要的方向。在企业或组织内部，系统由相互依赖的人员、部门、设备设施、工艺、产品和信息共同组成，并拥有共同的目标。系统化原则就是要把组织和所有工作当作一个整体来看待，把工作中的每一个组成部分及其关系放进整体中去考虑，也要把每一个部门的变化和部门之间关系放进组织的变化和关系中去考虑，从而更好地满足客户需求的整体效应。这并不是什么新理念，我们的家庭、邻居、城市、公司等都是许多系统的一部分，这些系统中任何一个组成部分和关系发生了变化，都会对其相关的系统产生影响，甚至改变系统。中国有句古话：牵一发而动全身。这就是系统思考的最佳体现。系统化原则是DAI动环改进方法论三大原则之一。

4.2.1 系统思维

遵循系统化原则的首要条件，是改进者要具备系统思维。

从20世纪70年代开始，系统思维的概念被引入商业思维的主流理念。戴明博士把"尊重系统"的理念融入了他的学说中。他认为，将系统思维的概念应用于组织时，焦点可以是整个组织，也可以是组织中不同系统的一部分，但这些部分是互相关联的，不是孤立的。

在日常工作中，每个人做好自己的工作，汇总之后，部门的业绩就会优秀；每个部门做好自己的工作，汇总到公司，公司的业绩就会优秀。这个看起来很合理的"日常道理"忽略了个体与个体、部门与部门之间的关联和互动，是基于所有的工作是孤立的这一假设上，而这在实际场景中是不存在的。系统思维所映射的底层逻辑与上述思维正好相反：系统的性能更多地取决于它的所有组成部分之间是如何交互的，而不是如何独立工作。"即使一个系统的每一部分都独立且尽可能有效地运行，也并不意味着整个系统将能有效地运行。"这个观点由美国系统学大师罗素·艾可夫（Russell L. Ackoff）于1981年提出，并获得商业界和管理学界广泛认可。在系统思维中，系统的交互效能大于组成部分的独立效率。这在移动互联时代的数字化逻辑中，得到了进一步实践，无论是虚拟化计算部署，还是去中心化的区块链，都是系统交互优于组成部分的最佳印证。

基于这个底层逻辑，系统的优化或改进绝不是孤立地改进组成部分，而是将系统所有组成部分协调起来，以实现既定目标。系统的管理必须关注系统外部环境的变化（即系统运行的环境），并鼓励系统各组成部分之间的合作。系统内的任何竞争都可能具有破坏性，因此必须鼓励在系统各组成部分将其工作用于实现整个系统的目的中。

系统思维的两个重要概念是共同的目标和互相依赖。

没有共同的目标就没有系统。一个系统必须明确定义它的目标，这样系统各组成部分就知道如何相互交流以适应不断变化的条件。当评价系统组成部分的价值时，无论是人员或是流程，都应根据其对实现系统共同目标的贡献程度进行评估。系统的每个组成部分都应以支持共同目标来安排活动，任何不符合共同目标的活动都是额外成本，是浪费和低效的根源。改变和消除这些活动是持续改进工作应该聚焦的方向，也是DAI动环改进方法论要坚持的原则。如果持续改进的注意力从共同目标转移开，那么就会给系统带来负面影响。若受到这样的影响，人们可能会孤立地采取看似有所改善的局部行动，从而导致整个系统受到重大影响。

相互依赖概念认为，系统的组成部分不可能完全独立地工作。为了进行更有效的管理以满足客户需求，当不断地驱动变革发生时，必须了解系统内部项目、人员和流程之间的相互依赖性。在系统中，不仅是组成部分本身，组成部分之间的关系也是改进的目标。

同时，系统组成部分之间的相互依赖，使多个组成部分自身的孤立改进无法实现整体效能的简单叠加，分头行动的孤立改进甚至可能对整个系统产生负面影响。例如，采购部门孤立地要控制支出，他们可以改变采购的设备型号或材料类型，从而直接降低采购成本，但这种改进并没有考虑这些设备和材料的改变可能会对生产效能产生重大影响。因此，从长远来看，这个采购成本的节约实际上可能会让系统付出更多的代价。

相互依赖是系统的特点，组成部分之间依赖程度越高，系统内部需要的互相合作和互相支持就越高。系统内每个组成部分的职责和义务就是为整个系统贡献最大的力量，而不是关注于自己的独立改进，因此最好的改进策略，就是让每个组成部分都做对系统共同目标最好的事情。

4.2.2 系统和流程

落实系统化原则的最佳途径是从流程入手。尽管系统包括设备、材料、人员等很多组成部分，但在大多情况下，从流程入手是保证系统化原则的最佳途径。关于流程的定义有很多种，有的比较简单，例如，流程是事物进行过程中次序或顺序的布置和安排；或者完成一个完整的业务行为的过程。戴明博士对流程的定义是：流程是一组原因和条件，这些原因和条件通过一系列步骤反复组合在一起，将输入转化为结果。

在任何系统中，所有工作都可以看作是一个流程或子系统，例如，制造业公司中的采购计划、订单处理或材料运输，都是系统的组成部分。在系统中完成的工作的质量不仅是单个流程运行的结果，而且也是这个流程作为子系统如何连接在一起的结果。采购、调度、订单处理和材料运输必须协同工作，以满足客户对产品和服务的要求。如果在这些过程中的任何一个流程"掉链子"，都会影响客户体验。因此当我们去改进系统中的某一个流程时，一定要把这个流程放到整个系统中进行分析，用全局观来理解这个流程和系统中的其他流程的关联、因果，以及产生哪些互动和影响。

系统化原则告诉我们，一个流程以某种方式存在，一定有流程本身存在的原因，也一定存在其他流程对它所产生的助因；当流程发生变化时，它会以不同的方式对与之相关的流程产生影响。一个流程的改进一定会对与之相关的其他流程产生影响，这个影响可能是积极的，也可能是消极的。作为改进者，一定要用系统化原则来处理流程改进问题，不要把自己局限在某个流程上。在后面的章节中，将介绍一个工具：流程连接图（LOP, Linkage of Process），该工具会帮助大家在改进工作的早期来识别各流程之间的关联、互动和影响。

4.2.3 系统和人

若要遵循系统化原则，则系统改进决不能忽略人和系统的关系。人是系统的一部分，了解人与系统之间的相互作用对于管理和改进系统至关重要。

（1）接受自然主义

组织行为学普遍认为，人类行为是自然主义体系的一部分，人类的行为、底层本能和思想，大多数是无法逃脱自然欲望和本能的。对于受过良好训练的管理者而言，接受这一点很不容易。精英教育体系倡导的是理性，但是自然主义告诉我们，人在与系统互动时，理性往往让位给自然欲望和本能。如果改进者要改进任何包含人的系统，就必须尊重和理解人的自然属性这一客观因素。改进者不要假设人在系统改进时会表现出理性，会自动理解改进者美好的初衷，会配合改进者的策略和部署。比如改进者要改进系统的效率，其好处显而易见：效率提升后，系统会有更多产出，公司利润会得到提升，员工的收入也会得到提高。但改进者可能遇到的阻力是员工担心效率的提升会造成人员冗余，担心失业带来生存风险，这就是底层本能。如果改进者认为这是员工在杞人忧天，或者假设员工不会有类似顾虑，那么这是因为改进者没有接受一个事实：人在系统中的表现遵从自然主义。

（2）避免基本归因错误

即使我们接受和理解人在系统中的自然主义行为，对人与系统关系的理解也会受到很多因素的干扰。传统文化、宗教、习俗、经验等无时无刻不在影响着我们的认知。观察和学习角度的不同，也可能很大程度让我们对人和系统的互动有着完全不同的理解。改进者在理解系统中人的行为时，最常见的表现是低估情境对人的行为的影响，高估性格对人的行为的影响，这在社会心理学中，被称为基本归因错误（FAE，Foundamental Attribution Error）。例如，王经理之所以反对我们的改进建议，是因为他自身是个消极的人。这个例子中改进者忽略了王经理的反对行为源自这个改进可能增加他的用人成本，而不是源自他的性格。还有一种常见的基本归因错误是假设每个事件（包括缺陷、错误、事故等），都是由某人（通常是最接近这个事件的人）所造成的，或者与某个特殊事件有关。而事实上，业务领域中大多数的问题在于系统，这个理念我们会在统计原则中详细阐述。

戴明学说认为，94%的问题和改进机会存在于系统中，改进者应该聚焦系统改进而不是责备员工。DAI动环改进方法论支持这一观点，当我们把人看作是系统的一部分时，人的表现不是人本身的固有特质，而是系统表现的一部分。即使我们使用鱼骨图分析问题，有人、机、料、法、环几种根本原因，但是有关人的部分，主要探索场景、环境和系统互动在人身上的投射，而不是人本身。同时也要看到，从某种意义上说，人是独立于系统之外的，系统的问题不应该让人来承担。当改进者开始责怪员工时，应该避免基本归因错误。

请注意，这里并不是说员工不会犯错，或者表现不好也不能做任何惩戒。公司的企业文化可能鼓励领导者对于事故的责任人予以严重惩罚，这是管理手段，但改进者不能让自己走入管理手段的领域。改进者在分析原因和提出改进时，要时刻提醒自己遵循系统化原则，聚焦在系统的改进上，否则就会把管理手段和改进手段混为一谈，进入角色混乱导致的认知错误和行为迷失。

4.2.4 系统化原则的3个要求

（1）管理系统边界

系统边界是一个重要的概念，没有边界，我们就无法定义一个系统。系统边界是系统与环境的分界线，用以区分系统与环境（或系统）界限。边界有物理边界与非物理边界两种。例如，国家在地理上的分界、制造企业内部不同生产车间的分界等，属于物理边界；人们在工作中划分的职责范围、不同业务流程的界限，属于非物理边界。如果边界定义不清，尤其是非物理边界这种容易产生"灰色地带"的边界，会导致浪费、低效和无效竞争。同时，没有任何一个系统是孤立的，系统和环境，系统和系统一定会互动。这时，管理系统边界接口（允许系统与外部环境交互的接口）就成为优化系统的重要工作。

当我们管理系统边界时，需要先了解以下概念。

1）输入：从环境中导入系统的信息、材料或其他资源。

2）吞吐：将输入系统的组件交互转换为其他形式，这些形式作为产品、服务和副产品返回环境中。

3）输出：从系统导出到环境的信息、材料或其他资源。系统通常被设计为输出特定的产品和服务，但也可能产出副产品，如污染或废料。

4）反馈：系统输出的信息，或系统输出的对环境的影响，返回系统。

关于系统边界的管理工具，SIPOC（Supply Input Process Output Customer）是非常有效的，将在后续章节进行介绍。

（2）聚焦系统的动态复杂性

系统的复杂性有很多定义，DAI动环改进方法论支持管理学大师彼得·圣吉（Peter Senge）的观点。他认为，系统的复杂性可以分为两种：细节复杂性和动态复杂性。

细节复杂性是指系统的组成很复杂，所包含的信息、人、流程和材料非常多，这些复杂的组件和关系构成了细节复杂性。

动态复杂性是指系统内所采取的行动会带来在时间维度上并不相同的短期效果和长期效果，或者在空间维度上对系统的这一部分产生了一种结果，但对系统的另一部分产生了截然不同的结果。比如我们评价员工培训，短期来看，投入培训的预算会造成财务成本上升，同时由于员工无法在培训期间正常工作，这也可能造成一定程度的工作延误，导致生产力下降。长期看就有截然不同的结论了，员工因为获得知识和技能的提升，会在之后的工作中提高工作质量和效率，从而使得组织获益，同时，员工因为获得培训机会而对组织产生归属感，愿意投入更多的个人精力去做好工作，组织会从这个层面收获更高的利润。再比如降低采购成本，虽然短期看可能在财务数据上显示了利润的完美提高，但是低质量的生产设备或原材料可能带来生产质量的下降，最终导致客户不满，损失了未来的收入和利润。

改进者真正需要理解的是动态复杂性。

系统化的改进工作不可避免地要处理细节复杂性问题，但仅仅关注细节复杂性，会使改进工作出现用复杂性对抗复杂性的情况，也就是用越来越复杂的解决方案来应对越来越复杂的问题。DAI动环改进方法论主张改进者关注动态复杂性，是看清各种相互关联结构的时间和空间影响，而不是线性的因果链；看清各种变化的过程和模式，而不是静态的"快照画面"。

（3）关注杠杆、约束和瓶颈

为了优化系统，使所有利益相关者受益，系统的组成部分必须不断地完善设计甚至重新设计，这个改进过程是一个对资源要求非常高的过程。用最少的资源对系统产生最大的改进是每个改进者要考虑的问题，这就是杠杆，即一些非常具体的小动作可以在系统中产生重大影响。要想解决重要问题，通常意味着要找到系统中的高杠杆点；否则，可能会陷入一种困境：用高昂的成本解决重大问题，经过评估后发现得到的改进微乎其微。

任何系统都有杠杆点，同时也都存在最弱环节，我们称这种环节为约束或瓶颈。系统的效能实际上取决于它的瓶颈，就像木桶原理一样，木桶中所装载的水量取决于最短的桶板。约束或瓶颈是能够限制系统吞吐量的任何因素，在必要的情况下要消除约束或瓶颈。如果约束无法去除，那么就需要优先优化瓶颈的容量，而不是优化系统中的每个资源。例如，研发部认为实验室的数量不足，很多实验需要租用外部的实验室，因此实验室的数量成为研发效率的瓶颈。建立更多的实验室能够直接移除这个瓶颈，但是改进者很少能获得这样充足的资源，这时只能优化瓶颈的容量，比如寻找实验室的使用规律，是否存在高峰期或者闲置期，如果存在，就有被优化的可能。某个瓶颈得到优化后，其他的环节可能就变成了最弱环节，成为新瓶颈，那么动环改进的意义就在于，持续优化这些新瓶颈。在后续章节中，将给出常见瓶颈的列表，供大家参考。

系统化原则告诉我们，系统的性能更多地取决于它的组成部分是如何交互的，而不是组成部分如何独立地工作。如果系统的每个组成部分都尽可能独立地运行，那么整个系统将不可能有效运行。系统改进的优先关系是组成部分之间的关系优于各组成部分。流程不是孤立的，每个流程的变化，都会影响系统内的其他流程，因此不能孤立地改进某一个流程而忽略流程之间的关系。人在系统中遵循自然主义行为，改进者要避免基本归因错误。同时，系统化原则要求改进者管理好系统边界，聚焦动态复杂性，关注杠杆、约束和瓶颈。

4.3 统计原则

统计原则是指持续改进必须基于数据，应用统计技术来进行改进，做到理解变异、减少变异和波动。当改进者尝试定义一个项目、开始一个改进时，用统计技术来分析和改进是必要条件。没有基于数据的改进，是无法进行衡量和评估的，也是没有意义的。如果企业的业务工作通过完善的基础统计报表体系、数据分析体系进行明确计量、科学分析、精准定性，能为管理者提供真实有效的科学决策依据，这就是改进者的福音，因为在这样的组织里，改进者从任何一个角度开始的改进，都是可以统计的。然而现实中，能够完美实现数据化管理的企业少之又少，改进者面临的往往是数据供应不充足的局面。这时，就需要应用统计技术来发展观测数据、收集数据、评测数据的一整套方法，从而实现系统的分析和改进。为此，我们需要从不同层面来理解统计原则，并且掌握贯彻统计原则的方法。

4.3.1 制定操作定义

在应用统计原则改进业务时，制定操作定义是首要动作。

操作定义（Operational Definition）指改进业务时，其流程或质量指标等课题必须以某种操作的方式表示或描述出来，以便对其数据展开测量和评估。操作定义必须包含测量方法及判断标准，如果不含上述两方面，就无法对数据展开测量和评估，就不符合操作定义。

例如，飞机到达时间的操作定义为飞机起落架的所有轮子在跑道上着陆的时间。该时间由指挥塔台的视频记录仪进行记录，时间数据自动计入航班时间系统。

上述例子中包含了判断标准，即起落架所有轮子着陆，就标志着飞机到达；也包含着测量和记录办法，即通过塔台的视频记录仪来测量和记录。这就是一个航班到达时间完整的操作定义。

由此，我们还可以定义飞机准点时间的操作定义：飞机到达时间不晚于公布时间15min。

例如，我们要改进订单的处理效率，提升订单的生效速度，那么首先要定义什么是订单的生效速度。这个速度是指单位时间内处理了多少个有效订单（NoC，Number of Case），还是每个有效订单所花费的时间（TaT，Turn around Time）。如果选择了NoC，那么单位时间是什么（小时，天，月）？有效的判断标准是什么（合同签署，财务到账，发货，到货）？如何测量（手工签署，计算机系统自动计数）？如果选择了TaT，那么衡量数据表征是什么（小时，天，月）？有效订单起止标志是什么（从哪个动作开始，到哪个动作结束）？时间如何计算（手工计算，计算机系统计算）？

因此，关于订单速度的操作定义，可以有两类。

NoC类：运营部每天向生产部发出的有客户签字的订单数目，由ERP系统自动记录。

TaT类：运营部将接收自销售处配置列表发给生产部客户签字的每个订单的总时间，由ERP系统自动记录。

只有执行明确的操作定义，系统才能在共识的基础上去判断数据、收集数据、测量数据和评估数据。如果没有统一的操作定义，每个部门对订单生效的概念都有各自的理解，那么各种数据歧义和混乱将不可避免地产生。

此外，类似于"高级"和"伟大"的概念定义没有包含单位和测量的方法，"完美的价值"定义中也没有大家共同接受的测量方法，所以"高级""伟大"和"完美的价值"不是操作定义，因此不在改进研究和改进工作之内。在操作定义的影响之下，科学研究和持续改进都是非常实际的工作，这种工作以数据为基础，以统计为准绳，以实证为标准。

4.3.2 理解变异

变异是业务过程中不可避免的现象，改进的目的就是减少变异。

变异指在过程运行中，任何与目标或规范要求不一致的变化，有时也称为波动。我们观察或测量数据时，数据总不会和我们预期的一致。变异是客观存在的，它存在于任何事物中。变异可以非常小，甚至是如果没有高精度的测量仪，我们都无法感觉到，比如同一类细菌突变后的直径分布数据，这种直径的不一致，如果没有显微镜是无法观测的，这种微小的不一致，也是变异。变异也可以是很大的，并且很容易观察到。比如航班到达时间和公布的时间不一致，有的航班晚点，有的航班提前到达。这些与公布的到达时间不一致的航班，也是变异。

如果过程变异的范围属于客户允许的范畴（规范限），则过程业绩可以确保客户满意；如果过程变异的范围超出了客户允许的范畴，则需要立即对这些变异进行控制和改进，以满足客户的需求。比如早到的航班会增加指挥塔台协调其他航班起飞／降落的难度，从而可能影响其他航班的乘客；晚点航班不仅给机场增加了协调跑道的难度，更会降低乘客体验，因此这两个变异都需要减少，而改进就是减少这些变异。

当我们按照顺序统计航班到达时间时，就形成了一个数据统计图（对真实情况的模拟），如图4-3所示。图4-3中两条虚线分别表示早于公布时间15min和迟于公布时间15min。航班的到达时间点有的落在阴影范围内，这些变异符合要求；有些变异落在阴影范围外，这些变异必须减少。当阴影范围外的变异点都消失时，则系统得到了改进。这时候可以对"15min"这个操作定义进行提升，改为10min，然后应用DAI动环改进方法论继续改进，那么飞机的准点率就会持续提高。

观察和理解变异可以帮助我们对业绩数据进行充分理解，从而为后续的分析做出准备。

从图4-3中可以观测到以下变异结果。

1）大多数航班，在全天的所有时段内，都晚于公布的到达时间（0变异线），只有3个航班早到。

2）8:00—12:00到达的航班，全部符合准点定义（位于阴影范围）。

3）13:00—18:00是航班晚点较为集中的时段。

我们可以看到，理解变异的前提，是有清晰的操作定义，可以让改进者根据定义来收集数据，并观测和理解数据变异。

美国质量管理专家沃尔特·休哈特（Wailter Shewhat）认为，变异是无处不在的。他提出所有的改进都应在统计的基础上对变异进行观察和理解，并最终减少变异。休

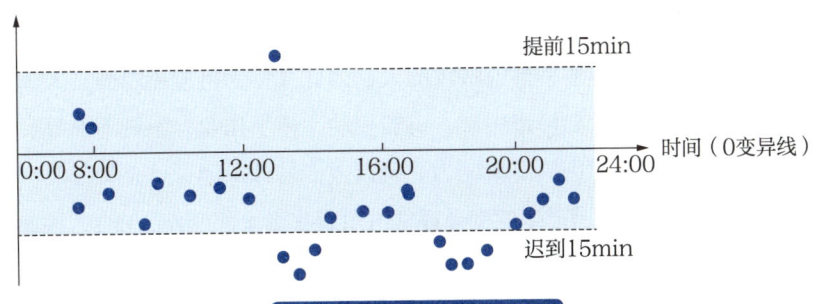

图4-3 航班到达时间统计

哈特在贝尔实验室工作的时候，定义了变异的两种类型：随机变异（由一般原因导致）和特殊变异（由特殊原因导致）。在随后的研究中，他指出不同的变异需要有不同的改进策略和方向，最终引入了控制图（控制图可以直接甄别出这两种变异）。这是持续改进历史中里程碑式的工具，在后续章节会详细介绍。

4.3.3 理解变异的原因

改进就是减少变异，因此理解变异是由什么原因导致的，是改进的根本所在。

一般原因（或称为普遍原因）和特殊原因是导致变异的两类原因，迄今为止并没有发现第三类导致变异的原因，因此我们研究变异的时候，都是基于这两类原因来理解变异。

一般原因导致随机变异。一般原因是一个过程中固有存在、始终存在、非工作人员可控的原因，因此又称为不可避免的原因、非人为原因、共同原因等。一般原因存在于系统的所有组件和他们之间的关系中，由一般原因产生的变异，通常占全部所观察到的变异的85%。也就是说，大多数变异是由一般原因所导致的，是由系统本身固有的、非人为因素导致的。

当一个过程仅受到一般原因影响时，则该过程为受控过程（即由系统控制）。若要改进这个受控过程，就必须改进整个系统。诸如供应商的选择、输入的质量、人员聘用和培训状态、设备的选择、机器的维修和工作条件等，这些组成部分各自的微小变异以复杂的方式发生互动，可能导致整个系统产生不可接受的变异。因此，一个受控过程的改进，只能从改进系统入手，而不是在某个组成部分上做线性改进。一般原因是因系统设计导致的，而系统由管理者设计，因此，要改进一般原因，需要调整管理者的设计理念与策略，并需要管理者发起根本性的变革，这对于改进者来说充满挑战。因此，必须使用强有力的数据证据、科学的分析方法及改进策略，才能推动系统改进。

特殊原因导致特殊变异。特殊原因是除一般原因之外的引起过程变异的因素。特殊原因可以直接追踪到特定的事件或特定的人，因此又称为可避免原因、人为原因、非机遇原因、异常原因等，如排班失误、机器变动、新手作业、量具不准等。在系统中工作的人，通常对特殊原因具有影响力并可以改变特殊原因，这是特殊原因不同于一般原因的地方。由特殊原因产生的变异通常占所观察到全部变异的15%，因此，特殊原因导致的变异远小于一般原因。

存在特殊变异的系统是不稳定且不受控的，因此必须立即针对特殊事件和特定的人，去寻找特殊原因，并做出改变。只有消除了特殊变异的系统，才是稳定和受控的，才能进一步寻找一般原因，进行系统性的提升和改进。如果改进者未能理解一般原因和特殊原因的关系，或者不能识别这两种原因，那么可能导致干预稳定系统而增加变异，或者失去消除特殊变异的机会。

一般原因和特殊原因的主要区别见表4-1。

表4-1 一般原因和特殊原因的主要区别

变异类型	变异特征	产生原因	原因特征
随机变异	变异量多，但每个变异都是微小的；引发变异的原因也是大量微小原因；系统固有的	一般原因	始终存在的；可预料的；固有的；原因很多，每个原因产生的影响小；难以识别，难以去除
特殊变异	变异量少，但每个变异的影响巨大；由一个或少数几个大的原因引发；非系统固有的	特殊原因	不是始终存在的；不可预料；非正常的；原因很少，每个原因产生的影响大；容易识别，容易去除

例如，50个听众在一场演讲中的注意力会受到很多一般原因的影响，如室温、灯光、噪声、演讲者的风格和主题等；也有可能受到观众个体因素的影响，如睡眠不足、家庭问题和健康问题。如果注意力的影响主要是由一般原因导致的，那么改进行动将需要演讲者、布置房间的工作人员及发起演讲的规划者共同采取行动；如果注意力的影响主要是由于特殊原因导致的，那么提升注意力将需要观众采取行动。从这个例子中我们可以看出，在分配改进责任之前，分析结果是由一般原因导致还是特殊原因导致的重要性。在实践中要识别一般原因和特殊原因之间的区别，就需要借助控制图。

识别了两种导致变异的原因后，我们在改进次序上也需要有先后。首先，要寻找容易识别的特殊原因，先解决15%左右的特殊变异。这个操作在改进中称为"速赢"。速赢可以在短期内迅速得到改进效果，让管理者和团队建立起改进的信心。同时，速赢通过消除特殊原因，使系统进入稳定（受控）状态，为下一步分析一般原因、整体改进系统打下了良好的基础。稳定状态的好处有以下几点。

1）系统的业绩是可以预期的。

2）系统的成本和质量是可以预期的。

3）在当前系统（未必是最佳系统）下，生产力已经达到最大，成本已经最小。

4）向系统输入的任何改进动作，都可以有效地被评估是否真正起作用（没有特殊原因的干扰）。

在技术快速迭代的互联网时代，一个系统本身的生命周期可能是很短暂的。在这个背景下，速赢显得尤为重要。有时候，在消除特殊变异后，管理者甚至不再支持做随机变异的改进，因为针对原系统的一般原因改进可能尚未完成，而系统本身已经被替换了。但是在某些需要持续服务、确保一致性的场景中，系统可能会存在较长的时间，如B2B领域的服务流程、供应链仓储系统等，这时候，仅做特殊原因分析、消除特殊变异是不够的，必须针对系统，进行一般原因改进。

4.3.4 统计原则的步骤

在理解了变异的性质、属性、原因，并对变异数据的类型做出了深入学习后，我们可以遵循以下基本步骤来落实统计原则实施改进：第一步判断系统是否稳定；第二步判断变异类型；第三步分为两条路径，特殊变异的改进用速赢路径，一般变异的改进用系统改进路径。在这几个基本步骤中，最重要的工具是控制图。控制图可以帮助我们判断系统是否稳定，并识别出特殊变异和随机变异。统计原则的步骤如图4-4所示。

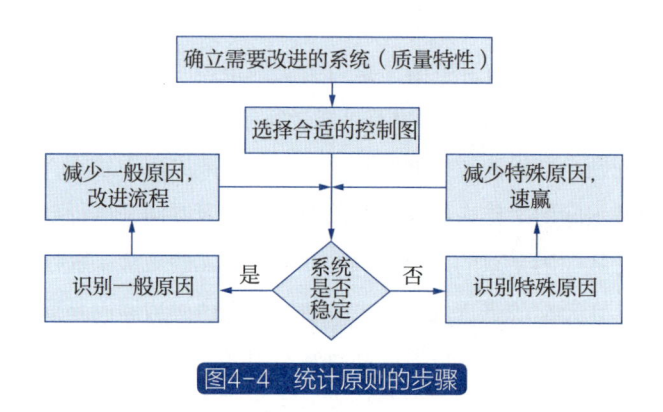

图4-4 统计原则的步骤

在改进活动中，不同人职责的划分也是统计化原则实施的重要因素。识别和解决一般原因的人，必然不同于识别和解决特殊原因的人，他们在系统中，必然有着不同的职位和工作定位，这是戴明博士和休哈特的重要主张。DAI动环方法论支持这一主张，在系统中，为一般原因负责的是管理层，这是因为系统是由管理者设计、规划和定义的。系统固有的一般原因来自设计理念、规划策略和运行机制。识别一般原因的责任人是改进专家或者项目负责人，他们通常在工作专家如工程师、操作专家和系统分析员等角色的帮助下进行。改进专家和工作专家有责任找到一般原因，并把分析结果、改进策略和行动计划向管理者汇报，争取推动管理者采取变革消除一般原因。而为特殊原因负责的人主要是流程中工作人员（如主管和操作员），解决特殊原因，大多数在工作场景中即可处理，有时也需要上升到管理层面。这是改进工作与人力资源定位的关系所在。85%的一般原因使我们认识到，如要发生改进，管理层采取行动的重要性。戴明博士指出，在几乎所有情况下，消除一般原因都需要管理层发起根本性的变革，94%的改进机会都蕴藏在体制的变革中，具体工作人员在操作层面的改进，只能带来6%的机会。因此，他给出了定义改进机会的路线图，并加入了人的角色和责任改进机会路线图如图4-5所示。

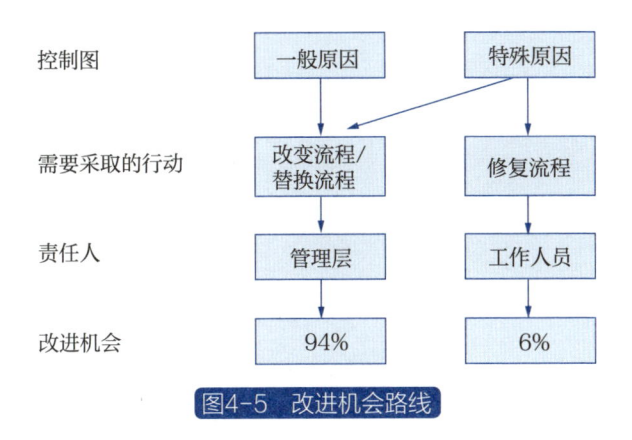

控制图	一般原因	特殊原因
需要采取的行动	改变流程/替换流程	修复流程
责任人	管理层	工作人员
改进机会	94%	6%

图4-5 改进机会路线

改进工作一定要避免职责承担错乱的情况。常见的错误是把本该由系统设计者、制定者承担的责任，交给在系统里的工作人员来承担。在改进工作中，所有的管理层和主管人员都必须理解最基本的变异常识，理解什么是特殊原因和一般原因，知道这些原因是与系统还是与特定事件相关，并采取不同的应对策略。

统计原则告诉我们，变异是无处不在的，改进就是要减少变异。特殊变异比较容易识别，主要由特殊事件或人引起，责任人为系统内的工作人员，应该尽快移除，使系统进入稳定和受控状态。一般原因存在于稳定系统内，是导致随机变异的原因，它来自系统设计和规划本身，是系统固有的原因。一般原因占影响系统业绩原因的85%，并且系统内的工作人员无法为之负责，要想改进一般原因带来的随机变异，必须由管理层发动根本性的变革。

5 DAI 动环改进方法论的工作哲学观

5.1 流程观

遵从由外而内原则，企业所有的改进都要以提高客户体验为准绳，而客户与企业的互动，是通过流程来实现的，因此，改进的切入点就是流程。提升客户体验，最终还是要落实到改进流程。如果一项目的改进最终建议管理者发布一个新政策，或者人力资源发布一个新KPI，其目的仍然是通过政策或KPI来驱动相关的流程能力，最终实现持续改进。

流程观在持续改进工作中的体现具体如下。

1）只有改进与客户关键需求相关的流程，才能帮助企业持续赢得客户。

2）企业所颁布的政策、纪律和制度必须有效地融入流程，并体现在流程中。

3）改进流程，不只要改进流程本身，还要改进流程之间的关系。

4）所有的改进未必结束于流程，但都要从流程入手。

（1）只有改进与客户关键需求相关的流程，才能帮助企业持续赢得客户

企业的资源永远是有限的，不分优先级试图对所有流程进行改进是不现实的。同时，在与客户关键需求无关的流程上投入太多资源，这本身也是一种浪费行为，甚至会形成一种假象，通过不断改进的数据来证明改进工作的有效性，但这个改进却离客户关键需求越来越远。因此，我们可以用流程能力（流程保持低随机变异的能力）和客户体验这两个维度形成一个矩阵——流程能力-客户体验矩阵，如图5-1所示。

由图5-1可以看出，流程能力高且客户体验高，结果一定是赢得客户的青睐。原因肯定是与客户关键需求相关的流程能力高（潜台词是，其他流程能力未必高）。我们常看到一些企业有这样那样的问题，但就是能持续赢得客户，一定是他们与客户关键需求相关的流程做得很好，其他的流程不求全。改进者不要陷入改进"其他"流程的陷阱。

流程能力低且客户体验低，结果一定是失去客户。

流程能力高，但客户体验比较低。这说明企业浪费了不必要的资源在客户不在乎的事情上。比如不断改进手机键盘特性，对研发流程、设计流程、生产工艺持续投入资源进行高强度改进，导致与键盘设计与生产相关的流程，能力异常强

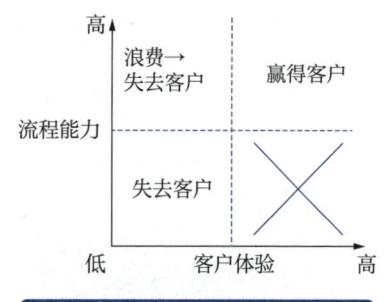

图5-1 流程能力-客户体验矩阵

悍。但市场已经转向触摸屏，这种强悍的流程能力变成了浪费，对客户体验毫无益处，最终也会失去客户。

流程能力很低但是客户体验却很好并持续赢得客户的案例是不存在的。没有任何一家企业能在流程混乱、能力低下的状况下持续赢得客户。

（2）企业所颁布的政策、纪律和制度必须有效地融入流程，并体现在流程中

流程的目的是让系统有输出，为了实现这个输出，需要一系列的关系组合来促进组件之间的合作并执行相应的步骤。这些合作需要通过政策、纪律和制度来护航。因此，企业的相关政策和方针都体现在流程中；如果有很多政策和制度与流程无关，那么这些政策和制度很难真正提高客户体验，很容易流入形式主义。通常来讲，任何一个部门的KPI都属于管理制度的一部分，但KPI本身并不是流程，它的目的是通过考核来确保关键业绩指标能够被实现，而关键业绩指标，一定是关键业务流程能力的结果，因此，KPI要体现业务流程业绩。如果企业的KPI与关键业务流程无关，那么该KPI是一个失败的KPI。又如，每家企业对于员工的财务报销有很多规定，我们可以称之为报销纪律。这些纪律会规定哪些事情可以做，哪些事情不能做。但是如果没有报销流程作为基础，这些纪律就没有依附。改进者要经常做的事情，就是评估流程和政策之间是否匹配、政策和制度是否融入流程。在很多企业里，政策和制度并没有体现在流程中，而是与流程形成了"两张皮"，政策提出了很多规范，但流程上却没有支持这些规范的执行步骤。管理者经常抱怨的政策和制度无法执行，就是没有理清政策与流程的融合关系。这种关系，也要求改进者必须在学习和理解流程时，不要遗漏对与之相关的政策、纪律和制度的学习。

（3）改进流程，不只是改进流程本身，还要改进流程之间的关系

这在系统化原则中已经阐述过。比如两家店铺前台的服务流程是一样的，其中一家店铺的前台接待人员笑容可掬、业务熟练、处理高效，另一家的前台接待人员则态度冷漠、行动迟缓、毫不在乎客户感受。这说明，不是第二家店铺的前台流程出了问题，而是前台流程所在的系统中，其他流程，或者相关制度出了问题。比如工资的发放流程出了问题，或者考评流程出了问题，或者考评流程所依据的政策出了问题，或者经理辅导流程出了问题……这些都需要放进系统里进行考虑。

（4）所有的改进未必结束于流程，但都要从流程入手

若要执行由外而内原则，就要借助流程寻找"内"部问题。即使是我们熟悉的产品质量问题，表面上来看可能是因原材料问题、设备问题，或加工工艺所导致，但是溯源之后，大部分质量问题仍然是流程问题。比如因采购流程不规范而导致不合规材

料流入企业，或者设备安装维护流程有漏洞，导致设备问题。另外加工工艺本身就是流程，因此也属于流程问题。在鱼骨图的根本原因描述中，有人、机、料、法、环几种类型，它们看似与流程无关，实际上，经过"5Why分析法"分析后，这些原因都可以找到流程上的映射。在DAI动环改进方法论的界定环节，识别问题所在的流程，学习流程及其关系，绘制流程图和关系图等都是必备的重要工作。很多定性问题在流程图被绘制出来时，就会凸显出来。

5.1.1 理解流程

根据流程的定义可以看出，流程的任务是将输入转化为输出。流程存在的前提是有输入，即输入是施加给流程的条件；流程存在的要求是流程有步骤并整合步骤之间的关系，即流程是步骤关系的总和；流程的结果是产生有价值的输出，即输出是流程对外界所产生的影响。因此，要深入理解流程，就要识别和理解输入、输入和步骤之间的关系。

流程的输入可以是人力、设备、设施和材料，或者是决策和信息等。输入既包括可控因素，也包括干扰因素（即那些认为不可控、难以控制或控制成本高昂的因素）。

流程输出的形态可以是有形的，也可以是无形的，不同的流程会有不同的输出。有输入就一定会有输出，输出的结果可能是流程所带来的转化结果（即在流程步骤和关系的作用下，输出的特性发生了变化）；或者是流程所带来的导出结果（即输出的特性没有发生变化）。

流程可以通过简单的数学模型来进行理解：Y是X的函数，即$Y=f(X_1, X_2, \cdots, X_n)$，其中，$Y$代表因变量，是结果；$X$代表自变量，是输入或过程变量；$f(\cdot)$表示$X$和$Y$之间的映射函数。输入不同的$X$，就能改变流程的输出$Y$；改变映射函数$f(\cdot)$，也能改变流程的输出$Y$。

流程还可以通过视觉化的流程图来得到深入理解。理解业务最好的方法就是理解业务流程，而理解业务流程最好的方法就是研究流程图。在企业中，有相当多的问题是由以下3种情况导致的：①缺少统一的流程图，各部门按照自己的理解来执行流程；②是没有按照流程图来执行工作；③流程图已经失效了，但企业还在按它执行。当我们绘制流程图时，这3种情况很快就能被识别。第一种情况最容易识别，如果业务部门对某个业务没有相应的流程图，那么该业务部分没有流程图。第二种情况需要进一步观察和调研，改进者需要深入业务一线来观察工作人员的行为是否符合流程图的要求。第三种情况比较难识别，流程是否失效在多数情况下需要进行数据统计，或者站在外部市场和客户角度进行判断，这就需要改进者使用统计工具（如控制图）来分析数据，或者拜访客户来判断。

图5-2所示是一个简单的投诉处理流程图示例（更加复杂的跨部门职能型流程图将在后续章节进行详细介绍）。

用流程图呈现流程最大的好处就是视觉化，减少误解，提高便利。

在企业内部，即使流程图没有绘制出来，也仍然会存在实际的"流程"，毕竟，人们从事活动的步骤和关系是存在的。如果没有流程图，可能会出现不同的人做同一

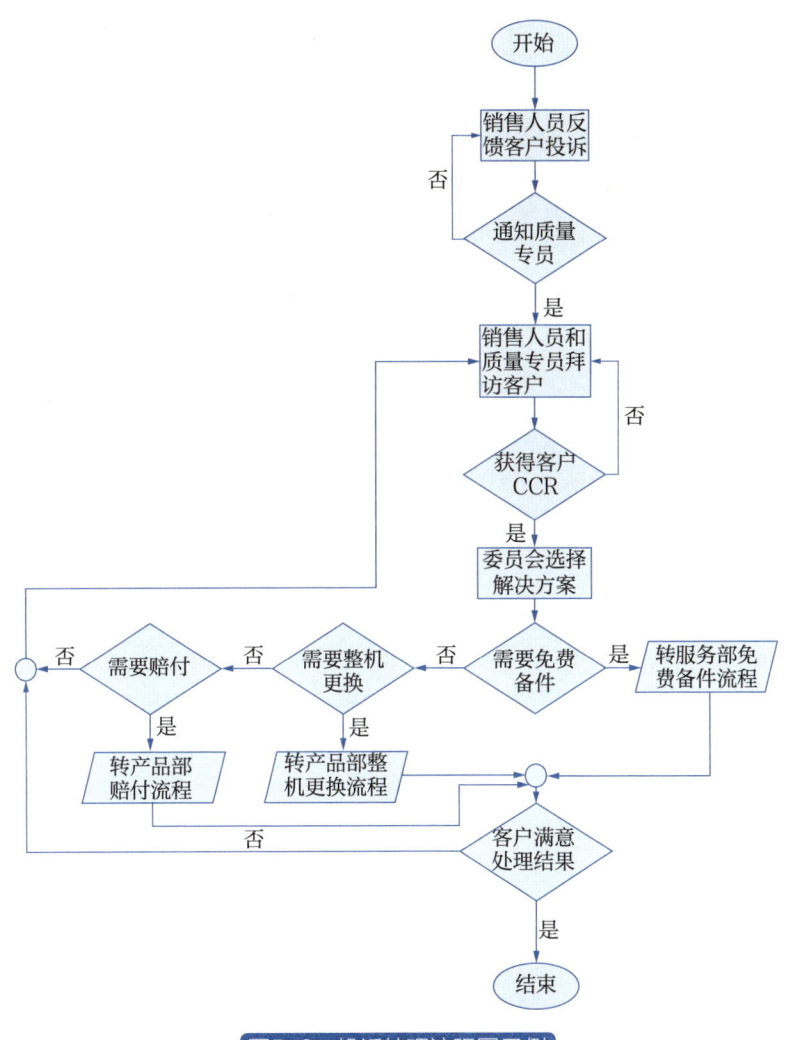

图5-2 投诉处理流程图示例

个事情，理论上应该遵循同样的步骤，但由于没有标准的流程图来规范人们的动作，大家根据口头沟通、邮件，或者某位领导要求来做事，因此系统变异会非常大。流程图提供了一种统一的规范，直接从视觉上避免了这种多方信息的不统一。从图5-2可以看出，针对客户投诉问题共有3种解决方案，涉及委员会和3个业务部门。各部门之间的责任划分很清晰，避免了部门之间的相互推诿。

所有步骤视觉化以后能够清晰地展现系统内各部门的角色、步骤的流向和关系，因此很容易判断哪些环节是关键步骤，从而很快定位瓶颈或者设计杠杆，提高改进效率。同时，在实际工作中，企业会遇到不知如何找到负责部门或者联动部门的情况，这时利用流程图能快速找到关键问题。

5.1.2 流程能力

关于流程能力的一种普遍误解是将其等同于产能，即企业在单位时间生产多少产品或者提供多少服务的能力。其实流程能力是一个持续改进领域的专业术语，用来衡量流程在稳定状态下的变异程度。因此，流程能力有两个关键特性，具体如下。

1）流程只有处于稳定状态，才谈得上流程能力。如果流程处于不稳定状态，内部有特殊变异，那么就没有流程能力可言。因此必须去除特殊原因，使流程进入稳定状态，才能衡量流程能力。

2）流程能力衡量的是随机变异的程度，随机变异程度越高，证明输出的结果离散程度越大，流程能力越低。没有一家流程能力低的公司能够持续赢得客户，因此，流程能力的持续改进是非常重要的工作。

例如一家公司制定了流程A和流程B来满足客户的上门服务需求，客户对于上门时间的宽容区间是14:00—16:00，我们定义14:00为低规范限（LSL，Low Standard Limit），16:00为高规范限（USL，Up Standard Limit）。客户希望所有的服务能够在这个规范限内完成，超出规范限的服务会降低客户体验。流程A和流程B的输出结果的分布情况如图5-3所示。

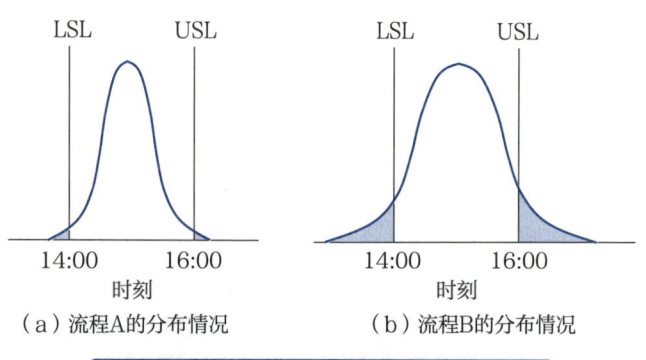

由图5-3可以看出，流

（a）流程A的分布情况　　（b）流程B的分布情况

图5-3　流程A和流程B输出结果的分布情况

程A和流程B的输出分布都呈正态分布,这是自然界和人类社会数据分布的普遍规律。现实中,正态分布没有这么规整,这里仅供演示。在流程输出结果的分布中,规范限外的部分(阴影部分)是客户不愿意接受的部分。可以看出,流程A的分布比流程B"瘦",它的阴影部分远少于流程B,这证明流程A能更好地满足客户的需求。因此,流程A的流程能力高于流程B,即"瘦"流程的能力高于"胖"流程。该企业应该放弃流程B,或者改进流程B,使之接近流程A的水平。

当然,流程能力的分布,不仅仅是"胖"和"瘦"的区别,还有偏移的区别,因此,统计学引入了不同的流程能力指数来进行计算,其计算式各不相同。常见的流程能力指数有C_p和C_{pk},其中,C_p表示过程在受控状态下的实际能力,不考虑过程的偏移;C_{pk}表示在过程有偏移的过程能力。这两个参数应用在不同的场景中,这里仅介绍C_p。我们的目的是用流程能力指数来解释流程观,而不是聚焦数学计算和复杂的统计场景。

流程能力指数C_p的计算式为

$$C_p = \frac{\text{USL}-\text{LSL}}{6\delta}$$

其中,δ表示变异范围的统计指标。

目前很多统计软件都可以计算流程能力,因此不需要大家计算或记住这个计算式,但是需要大家理解它的含义,即流程能力指数表示客户规范限内的公差与流程变异范围的比值,其值越高,变异范围相对客户规范限内的公差越小,流程能力就越强。

不同区间流程能力指数所代表的含义见表5-1。

表5-1 流程能力指数区间及其含义

流程能力指数区间	含义
$C_p < 1$	流程能力不足,无法满足客户需求,会导致客户流失
$1 \leq C_p < 1.33$	流程能力一般,无法完全满足客户需求,会导致客户摇摆不定,很容易转向竞争对手
$1.33 \leq C_p < 1.67$	流程能力充足,可以满足客户需求,如果客户需求未产生偏移则可确保客户忠诚度稳定
$C_p \geq 1.67$	流程能力富余,客户满意,但需要慎重对待是否持续维系富余状态

流程能力指数常用于以下几种情况。

1)用于评估系统能力改进前后的差别,如果对比显示改进后流程能力值增加,则说明改进有效。

2）对比不同方案的系统能力。流程能力指数高的表示能力强。

3）评估系统能力与客户期望的差距。

值得注意的是，如果系统能力远超客户的期望，则证明公司投入了额外的资源以保证这种额外能力，那么需要慎重评估这种额外能力的必要性。丰田公司从不主张保持额外的流程能力，他们的流程观是一切恰到好处，不多不少，这也是精益理论的核心观念之一。丰田公司的质量口碑并不是来源于富余的流程能力，而是来源于"恰好满足客户需求"带来的综合效应。相反，富余的流程能力会消耗公司大量的资源，造成公司在某个维度的过度运转，这是一种浪费，会间接转化为成本，最终转移给客户。

如果没有流程能力这种流程观，没有计算流程能力的方法，"保持恰到好处"的管理建议会显得非常虚无缥缈。但是持续改进方法论告诉我们，有统计学支撑的数据计算会提供有力的支持，让"管理恰到好处"有方法实施，有理论支持。对关键业务流程的流程能力持续进行计算，随时调整，使流程能力处于稳定状态，是很多世界级企业的常务工作。但是，仅仅保持流程能力的稳定并不能保证永远的客户忠诚。流程观是我们追求的，但是必须在由外而内的原则指导下进行工作。由外而内原则要求我们关注客户体验的关系和环境，如果市场上出现了令人瞩目的替代品，企业必须立即做出反应，而不是根据流程能力指数来做战略决策，例如当触屏替代键盘时，键盘业务的流程能力指数处于哪一种区间都无济于事。

5.2 数据观

几乎在所有的持续改进方法论中，项目改进必须用数据来证明自己的改进效果，除此之外，别无标准。DAI动环改进方法论支持这一观点，无论是流程的改进，还是机制的改进，必须用数据来评估和证明改进效果，而不是付出了多少努力，或者领导的偏好。改进者必须理解数据的特征和属性，并据此来评估改进成果。

数据观在改进环节的体现具体如下。

1）所有改进目标的界定应该通过操作定义，以数据的方式展现。改进目标如果不是数据化的，那么改进方向就是不明确的，无法衡量能否实现。

2）所有的改进分析，以理解数据变异为前提，针对特殊原因和一般原因进行分析。在分析原因时，不能仅进行定性分析，还要收集过程数据、理解变异、分析变异，这是数据观的基本思路。

3）所有的改进变革，以过程数据或财务数据为评估结果。没有数据结果的改进，可能只是过程中的某种努力，无法评估且无法衡量效果，很难定义为改进。

为了实现数据观在改进工作中的落实，需要进一步要理解数据的属性和类别，从而帮助我们正确地使用工具来识别变异，定义数据目标，以及衡量结果。

5.2.1 理解数据的质量特性

我们的日常工作场景中存在特征不同的数据非常多，数据特征代表了工作或流程的特征。当我们理解数据时，也要把数据放到场景中去，这样"数据能说话"才具有真正的意义。这些具备特征的数据最终构成质量特性数据，不同的质量特性数据需要用不同的观察方式、和测量手段来进行评估，这也是数据表征对于统计原则特别重要的一点。表5-2展现了工作属性和质量特性的关系。

表5-2 工作属性和质量特性的关系

工作属性	质量特性
制造	规度：大小、长度、宽度、高度、直径、体积、重量…… 产品物理特性：黏度、色温…… 工艺措施：生产线速度、事故次数、废品率……
运营	账单错误数、银行错误交易数…… 结账的周期、数据处理中程序重新启动的频率…… 财务预测和实际支出之间的差异……
服务	安装周期时间、重复维修次数、备件使用数目、维修周期时间……
工程	数量：错误操作数、变更请求数、设计变更数…… 时间：产品故障时间、从概念到制造的周期时间……
管理	财务衡量：销售额、成本、投资回报比、现金流、价值附加率…… 员工加班比、客户满意度、环境罚金……
营销	商务：交易错误数、客户投诉数、订单到交付的周期时间…… 宣传：点击率、阅读率、投放比……

5.2.2 理解数据的属性

除了数据的质量特性外，数据属性也非常关键。我们把统计学上具备同样属性的数据归为一类数据。在DAI持续改进方法论中，我们把统计学中的数据整理成以下几大类，如图5-4所示，这么分类是因为不同类型的数据在改进中需要选择不同的工具来进行观测、测量和分析。在改进工作中定义数据的类型并非数学游戏，而是实实在在的业务需求。对数据类型的错误判断会导致在改进时选择错误的工具和方法，采用错误的分析和模型，从而导致改进的失败。

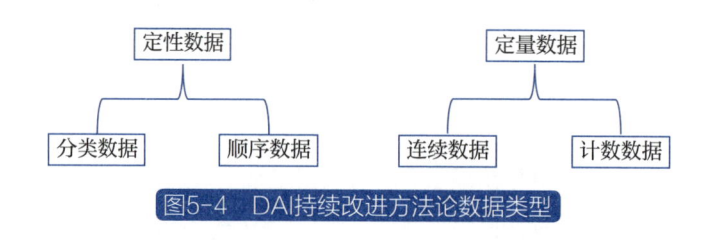

图5-4 DAI持续改进方法论数据类型

定性数据是一组表示事物性质、规定事物类别的文字表述型数据；定量数据是指以数字形式存储的数据，并可以进行测量。定性数据和定量数据的主要区别见表5-3。

表5-3 定性数据和定量数据的区别

内容	定性数据	定量数据
数值特征	无	有
计量精度	无/低	高
统计办法	非参数检验	参数检验及数学模型

为了更好地区别定性数据和定量数据，我们分别进行阐述。

1）定性数据没有数值特征，不能对其数据直接进行数学运算。定性数据有两种数据类型，具体如下。

定性数据的第一种类型是分类数据：数据特性表现为互不相容的类别或属性。

> **示例**
>
> 性别（男/女），职业，诊断结果（普通感冒/流行感冒），宗教信仰（基督教/佛教/伊斯兰教），产品品种（型号）。分类数据只能用来区分事物，不能用来表明事物之间的大小或优劣关系。

定性数据的第二种类型是顺序数据。

> **示例**
>
> 尿糖化验结果按"-""±""+""++""+++"进行分类，对应健康等级为健康、亚健康、轻微疾病、重病、病危；产品等级分为一等品、二等品和三等品。顺序数据最大的特点是有序定性，这种有序性指所分类别或属性之间有程度和顺序的差别。顺序数据的数据之间虽然可以比较大小和高低，却无法计算相互之间的大小或高低的距离。

综上所述，无论分类数据还是顺序数据，都不能直接进行数学运算（顺序数据本身可以被人为规定的具体数值，这些数值是定量数据，可以参与数学运算，但从统计学角度看，这些运算可能难以代表事物特征，只能进行映射计算）。

2）定量数据可以用数值来表示观察结果，具有数值特征，可以直接进行数学计算。比如反映天气温度、月收入等变量，这些变量具有明确的数值含义，不仅能进行分类，而且能测量出具体的大小和差异。这些变量就是定量变量，也称数值变量，定量变量的观察结果称为定量数据。定量数据有两种数据类型，具体如下。

定量数据的第一种类型是连续数据：指在一定区间内可以任意取值的数据，其数值是连续不断的，相邻的两个数值可以进行无限分割，即可取无限个数值。

> **示例**
>
> 人体测量的身高为连续数据，身高数据182cm、182.3cm、183cm均有意义。
>
> 地铁运行的时间也是连续数据，运行时间数据1h、1.2h、2h均有意义。

定量数据的第二种类型是计数数据：指其数值只能用自然数或整数单位计算。

> **示例**
>
> 企业个数、职工人数、设备台数等只能按计量单位数来计数，在数量单位中进行任何切割都是无意义的，比如半个人或者0.2台设备都是无意义的。这种变量的数值一般用计数方法取得，所以这类数据最终从离散数据改名为计数数据。

3）定性数据只能粗略地区分事物特征，无法计算或比较数值的大小，计量精度不高。

定量数据作为统计研究的主要资料，不仅能分类而且能测量出来具体大小和差异，其计量精度远远高于定性数据。

4）定性数据多采用描述性统计分析方法、非参数检验等。

定量数据可采用描述性统计分析，也可采用推断性统计分析、参数检验或统计模型。

定性分析是分析事物的性质，定量分析是分析事物的具体特征。定性分析是定量分析的基本前提，没有定性的定量是一种盲目的、毫无价值的定量；定量分析使定性分析更加科学、准确，它可以促使定性分析得出广泛而深入的结论。因此，在DAI动环改进方法论中，定性数据和定量数据、定性分析和定量分析同等重要。后续章节会介绍控制图的选择和分析方法，充分体现了数据种类对控制图的影响。如果数据种类选择错误，就会得出错误的分析结果，还会引入由计数数据衍生的第三类数据种类，以正确操作控制图。因此，理解业务数据的种类以及数据自身的属性，是非常重要的。

5.3 增值观

增值（Value Add）的工作观念，来源于由外而内原则，即客户愿意买单的工作过程就是增值的过程。如果一个系统的组成部分和关系多为增值的，这个系统就能做到以客户为中心，成为有效系统。反过来，一个系统的组成部分的工作步骤和关系都不是客户愿意买单的，那这个系统就不是增值的，也不可能长期赢得客户。因此，增值是因为系统中的某些步骤或组件间的关系为客户创造了价值，客户愿意买单。

同时，非增值（Non Value Add）就是客户不愿意买单的活动。非增值活动只有两种情况：一种是厂家必须做的，称之为非直接增值；另一种是浪费。

> **示例**
>
> 厂家生产一台存储设备，把固态硬盘固定在底座上，加装内部控制系统，安装软件，设计外壳和装配工艺……这些改变了外观、安装了部件、附加了各种功能的过程，通过改变各种资源的特性或改变他们之间的关系，形成最终成品，这些过程客户是愿意买单的，我们称之为增值活动；同时，这台存储产品需要有序列号，需要对价格进行市场控制，需要做区域经销商管理……这些活动客户并不愿意为之买单，但是企业没有这些活动就无法实现有效工作和经营，这些活动是有价值的，也是必要的，我们称之为非直接增值活动。这些存储产品也可能需要仓库，可能需要出厂前检验，可能因为零部件缺陷需要返工，可能因为系统错误需要上门纠错……这些活动不仅客户不愿意买单，对企业而言也是不必要的活动，因此，这些活动是浪费，是要避免的（关于仓库属于浪费的相关内容请参考精益理论）。

增值观在持续改进工作中体现在以下几点。

1）持续改进要求持续提高增值过程在系统中的比例。

2）优化非直接增值活动而不是盲目移除。

3）浪费必须尽力消除。

5.3.1 持续改进要求持续提高增值过程在系统中的比例

增值活动在系统中的比例越高，代表客户愿意买单的活动越多，也反映了客户在乎的事情在系统中持续被投入资源去实现和提升，这样的系统，才能有好的客户体验，才能持续赢得客户。提高增值活动的比例，最佳策略是从减少非增值活动入手，而不是增加增值活动，提高活动比例的最佳策略如图5-5所示。系统化原则告诉我们，系统活动一旦增加，系统的细节复杂性就会被放大，因此"增加活动或组件"这个策略是改进者不希望看到的，当然，特殊情况例外，比如当系统缺乏关键增值活动时，就需要补充相关活动。一般情况下，系统需要向着更高效的方向去运行，增加活动或组件显然是违背这个改进方向的。

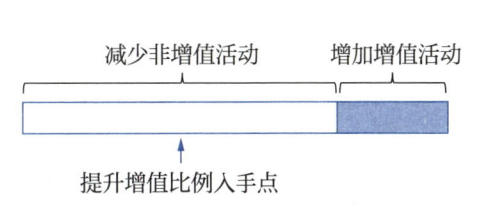

图5-5 提高活动比例的最佳策略

5.3.2 优化非直接增值活动而不是盲目移除

降低非增值活动的比例并非"一刀切"地减少非直接增值活动。多数情况下非直接增值活动是为了确保增值活动能够正常运行而存在的，因此不能盲目移除。比如为了确保固定路由器外壳的螺钉不脱落，需要对螺钉的扭矩进行测试，这种检验过程属于非直接增值活动，但是这是一种对客户负责的行为，虽不增值但有价值。又如把设备运输到客户手中，也是非直接增值活动，但是这种活动是必要的和有价值的，因此，不能简单地定义为浪费。多数时候优化这些活动可以为企业带来收益，例如提高过程检验的效率、优化运输的路线等。优化非直接增值活动往往是改进工作中最常见的工作，因为很多关键业务流程中都包含非直接增值活动，这些非直接增值活动的流程能力，对于关键业务流程至关重要。在DAI动环改进方法论中，界定环节的重要工作之一，就是识别非直接增值活动。

5.3.3 浪费必须尽力消除

消除浪费是所有改进方法论的共识。唯一不同之处在于有的方法论对不同的浪费，改进的优先级不同。大多数方法论对浪费的认识集中在浪费所产生的巨大成本上。DAI动环改进方法论不仅认为浪费产生了巨大成本，还认为浪费是在当前速度制胜时代"杀死"企业的毒药，因为它让组织迅速熵增。

浪费的本质不仅是成本的上升，还是速度的下降及无序的增加。任何一种浪费都会带来企业整体效率的下降。如果仅从成本的角度来看待浪费，有时候会陷入一个误区：只要有源源不断的资本注入，浪费就是可以容忍的，是企业的次要问题。这个观点忽略了浪费另一个致命的本质——降低了企业的整体效率。缩短非增值活动或者降低非增值活动的比例会带来企业效率的巨大提升，如果包容浪费，就是包容低效，这个观点比包容高成本还可怕。

浪费还增加了企业的无序度。由表5-4展现的浪费可以看出，每一种浪费都会让企业更加低效和无序，绝对不会让企业趋向于有序。因此，浪费总体上是给企业增熵。

DAI动环改进方法论认同精益理论定义的7种浪费。在数字化时代，浪费不仅存在于生产车间，还存在于服务场所，存在于数据中心，存在于比特世界，它的内涵和外延有了新的发展。因此，DAI动环改进方法论将精益理论的浪费进行重新定义，分别是：多余输送，多余存储，多余流动，等待，多余输出，多余动作，瑕疵。这7种浪费的表述详见表5-4。

表5-4 企业浪费的种类及其描述

浪费种类	描述
多余输送	把原本没有必要的资源输送到业务流程中，包括物料、信息和数据 这些多余的资源需要系统额外地去维护或保存，多余物料需要场所存放，需要合适的环境，也需要额外维护。在数字化时代，多余的数据和信息，不仅占据比特空间，还会形成噪声，干扰数据使用者的分析工作，耗费人员筛选和识别信息的时间
多余存储	客户需要的产品、服务或形成产品的资源因等待交付而滞留在储存中，这些资源包括库存的零件、半成品和成品；也包括冗余计划外又保留的不必要的备用人员 判断是否属于多余存储，主要是判断存储是否由于等待交付而产生，示例：如果一组业务数据并非因为等待交付而存在硬盘里，仅仅是因为难以判断未来是否会继续使用，那么从风险角度考虑继续存盘，则这种存储不属于多余存储 多余存储造成的直接影响是增加了空间成本和人员成本，这是直接浪费；多余存储的间接伤害是系统设计中包含允许等待的规则，这个规则的存在使系统效率低，间接浪费了系统的其他资源
多余流动	人员、设备、信息和数据超出业务目的而进行的不必要移动 在生产线上，人员和设备的不必要移动会增加生产时间，耗费人力和物力，这种浪费显而易见。而信息的流动很难被认为是多余流动。流动的信息越多越好、流动的数据越多越好是很多人的误解。超出业务目的的信息和数据同样会占用系统的资源。现代社会数据的产生是呈指数量级增长的，这些海量数据的多余流动会耗散网络容量、带宽，以及算力，也会消耗数据分析和处理人员的时间和精力
等待	等待下一个流程环节 无论是生产线、服务过程，还是软件开发，等待都是规划和组织的大忌。在加工车间里，等待会导致停工；在数字化空间里，等待会导致算力闲置。所有的等待最终都会产生巨大成本
多余输出	指系统的输出比需求多 多余的输出会导致多余存储，形成直接浪费，还会给输入端带来虚假需求，放大资源需求和采购量，形成二级浪费。多余输出可能要求系统的流程能力有富余，从而需要额外的资源来维护这种富余，形成其他的间接浪费
多余动作	因为工艺、流程、设计、工具、材料等原因产生的不必要的重复活动或返工 工序流程中的每一个动作都必须带有明确的目的性。没有意义或不合理的动作只会导致工作时间徒劳无功地增加。生产线上的多余加工、人员动作的多余重复、计算机运行不必要的扫描程序等都是多余动作。这些动作除了延长工时外，还会降低工作的产出和效率，增加场地及人员的占用及配置。同时不合理的动作还会导致身体疲劳甚至工作伤害
瑕疵	超出客户规范线的产品或性能缺陷，称为瑕疵 有瑕疵的不良品是企业不可容忍的重大浪费现象。客户需要的是合乎规范要求的产品或服务，客户不会为不良品买单。因此，不良品将完全由企业承担，而且不良品相关的检查和修复的投入，以及引起的下游延伸制品不良、检查、返工、报废等损失都由企业自己承担

（1）多余输送

大部分人认同运输、输送和搬运是一种必需的动作，因为没有输送，就无法进行下一个动作。正因为如此，大多数人默认多余输送的存在，而不是设法消除它。的确，只要物料或信息要去往不同的目的地，运输就会存在。但站在客户的角度上看，运输本身并没有给客户带来什么价值。客户关心的是产品或服务的质量，而不是运输本身。

在生产场所，有些人想到用输送带的方式来克服多余输送，这种方式仅能被称为减少体力的消耗，因为输送本身的浪费并没有消除，反而被隐藏了起来。输送的浪费若进行分解，又包含放置、堆积、移动、整理等动作的浪费。

在计算机工作环境，很多数据被不必要的传输占据了大量的带宽和存储空间。这些数据传输形成的信息流会挤占有效信息的空间，分散使用者的注意力，形成数据噪声。经过几轮传输后，数据的原始动机会模糊不清，需要设计额外的程序进行筛选和过滤，以免影响有效数据的运行。这些额外的带宽、存储空间、程序，以及噪声过滤都是浪费。随着万物互联时代到来，如果对多余输送不加控制，物联网内部的数据量，将成倍地提高算力成本。

多余输送还有一个重大危害，即当未意识到多余输送时，企业会为多余输送制定相关的规定和要求，并形成相关的体制，使得多余输送"合法化"。浪费变成了体制内合理的存在，使改进工作非常艰难。

多余输送的原因大多是因为规划不当而导致。比如生产线布局不合理、生产计划安排不当、数据配置不合理、信息技术（IT，Information Technology）资源规划不当等。因此，从系统的设计和规划入手，是解决多余输送的关键。

减少多余输送也对人提出了新要求：工作人员尽可能是多面手，而不是只做一道固定工序的操作员，这在生产环境和数据环境里都是适用的。人所做的工作越单一，系统越需要的单一工序岗位越多，输送就会越多。在传统的生产线时代，如20世纪30年代福特汽车的生产线，这是先进的代名词。然而机器人的诞生彻底打破了这个先进性，简单重复性的工序可以完全由机器人负责，而且机器人对复杂性工序的适应性也越来越高。如果对人的工作设计思路是简单工序不断在流程中叠加，多余输送就不可避免，这种浪费是巨大的，也难以在数字时代与自动化竞争。

综上可知，输送本身具备系统价值，但多余输送是浪费，消除多余输送的关键是合理规划。未来，人的岗位应该是多面手岗位而不是单一工序岗位。

（2）多余存储

精益理论中有一个相当重要的观点：库存是万恶之源。因此，库存也是精益理论提到的七大浪费之一。在现代社会中，无论是生产型企业、服务型企业，还是制造业、金融业、互联网、数据中心等，只要企业存在等待交付这一业务环节，就会产生资源滞留，就会产生浪费。因此，我们对这一浪费进行了重新定义：多余存储。因为等待交付而滞留在储存（库存）中的信息、数据、零件、半成品和成品都是多余存储，也包括冗余计划外保留的不必要的备用人员。

判断是否为多余存储，主要在于这个存储是否由等待交付而导致。

> **示例**
>
> 滞留在仓库里的成品因为等待销售而无法产生任何价值，反而耗费维护资源，并有可能导致产品过期、过时。在服装行业和汽车制造业，对于库存的理解已经达成高度一致。某著名服装连锁品牌的库存周转率很高，可以做到一周更新一次货架，其他品牌只能做到一个季度一次。著名的汽车品牌丰田汽车甚至提出零库存，一直向按需生产迈进。

在数字化时代，如果一组业务数据因为等待交付而保存在终端，那么这也是浪费。对于这一点，有很多人并没有意识到它的重要性。毕竟，在企业自动化尚未普及、数字化转型尚未完成，以及物联网架构尚未健全的时代，大多数企业的数据量并不大，但终端的存储却越来越大。人们会有一种短暂的错觉：存储的价格下降趋势，以及云存储的规模成本优势，远大于数据产生量的增长趋势，对数据堆积的担心是没有必要的。

这种错觉，在短期内不会造成重大影响，这是因为摩尔定律的影响。存储技术依赖的是芯片，而芯片遵循的是摩尔定律，摩尔定律的速度大于企业当前数据产生的速度，因此数据堆积的风险暂时没有体现。但是随着物联网时代的到来，以及数字化转型进入后期的高速发展阶段，企业的数据量会呈多个数量级式的增长，数据的产生速度会远高于摩尔定律。如果企业现在不具备杜绝多余存储的思路，不做好预案，企业文化中没有"多余数据存储也是浪费"的观念，那么未来会面临两个难题：要么放弃部分数据在终端的应用，要么支付巨额的成本研发新的终端存储成本。如果企业要依靠云存储，又需要额外的带宽，这是新的成本。同时，多余数据的存储也会需要额外的资源对其使用进行判断和筛选，这带来了速度的额外负担，让企业变得低效。

多余存储有以下几种直接影响。

1）产生不必要的搬运、堆积、放置、维护、找寻等浪费，降低企业的效率。

2）损失利息及管理费用。

3）减低资源的价值，使其变成滞销品。

4）占用物理空间和比特空间，造成多余的建设投资浪费。

5）造成对设备能力及人员需求的误判。

多余存储还会造成一些间接影响。多余存储往往意味着系统设计中包含有允许等待的规则，只要允许等待，就会使得系统效率低，间接浪费了系统的其他资源，也滋生了管理人员懈怠的习惯（总需要等待所以没办法快速处理工作）。

因此，存储本身是一种企业管理功能，具备系统价值，但是多余存储是浪费。零存储的概念并非是要没有任何库存，或者没有任何数据在终端，而是说所用的资源，恰好满足业务需求，不需要多余的存储。

（3）多余流动

最早，人们在生产线上发现没有必要地搬运各种物资和物料占据了工人很多精力，因此提出了过度搬运是一种浪费的观点。后来，搬运这个动作被发现不仅存在于生产线，服务部门搬运备件完成维修、IT部门搬运数据完成部署、财务部门搬运账务信息、人力资源进行人员调动等都涉及不必要的搬运，因此，过度搬运被认为是普遍存在的浪费，而不是存在于生产环节。

DAI动环改进方法论对过度搬运重新进行了定义：多余流动，即人员、设备、物料、信息和数据超过业务目的进行不必要地移动。

在生产线上，人员和设备的不必要移动会增加生产时间，产生不必要的等待，耗费人力和物力，这种浪费显而易见。在售后维修中，备件可能多次往返于不同节点才能到达客户现场，甚至发生备件错误递送带来二次备件流动，这种浪费不仅提高了服务成本，还直接降低客户体验。客户需要更多的等待时间，以至影响客户的生产经营安排；错误的递送也会让客户对服务的专业程度产生怀疑，从而降低对品牌的信心，这种多余流动浪费带来的影响也是显而易见的。

而信息的流动很难被认为是多余，人们甚至认为流动的信息越多越好。谁会嫌弃获得信息少呢?！实际上流动的数据越多越好是误解。当今社会，人们接收的信息远远超过需求，对个体而言，处理过多信息会造成焦虑情绪和工作效率低下。当实际审视的时候，我们发现引发焦虑和低效率的信息往往是无关的没有必要的信息。

对于企业和业务单元而言，超出业务目的的信息和数据同样会占用系统不必要的资源，带来不必要的算力消耗，这种浪费，在多余输出中已经介绍过。数据的多余输出必然带来数据的多余流动，由一个浪费引发的，只能是另一个浪费，而绝不会是增值。现代社会数据的产生是呈指数量级的，未来物联网数据的加入会把数量级进一步扩大。这些海量数据的多余流动，会耗散网络存储容量、带宽，以及算力，也会消耗数据分析和处理人员的时间和精力，造成整个系统的效率低下。即便是在人工智能（AI，Artificial Infelligence）时代，机器学习所需要的数据，也是有针对性的数据，而绝不是多余流动来的数据。因此，多余流动的信息和数据同样是浪费。

多余流动通常是由以下情况造成。

1）生产现场平面布置不合理，搬运路线过长。

2）物流组织不合理，中转环节过多。

3）工装设计不合理，反复移动。

4）多余输出带来的大量搬运。

5）信息和数据没有过滤器，盲目传递。

6）业务需求不清晰，造成虚假需求，放大了资源供给。

7）高估系统效率，传输速度和算力，低估无效数据的量级。

改进多余流动的原则具体如下。

1）简化工艺操作，减少重复动作。

2）集中物料，数据和相关资源，避免多头收集。

3）减少中转，缩短工序距离。

4）子系统间传输上下行分担均匀。

5）合理设计需求，明细范畴和颗粒度。

6）合理规划信息容量和速度。

搬运和运输本身是有价值的，没有什么业务是不需要搬运的。资源流动也是有价值的，静态的资源不能创造任何价值。但是多余流动，却会带来很多负面影响。它导致多余等待，提高成本，降低客户体验，降低系统效率。因此多余流动，是巨大的浪费。

(4) 等待

把等待定义为浪费，是丰田管理模式对世界管理界的一大贡献。那么在其他领域，比如服务领域、数字化领域、等待是否仍然是浪费？

在精益理论中，双手未抓到及摸到东西的时间，即被定义为等待。在DAI动环改进方法论中，等待就是人、设备或信息流等待下一个环节时发生的闲置。

以生产高性能存储设备为例，由于硬盘不能按要求及时入厂，有可能无法如期交货；而当硬盘入厂后，又需要赶进度，可能会出现加班、产品质量不符合要求等问题。等待不仅浪费了很多资源，还带来很多新问题。还有一种"监视机器"的浪费，说起来令人忍俊不禁。有些工厂买了一些速度快、价格高的自动化机器，为了保证其正常运转，通常还会另外安排人员站在旁边监视，以及时排除小故障、补充材料等。这种监视，本质上是人在等待一个故障或一个动作，这是对人力资源的巨大浪费。

在加工车间里，等待会导致进度减缓或甚至停工，直接导致物料产生库存；在办公场所，等待会导致人力闲置，降低员工积极性；在数字化空间里，等待会导致算力闲置，并有可能导致突发集中计算带来的算力不足。所有的等待最终都会导致巨大成本，因此等待在所有领域都是浪费。

在生产环节中等待的表现形式有以下几种。

1）自动机器操作中人员的不必要的监控。

2）工作节奏松散的等待。

3）设备故障的等待。

4）材料不良的等待。

5）生产安排不当的等待。

6）环节之间未衔接好造成的工程件的等待。

在包括数字化领域的其他工作领域，等待的表现形式有以下几种。

1）供应链低效带来的等待。

2）管理层批复或决策不及时的等待。

3）优先级模糊带来的等待。

4）运营人员工作充实度不够的等待。

5）数据没有准时到达导致计算设备的算力等待。

6）分布式逻辑不合理带来的网络等待。

7）错误使用区块链带来的等待。

造成等待的原因很明显，有生产线布置不当、物流混乱、设备配置保养不当、生产计划安排不当、工序生产能力不平衡、材料未及时到位、管理控制点过多等。所有等待，即使是有原因的等待，也是浪费，是要被消除的。我们可以使用5Why分析法来寻找真实的等待原因。

比如自动化生产线为什么要人等在旁边加料？因为加料时间不确定，人无法离开。为什么加料时间不确定？因为生产线速度不均匀，机器用料速度随时都在变。为什么生产线速度不均匀？因为上一道工序人员不足，有时必须降低生产线速度。采用5Why分析法分析到这一步，等待的原因已经找到，只有解决了上一道工序人员不足的问题，才能改变这道工序等待的问题。大部分情况下，消除等待的基本对策仍然是采用全局规划，设计防误措施，加强自动化及设备保养，实施目标管理，加强资源控制。最佳途径仍然是合理规划，进行均衡化生产部署。通过人工智能进行供需及时化匹配是数字化时代消除等待的新方法。

（5）多余输出

企业经营过程中遇到的多余输出，往往会被误解为正向的做法。有的企业认为速度很重要，于是加快生产，不断堆积制成品。有的企业为了最大化利用产能，只顾生产不顾需求。系统的输出比需求多就是多余输出，也称为过度产出，或过剩产出。这就是第五种浪费：多余输出。

丰田汽车对此的定义是生产了太多无法保证能卖出的产品。其实内部流转的信息和资源如果超出了需求的量，虽然不涉及直接卖出，但也是过度产出。这里产出或输出的概念不一定是终端产品，过程量也可以被定义为产出，形成多余的浪费。

多余输出会给系统带来很多麻烦，有以下几种。

1）多出的物料和产品带来物流阻塞。

2）增加库存。

3）增加在制成品、产品积压。

4）降低资金回转率低。

5）材料零件过早获取导致等待和多余搬运。

多余输出还会给上一个环节带来虚假需求，放大资源需求和采购量，形成二级浪费，影响计划弹性及生产系统的适应能力。同时，多余输出要求系统的流程能力有富余，从而需要额外的资源来维护这种富余，形成其他的间接浪费。

在数字化世界，多余的数据和信息需要额外的带宽、存储及算力的预设，并且可能需要额外人员的介入来处理这些信息，这会使整个系统变得臃肿而低效，如果不分析原因就采取行动，很可能触发新的算力部署而浪费资源。当然，在目前的数字化程度下，工作中每个人使用办公软件所产生的数据量与本地存储或云端存储的容量比，仍然是微小的，搬运数据的时间成本也较低。因此，在这种情况下，多余输出尚未到达造成严重影响的阈值。比如有时候，把暂时无法判断是否有用的数据存起来以备后续使用，反而是一种被鼓励的做法。不过，随着物联网的快速发展，我们要处理的数据，很快会比现在多出万倍以上。每个传感器多输出一个不必要的信号，根据网络对信号放大原理，就会令整个系统产生无法估量的超额运算和传输，这时候再去追溯哪个信号是多余的就非常困难，因此不如在源头设计上就杜绝随意输出多余信号。

另外，多余输出的危害，在当前环节也许不是最大的，但是却带来一系列次生灾害。这种二级浪费的累积，会对系统带来巨大的负担。即使对当前环节而言，多余输出只是提前使用了材料和人工费而已，并没有其他好处。多余输出往往会把等待的浪费隐藏起来，让"等待"变成合理的操作。

比如一辆装运车因要装运多余的硬盘，多花了1小时的装运时间，这1小时对于转运流程来言，无法分辨是否属于等待，因此被计入合理运输时间。但是从系统的角度看，这1小时仅仅被用于装运多余的硬盘，这完全是不必要的，是一种等待，是浪费。而且这些多余的硬盘被分配到组装厂，要占据多余的库存空间，形成新的浪费。还有一种影响更深远的次生影响，就是多余输出带来的偶然事件叠加。

这是一个真实的案例。某品牌为了弥补某个器件的批量质量问题，决定给服务部门的维修站运送一批新器件，以满足维修站给客户做整批更换的动作。工厂出于冗余考虑，认为多生产一部分器件可以防患于未然，结果这部分多余的器件，多花了1小时装箱，又多花了1小时装车，导致转运车错过了途中的某个隧道的开放时间（很多过山隧道并非全天开放），不得已等待了一整夜，第二天才再次出发。整个转运时间延长了12小时，导致维修站错过了与客户预约的时间，使客户除了对质量的抱怨之外，增加了对不守信约的抱怨，造成该品牌的形象受到很大影响。这就是好的初衷带来了浪费，造成了降低客户体验的结果。

多余输出带来的偶然事件叠加，绝不少见，多余输出是最容易引发次生灾害的浪费。本质上，是由于多余输出给整个系统带来了扰动，几乎系统内所有的链条都要为多余的变量做出响应，而且响应的时候，这些多余的输出，都是被当成"正常"输出来对待，浪费了大量的资源、极大地降低了企业的效率和速度。

要杜绝多余输出，很重要的是要转变观念，包括生产速度快并不代表效率高、设备有余力并非是埋没成本。当生产能力过剩时，应尽量先考虑减少作业人员或辞退人员，而是更合理更有效地应用人员。在操作方面，最有效的办法仍然是均衡生产和经营规划。

（6）多余动作

在日常的工作中，为了达到经营目的，有很多工作的程序和动作是可以省略、替代、重组或合并的，如果仔细地加以检查，将发现有不少的浪费等着我们去改善，这种浪费就是多余动作。

多余动作的概念包含3层含义，具体如下。

1）工作中超出目标要求的过度处理。比如多余的加工、过分精确的加工、对汇报材料做多余的平面设计美化、展现不必要的数据、提供过多的附件材料、计算机运行过高频次的扫描程序等。

过度处理带来的结果是过剩品质和额外时间，这种过剩完全超出了客户的需求，并且未必是客户的需求，也未必能够带来客户体验的溢出效应。相反，这种过度处理必定会消耗更多的资源，带来成本上升，降低企业效率。

过度处理的原因大多来自企业，或部门为了增加"安全系数"而采取的自保行为。为了与竞争对手拼抢客户，或者想讨好客户，企业提出"比客户需求还要高"的口号，结果模糊了产品或服务定位，在企业无法接受的成本下做了多余的事情。事实上，超出产品定位而附加的过剩品质，并没有体系的保障，很容易不稳定，也无法长期获得客户的好感。

2）过度设计。过度设计曾经被误解为冗余设计，其实他们的区别很大。冗余设计指在产品技术、规格组织等方面的设计上给予充分的安全系数。比如军用飞机为了保证起落架安全落下，会设计两套放下系统，即一套液压系统和一套电子系统，以确保一套系统失效后还有另外一套系统备用。过度设计并非考虑不同情况下需要采用的备用措施或冗余措施，而是在设计初始阶段对产品性质、定位，以及对服务的流程缺乏清晰的认识，从而设计出不必要的加工特性或交付特性。

比如一个螺栓固定两个零件，就强度而言3圈螺纹就够了，但螺栓的螺纹却设计成了10圈，这增加了劳动强度、劳动时间和材料，但毫无价值。又如对客户机房的巡检一个月一次就够了，但是却设计成一个月巡检2~3次，这导致工程师不必要的上门，浪费劳力并虚增了人力资源需求。

3）因工艺、流程、信息流、设计、工具、材料等原因产生的不必要的重复活动或返工。比如信息无目的地在多个节点之间传递；一个程序便可以完成的数据计算被派发给多个程序进行计算；一个部门可以完成的流程分给多个部分来执行；一个步骤可以做到的工艺分成多个步骤；过多的审批环节，以及不必要的检验，都属于过度设计。

重复活动或返工的一个主要原因是企业自身的流程能力弱，品质波动很大，企业无法自信地通过正常工艺和流程来保证品质，不得已采用"加法"来维系输出的工作质量。这是一种补偿企业自身系统稳定度差的表现，最常见的表现就是层层检验。另外一个主要原因就是企业在规划和设计系统时，缺乏均衡设计能力，无法做全盘考虑，各个业务部门只能局部孤立地动作。这种情况下若想达成质量要求，不得已只能增加部门或业务步骤（比如多层检验）。这些增加的部门或步骤，会让企业变慢，变低效，还会因为各部门的孤立运作带来部门墙和业务壁垒，增加组织内官僚主义的可能。

很多人误以为对工作"多做一点"是一种敬业的体现；企业为客户"多做一点"是以客户为中心，为客户着想的体现。其实，"多做一点"的理念只有在这个动作是增值的情况下才是值得赞赏的。工作流程中的每一个动作都必须带有明确的目的，没有意义或不合理的动作只会导致工作时间徒劳无功地增加，消耗不必要的资源，浪费不必要的时间。工作中的多余动作、人员的多余，除了会延长工时外，还会降低工作的产出和效率，增加场地及人员的占用及配置。同时不合理的动作还会导致身体疲劳甚至伤害，因此多余动作是一种巨大浪费。

（7）瑕疵

不合格和瑕疵之间有微妙关系，我们将瑕疵而不是废品定义为浪费。

很多人都认可不合格品是浪费，因为不合格品是生产出来的不符合标准的产品，是无法销售的产品，会造成巨大的原材料和生产资源浪费。不合格品在生产环节就被发现了，因此不会出厂，它所带来的浪费损失很容易进行衡量。还有一部分产品在生产环节没有被发现，因此没有被定义为不合格品。但是该类产品在客户使用环节却出现了很多令客户无法忍受的缺陷，有时需要批量维修，甚至需要厂家召回，这些都造成额外的投入，并降低了客户体验，这种产品带来的损失需要进行二次计算。有的厂家反而将它计入运营费用，于是隐藏了这种损失，也隐藏了浪费。为此，我们有必要重新定义与不合格品相关的浪费：瑕疵。

超出客户规范线的产品或性能缺陷，被称为瑕疵。瑕疵并不是说，这个产品不完美，而是说，这个产品没有满足客户的关键需求，因此，瑕疵包含不合格品及有缺陷产品。如同所述，瑕疵品是企业不可容忍的重大浪费。客户需要的是合乎规范要求的产品或服务，也绝不会负担瑕疵品所造成的损失，谁为客户提供了瑕疵品，谁就会付出重大的补偿代价。

企业付出的代价不仅包括瑕疵品这部分，还包括参与检查和修复瑕疵投入的资源，以及引起的下游延伸制品不合格、检查、返工、报废等损失。同时，企业品牌和形象受损失所带来的修复成本，也是巨大的。为了应对竞争对手的打击，公关部门需要投入资金进行品牌重塑。订单下降带来的生产重组也会造成成本增加。因此，企业无论如何都要做好质量管理，杜绝生产瑕疵品。

质量管理中对瑕疵的控制，已经是一个非常成熟的领域。总体而言，质量管理认为瑕疵来源以下几点。

1）标准作业欠缺。

2）误解客户对品质规范限的要求。

3）人员技能欠缺。

4）品质控制点设定错误。

5）认为可以后续优化而生产出不合格品。

6）检查方法、基准等不完备。

7）设备不良。

对于瑕疵的管理和控制，比较有效的工具，是从组织层面使用鱼骨图来分析根本原因，并针对原因来进行改进。更重要的，是使用统计过程控制（SPC，Statistic Process Control）统计学工具，从数据的维度分析瑕疵的分布、特点、趋势，从而给出科学的建议，以杜绝瑕疵。

需要警惕的是另外一种误解：既然试错和快速迭代是互联网时代的特点，我们应该容忍瑕疵而尽快推出产品。这种说法并不完整，因为这是一个有条件的场景：只有客户接受范围内的试错和迭代才是有意义的，否则，客户不仅会对瑕疵本身不接受，而且会认为你拿他当"小白鼠"，变得更为愤怒。无论是手机操作系统的迭代，还是服务器芯片的迭代，都不能在关键品质上有任何缺陷，快速试错和迭代的领域，一定是关键品质之外的领域。这里建议使用卡诺曲线来分析客户的三类需求——必要需求、期望需求和兴奋需求，从而定义瑕疵可能存在的领域和理由。

5.4 速度观

"世间万物生生息息繁衍至今，并不是最强大的物种得以生存，也不是最聪明的，而是对环境变化最敏感、反应最快的物种。"达尔文的《进化论》在100多年前强调了速度对于生存的重要性。在当今的数字化生存时代，没有人会质疑速度的重要性。但是，如何提速？如何进行快速迭代？所有的速度都是有益的吗？几乎所有的持续改进方法论都会把速度作为改进目标之一，流程的速度尤其是共同的目标。一个流程端到端的速度提升后，流程能力必然会得到提高的，因此在改进过程中，有很多学说和理论都提倡不计一切代价提升所有流程速度，但DAI动环改进方法论不支持类似的主张。DAI动环改进方法论的速度观体现在以下几个方面。

1）能带来最高系统增值率的速度，或者带来最高流程效率的速度，才有意义。

2）减少浪费，是提高速度的第一优先。

3）优化非直接增值活动带来的速度，是第二优先。

4）谨慎提高增值活动的速度。

5.4.1 理解系统增值率

在系统或者在流程中，所有增值活动的总时间占整个流程总时长的比例，称为系统增值率。它反映了这个系统到底有多少时间是用于"增值"的。假设流程总时间长为100min，则增值活动的总时长为10min，那么系统增值率是10%。为了计算系统增值率，我们需要引入一个工具：价值流图（VSM，Value Stream Map），后续章节中将会有详细介绍，这里只是使用它的基本概念来计算系统增值率。

一个最基础的简单VSM，就是把流程中的工作用活动的方式来表达，并标记上时间。我们假设一台互联网路由器的制造流程如图5-6所示。

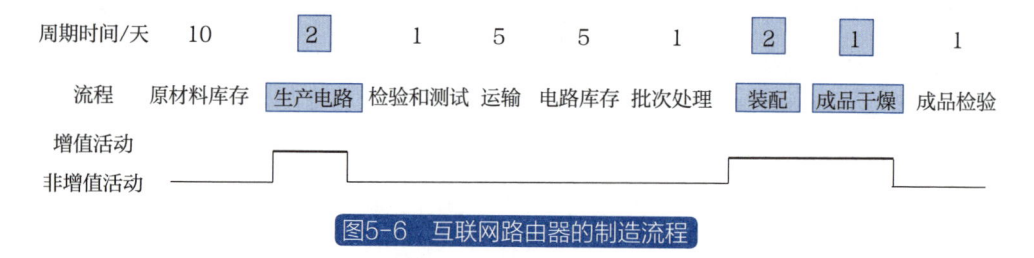

周期时间/天	10	2	1	5	5	1	2	1	1
流程	原材料库存	生产电路	检验和测试	运输	电路库存	批次处理	装配	成品干燥	成品检验

增值活动
非增值活动

图5-6 互联网路由器的制造流程

由图5-6可以看出互联网路由器的制造流程有9个步骤，其中只有3个步骤是增值活动，他们分别是生产电路、装配和成品干燥。这3个增值活动的总时长是5天，流程的总时长是28天，则系统增值率是5/28=18%。

如果我们要改进这个系统的速度，会面临几个关键问题：到底从那个活动入手进行改进？是聚焦缩短库存时间，还是直接改进生产电路的时间？当资源有限时，该如何选择？如果增值活动是客户愿意买单的，是否应该从增值活动入手？

改进工作总是有优先级，没有一个组织可以承担所有流程同时改进的资源投入。增值观告诉我们，降低非增值活动的比例是首选，因为非增值活动总是占据系统活动更高的份额。对于系统增值率的提高，缩短非增值活动时间的效率远高于提升增值活动的时间。增值观的4个体现也是由此而来，也是为了证明这个观点，在图5-6所示例子中，我们制定了3种改进方案，具体如下。

方案1：仅改进原材料库存（浪费）。

方案2：仅改进运输（非直接增值活动）。

方案3：仅改进生产电路（增值活动）。

为了对比效果，我们都对其进行50%的改进。结果见表5-5。

表5-5　3种改进方案的结果

方案	改进活动	改进比例	缩短时间/天	改进后流程时长/天	系统增值率	整体改进效率
方案1	改进原材料库存	50%	5	23	21%	18%
方案2	改进运输	50%	2.5	25.5	19.6%	8.9%
方案3	改进生产电路	50%	1	27	18.5%	6.6%

从表5-5可以看出，优先改进原材料库存（浪费）是最佳方案，改进后的系统增值率和改进效率都领先于其他方案。然后是改进运输（非直接增值活动），最后才是改进生产电路（增值活动）。改进增值活动也带来了速度的提升，但是系统增值率的贡献太小，因此，要降低其优先级。

我们也注意到，速度观提倡的改进优先规则，不只是从数据上可以得到验证，从管理常识上也得到了很好地支持。把运输速度提升一倍，其难度远大于把库存时间降低50%，除非出现划时代的交通技术跃迁。同时，生产电路作为一家企业的主要流程，自动化程度都已经相当高，要再改进50%，也需要生产线的置换和相关技术的大幅跃迁，这些都不是改进的范畴了，这也是速度观所强调的"谨慎提高增值活动的速度"。不是说不需要提高，而是在优先级这个概念下，它不是第一优先。

另外，增值活动是客户愿意买单的，所以必须第一优先改进是错误的观点。客户不愿意买单的活动，才应该立即马上去改进，以减少他们对客户体验的影响。客户愿意为某种活动买单的意义恰好在于那些他们不愿意买单的活动，最好越少越短。同时，由于非增值活动总是占据大部分比例，改进后客户感受到的提升非常明显。由外而内原则告诉我们，客户需求要求我们做出的改进一定是最有助于提升体验的，哪一个改进做到了这一点，其优先级就越高！

作为一名改进者，践行速度观时，一定要充分理解速度的相对概念。增值率高的流程，我们认为它的整体速度是"快"的；如果增值率很低，则这个流程的整体速度相对是"慢"的，即使其中的某些环节很快，也无意义。在DAI动环改进方法论中，快和慢不仅是时间维度，还是比例维度，它是和增值率强相关的。单独来分析表5-5的3种方案，每种都做出了同样的改进（50%），但是结果大相径庭，只有秉承正确的速度观——提升增值率最大的改进方案，才是速度最"快"的方案。

5.4.2 理解非直接增值率

企业中不是所有的活动都是增值活动，比如处理投诉就不是增值活动。没有任何一个客户愿意为企业处理投诉而买单（客户不会为企业尝试挽回他的活动买单），因此投诉流程内的任何动作都不是增值动作，这样的流程或系统也就没有增值率的概念，因为系统内不存在增值活动。

对于非增值系统或流程，我们同样需要提升它的速度。还是以投诉流程为例，如果整个投诉处理过程缓慢、周期很长，客户除了对投诉的问题有抱怨，还会继续抱怨投诉处理本身，糟糕的客户体验会被放大，这绝不是企业希望看到的。相反，高效的投诉处理就可能坏事变好，挽留住客户。因此，我们仍然要对非增值系统进行价值流分析，这时指标变成了非直接增值率（也称流程效率），即非直接增值活动总时长占流程总时长的比例。非直接增值率，仅仅适用于无增值活动的系统。

以图5-2所示的投诉流程为例，我们可以绘制一个简单的VSM，如图5-7所示。

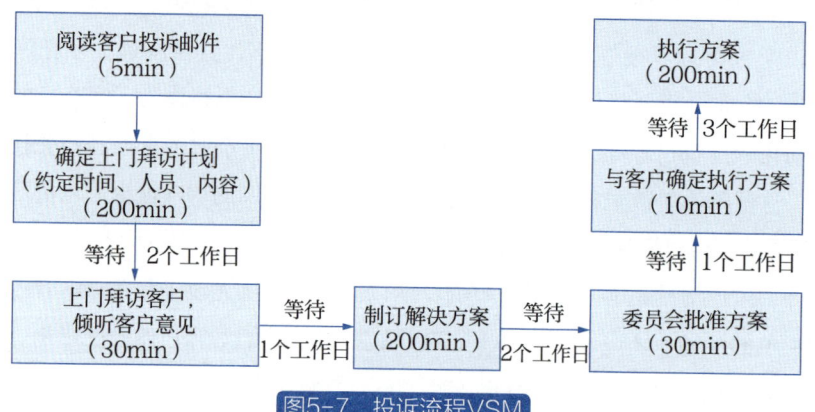

图5-7 投诉流程VSM

在图5-7中，方框内的动作都是非直接增值活动，总时长是11.25h（675min）；流程中的等待时长是72h（9个工作日）；整体流程总时长为83.25h；则非直接增值率为11.25/83.25=13.5%。

我们可以看到，DAI动环改进方法论的速度观在这里同样适用，首选要缩短投诉流程中的等待时间，因为等待是一种浪费，这在增值观中已经详述。在服务型流程中，等待往往占据最大的比例，是消除浪费的第一优先。同时，对非直接增值活动进行优化也是必要的，我们看到，确定上门拜访计划中，包含有大量的行程确认、确认随行人员、确认拜访内容等，这些都是可以通过优化管理规则来提高速度的。

用VSM计算系统增值率，或者非直接增值率是改进速度的必要条件。虽然在流程图里标注时间也可以实现类似的效果，但流程图的主要意义在于动作、关系和顺序。用流程图计算增值率会非常麻烦。因此目前的工具软件都用VSM计算增值率，而不是流程图。

5.5 变革观

处理各种变化是当今工作的主要特点，不确定性无处不在。持续改进工作，其实就是在给企业不停地输入各种变化：优化流程、提高速度、减少变异……我们很难想象这些工作能够在静态中得以实现。在本节中，我们不谈宏大的社会经济变革，也不谈公司治理变革，这里涉及的是一个改进者，从改进的初衷开始，到改进工作相对告一段落这段时间，应该以什么样的观念去实践变革。DAI动环改进方法论的变革观在工作中的体现有以下几点。

1）每一个改进都是变革，每一个变革都会引发系统效应。
2）每一个改进只有为变革创造便利后才能实现。
3）不同的变革要借助不同的驱动力。

（1）每一个改进都是变革，每一个变革都会引发系统效应

一个常见的误解是改进应该尽量避免带来变革，否则会有很大的阻力。这种误解忽视了改进本身就是变革的事实，无论我们尝试对系统的组成部分或者关系做出任何调整，事实上都是在系统内做出了变革。比如生产线上一个微小的工艺调整在改进方案上可能只是几行字，有人会认为这与变革没有关系。但是这个工艺调整一定会涉及人员操作的调整、培训内容的更新、考核方法的变更、物料供应的变更等多方面变革。这个调整不仅要搞定流程和系统内的组成部分，还要考虑它所带来的员工心理变化，操作人员会真正接受这个调整吗？这个调整会对员工的其他工作有什么影响？不把改进当变革就会忽视这些连带动作，使改进无法产生真正的效应。因此，对改进产生真正阻力的，恰好是"要尽量避免变革"这个观点。要把每一个改进，无论大小，都当成一个变革去对待，周全考虑其对系统的影响。同时，也根据系统化原则考虑每一个变革对周边系统的影响。很多时候，微小的变革甚至会产生蝴蝶效应：比如营销

部发现某个新工艺蕴含的巨大的宣传价值，调整了广告定位。为了实现新的定位和视觉效果，营销部要求使用新的广告摄制供应商，而新的广告摄制供应商带来了新的概念和思路，使公司形象焕然一新，最终在市场上，人们可能并没有注意到那一条跟新工艺相关的广告，但是注意到公司品牌的巨大变化……以上描述来自一个真实的案例，发生在1998年的摩托罗拉，因为手机壳拉丝工艺的改良，引发了整个广告的设计制作和投放的变革。

20世纪80年代，美国著名的变革专家马文·韦斯布罗德（Marvin Weisbord）就指出，任何一个技术性的变革都会引发社会和经济的变革。触摸屏代替了键盘，引发手机的大革命，人们得以进入移动互联时代，由此带来了一系列重大的社会和经济变化。企业内微小的流程变革、工艺变革、操作变革等也可以看作是类似的缩影：员工、客户、合作伙伴都会受到相应的影响。

（2）每一个改进只有为变革创造便利后才能实现

如果每一个改进都是变革，那么改进者一定要为自己改进方案创造便利，才能有助于变革的发生。为变革创造便利的方法有很多，美国著名社会学家埃弗里特·罗杰斯（Eveveret Rogers）在他的《创新传播》中提到了5种成功变革的要素，这5种为变革制造便利的方法在持续改进方法论中被广泛认可，具体如下。

1）制造相关优势。要让与变革相关的所有人知道，变革对他们的好处是什么，或者至少相比于当下的情况，变革会带来什么优势。这与常说的"一定要让人们理解为什么要变革"略有区别。后者说的是变革的必要性，是从变革本身出发的，它可以有宏大的叙事和巨大的意义。但是人们可能会问，这与我有什么关系？不过是公司的又一次运动罢了。而制造相关优势是从利益相关者的角度出发的，它聚焦的是参与变革的人有什么好处。这之间微妙的区别，会带来不一样的效果。很多改进者遇到的阻力并非来源于同事们不了解变革的必要性，而是不了解变革对他们本人，或者所从事的工作有什么好处。

2）塑造兼容性。要将变革本身，以及变革带来的效果与当前的组织文化和价值观相匹配。不要让持续改进的方案以价值观变革为前提的。价值观的变革需要企业的综合转型，它的过程烦琐而艰难，如果改进项目寄希望于价值观的转型来帮助改进，实际上是一种推卸责任。新华三集团要求任何变革都要符合领航者文化的价值观，而不是与之冲突，这种顶层要求，实际上能够避免改进者走弯路。

3）降低复杂性。任何改进，都需要被广泛地沟通才能得以贯彻，方案越复杂，变革就越难以被真正地理解和接受。如果一个改进确实是复杂的，那么改进者有责任用简单的方式进行沟通，或者把方案拆解成若干简单部分，针对不同的对象进行简化沟通。任何改进者自以为是的专业术语、缩写和"领域内黑话"都是不受欢迎的。改进者要训练自己用最朴素的语言来描述改进的能力，如果一项变革复杂到没有人能听得懂，那么它注定会失败。

4）让变革有试点，可预运行。改进方案正式实施之前，可以划定某个小领域做试点，测试方案的效果。一方面人们参与测试的过程会降低他们对变革的抵触；同时，测试的效果可以告诉他们变革的好处。另一方面，测试阶段或测试领域发生的问题，不会有大范围的影响，也提供了窗口做进一步的优化。

5）让变革可观测。改进者需要制造一种环境，让人们能够看到他人在变革中是如何获利的。来自自己观察的变革所带来的好处比来自说教更有力量。如果某个团队因为变革提升了工作速度和效率，一定要通过某种方式，让其他团队看到这个改进成果，并将该团队成功的喜悦分享出去。这在社交媒体时代不是难事，难的是改进者要有这个意识去规划它。

（3）不同的变革要借助不同的驱动力

首先引入变革的类型概念。奥地利的美籍社会学家保罗·瓦兹拉威克（Paul Watzlawick）提出的双阶变革类型，是迄今为止广受认可的理论，具体如下。

一阶变革：发生在给定系统内部的变革，引发的系统效应较低，系统没有发生重大变化，更多地被认为是调整或修补。

二阶变革：该变革的发生改变了系统，引发了较高的系统效应，系统的组成部分或关系发生了重大变化，甚至影响到了其他系统。

房间变冷了，可以打开暖气；如果还不暖和，就把暖气开得大些。"开大暖气"是典型的一阶变革。这个动作和变化对整个暖气供应系统没有产生重大影响。它通过朝着"我不希望发生"相反的方向做调整来达到变革目的，这往往是一阶变革的特点。比如生产线效率较低，可以通过提高传送带的速度来实现变革（当然这不是无限度的），比如员工报表出错率高，可以通过奖励出错率最低的员工来实现提升。一阶变革通常不针对系统的一般原因，也不解决系统本身的问题。

如果房间变冷，采取的变革是更换整个暖气片，或者更换管道和锅炉，这就是二阶变革。因为它引发的系统效应非常广泛，使整个系统发生了重大变化。如果改进员工报表出错率，不是提供奖励措施，而是更换报表使用的软件，这也是二阶变革。二阶变革往往针对系统的一般原因而来，它改变了系统，也改变了流程能力。

结合理解变异的知识，我们可以认识到，一阶变革，是针对特殊原因的"速赢"

常常采用的变革方式。而系统改进，需要二阶变革。

然后我们引入内外驱动力的概念。美国心理学家诺尔曼·梅尔（Norman Maier）在他的著作《工业心理学》中提出了人类内驱力和外驱力的概念。这个概念被诸多持续改进方法论作为基础概念所使用。

外驱力：满足感存在于工作活动之外，其激励来源于工作行为之外的要素。比如报酬、奖金、保险、休假等。

内驱力：满足感来自工作本身，或来自其社会角色和个人角色的达成。其激励发生在工作过程中。比如营销人员在使用某个通用营销软件时，通过摸索和实践提升了自己在营销自动化上的能力，因此他们非常有动力。这种动力，即来自学习新事物，提升能力的正向动力，也来自担心不会使用通用软件而被淘汰的焦虑，它是来自工作本身的，并与其社会角色相关。内驱力的提出，迫使每个组织都需要思考，我们如何设计变革，才能使人们产生积极的兴趣，并从他们正在做的工作中寻求满足他们的社会需求和个人需求。

结合变革类型以及驱动力方式，我们可以得出一个结论：在改进过程中，不同的变革需要借助不同的驱动力。对于一阶变革而言，如果希望人们尽快参与和接受，那么外驱力可以解决大部分问题。但是对于二阶变革而言，如果没有内驱力的帮助，人们将难以配合变革，变革的阻力将会非常大。在理解变异章节中我们提到过，针对一般原因做系统变革是管理者的责任而不是员工的责任，这不代表可以不考虑员工的参与。员工是变革的一部分，若要推进二阶变革，不考虑建设员工的内驱力，只是下命令或试图通过奖惩等外驱力来实现，将会非常低效。变革类型和驱动力的关系见表5-6。

表5-6　变革类型和驱动力的关系

变革类型	外驱力	内驱力
一阶变革	有作用	有作用
二阶变革	无作用或弱作用	有作用或弱作用

当我们谈论变革观在工作的3个体现时，绝大多数情况都是在谈人。人的自然属性和社会属性决定了自身的行为，如果改进者想要做好变革，就不能忽视对人的行为、动机、逻辑、情感的理解。美国研究戴明学说的著名学者威廉·谢尔肯巴赫（William Scherkenbach）认为研究人们面对变革的反应时，首先要理解变革其实同时会发生在3个层面，分别是物理层面，逻辑层面和情感层面。深入理解这3个层面对人

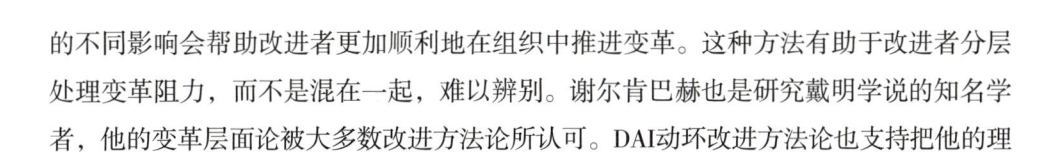

的不同影响会帮助改进者更加顺利地在组织中推进变革。这种方法有助于改进者分层处理变革阻力，而不是混在一起，难以辨别。谢尔肯巴赫也是研究戴明学说的知名学者，他的变革层面论被大多数改进方法论所认可。DAI动环改进方法论也支持把他的理论，并将其作为改进者要基本了解的变革观念之一。

（1）变革的物理层面

变革发生在物理层面，是指变革通常发生在物质世界里，可以通过感官直接感知并服从自然规律，也可以被认为是系统或流程的物理部分。改变一个流程或系统，必然会在物理层面上发生变化，比如搬到新办公室；设计或重新设计政策和工艺；从手动过程切换到自动过程；改变奖励和工资系统等。改进者有时候会走入一个误区，只处理变革在物理层面的事物。比如提出一个新流程替代旧流程、发布流程图、发布替代通知、进行技术培训等。这些工作都是必要且有价值的，但只是变革的第一步，只做这些是不够的。一个变革是否最终被接受，一方面取决于是否为变革创造了便利；另一方面，要看改进者是否挖掘出变革的逻辑层面和情感层面的要素，并依此展开后续活动。只有很小一部分人是无条件接受变革在物理层面的变化的（由管理层强迫接受的情况经常发生）。大部分人，只有理解变革的逻辑层面才会真正配合变革。而几乎所有人都会受到情感要素的影响。

（2）变革的逻辑层面

变革之所以有逻辑层面，是因为每个变革都有某个理性基础或动机，变革的理由定义了变革。因此，几乎所有的变革都存在逻辑层面的理由，即变革为何发生，动机何在。比如物理变革——改变存储器的封装工艺，其逻辑层的动机是竞争对手已经使用了更先进的封装，成本下降了20%。我们要么也改进，要么失去客户。对于改进者而言，做出物理变革的提案是第一步，同时不能忘记，变革在逻辑上是否合理，以及让人们相信这个变革是符合逻辑的。教育、沟通和交流，以及陈述分析是处理变革逻辑层面工作的重要工具。改进者在提出一个变革时，同一时间必须对其逻辑层面给出定义和解释，变革的动机、理由、逻辑必须和变革提案本身同时存在。如果逻辑层面的工作已经进行了充分处理，但人们还是不能顺利地接受变革，那么改进者一定会发现，变革的情感层面占据了主导地位。

（3）变革的情感层面

变革之所以会同时发生在情感层面，是因为人是由心灵和情感支配的，人们对变革会有直觉。在逻辑尚未生效之前，情感会率先告诉人们，他们觉得对不对，怎么样……对很多人来说，变革带来的感觉比变化的理由更重要。变革在情感层面遇到的情景包括:"我们之前不是做得好好的吗?""好烦啊新的流程又要重新适应一遍!""肯定是管理层觉得我们不够忙?""又是另一次运动吧?""又给我增加额外工作了!""变来变去,不停地折腾啊!"

很多专家都对变革的情感层面进行过分析和实践。布里奇斯变革模型(BCM,Bridges Change Model)的提出者威廉·布里奇斯(William Bridges)提出"转变"是变革情感层面的途径。转变的过程包含3个阶段:放弃过去,中间区域(即旧的已经放弃而新的还没有完全呈现)和新开始。

放弃过去,意味着从情感和心理层面要开始摆脱过去,摆脱旧的行为方式和对事物的看法。改进者需要帮助受变革影响的员工认识到:要采用新的观念进行更富有意义的行动,首先得先结束旧观念。如果一边对新的行为方式观察着,一边又不时地回到旧的行为方式和看待问题的方式中,不能做一个决断,那么自然无法建立全新的思维框架和行为方式。当然,这个过程对于绝大部分人来说是痛苦的,否认自己、否认旧的行为方式没有那么容易。改进者必须说服管理者以身作则地进行实践,不断引导大家对旧的行为方式做决断。经过放弃过去阶段后,就进入了被布里奇斯称为过渡阶段的中间区域阶段。

在中间区域,人们已经丢掉了旧的行为方式,但还没有适应新的行为方式。改进者要帮助人们以新的行为方式来看待事物和应对问题,帮助员工逐步适应自己的新角色,要尽快展示新的行为方式已经产生的令人惊喜的建设性的成果。这个阶段,重要的是提供一个框架,让员工做正确的事,朝着变化前行,这个框架最好能够避免他们回到旧的行为方式。

在开始阶段,员工开始适应自己的新角色,变革终于迈到了这一步:流程中的员工开启了新的工作节奏,变革被认可,新的流程、新的工艺、新的政策开始顺利运行,新的关系开始建立。这个时候,改进者要确保员工有时间学习和参加培训,让变革"软着陆"。

综上所述,理解人和变革的层面,就是要理解:①变革在物理层面上要有发生的可能性;②变革要有逻辑和理由;③变革要让人们觉得是正确的。

6 DAI 动环改进方法论模型和步骤

6.1 模型综述

进入这一章，我们开始应用基本原则和管理理念，理解DAI动环改进方法论的模型是如何指导并完成真正的改进项目的。所谓的DAI动环改进方法论模型是指三大改进步骤的内涵，以及他们的关系如何递进，并最终如何产生改进结果。本章内容的目的并非对三大改进步骤进行理论阐述或论证，而是对三大改进步骤的内容通过科目列表的方式逐一介绍。它既可以用来理解改进步骤的实质内涵，也可以在未来改进的实际工作中，作为速查书，为改进者提供规范和指导。每个改进步骤会涉及很多改进工具，这些工具将在第7章中进行介绍。

在介绍所有和步骤相关的方法之前，首先要提出几个问题。

1) 这些步骤要严格遵循顺序来做还是可以跳跃执行？
2) 所有步骤里的具体工作科目，一定要全部完成还是可以选择性完成？

我们先回答第一个问题：这些步骤是否必须按顺序执行？这里的顺序，其实有两个层面，具体如下。

层面1：宏观步骤绝不可跳跃。这里指在动环方法论中，DAI动环改进方法论的3个步骤必须严格按顺序执行。没有界定（D）的分析，是无目的的分析（A）。分析工作，必须服务于目的，服务于问题，服务于某个限定了范畴的事物。因此，分析工作，一定要排在界定工作之后。很多改进工作经验不足的人，非常愿意很快进入分析工作阶段，因为这个阶段有思考和分析带来的智商愉悦，还有快速发现问题症结带来的成就感。不过这些良好的感觉如果发生在错误的方向和范畴里，那么除了浪费时间，别无他用。因此，分析工作必须在界定工作完成后再开展。

同样，没有针对分析原因的改进，除了可能是天才的直觉外，更高概率是冒失地"拍脑袋"。持续改进工作不同于企业战略制定或产品开发，可以依赖领导者的洞见和直觉，或者依赖产品经理敏锐的市场触觉和感觉。相反，所有改进者在进行改进项目时，必须坚持统计原则和数据观，抛弃一切非理性行为，把改进建立在绝对理性的分析之上；并且，要在必要的时候（通常是所有时候）使用相关工具来进行分析。最后针对分析得出的根本原因来寻找解决方案。当然，如同我们在变革观中阐述的，一旦启动变革，就要把分析工作的绝对理性放在一边，考虑人和变革的3个层面问题，把变革的项目做出符合人性的规划。

层面2：宏观步骤里的具体工作，我们称之为微观科目，可以选择性跳跃或者并行执行，它们之间的顺序没有那么严格。比如在界定步骤中，是先界定团队，还是先界定财务回报，取决于改进者的工作习惯，或者取决于项目本身的复杂度。

因此，遵循DAI动环改进方法论的顺序，是指宏观顺序，而不是微观科目。

理解了第一个问题，第二个问题就容易回答了。宏观步骤必须全部执行，但是步骤内的微观科目未必要全部执行，完全可以根据项目本身的性质，以及需要改进的问题，来选择性执行。这也是本章节采用科目列表的一个原因之一：方便改进者清晰明了地选择到底要做哪些科目。

选择哪些科目来完成某个步骤，是严肃和慎重的事情。很多改进项目之所以失败，往往是错误地放弃了某个关键科目。比如在提升速度的改进项目中放弃了"界定增值率"的科目，很有可能会导致把精力及资源放在非第一优先的速度提升上。比较安全的做法，是选择实施全部科目。如果精力、时间、资源不允许，那么前面章节所介绍的基本原则及改进理念，就会起到关键的作用。每个工作科目的选择都应是改进者根据自己对基本原则的理解和掌握，以对照改进工作哲学观后的抉择。一个对系统观有深刻认知的改进者，绝不会在复杂项目中放弃"界定流程关联图"的科目；同时，对流程观的深刻理解会帮助他在一个流程内部改进时果断放弃"界定流程关联图"。

综上所述，改进步骤及改进工作科目的实施，完全是在基本原则和改进哲学观指导下开展的。这就是前面5个章节都没有具体谈改进的动作，而是聚焦在原则和哲学观的层面的原因。随着一步步地开展更多的改进工作，大家必然会对此有更深入的认识。

6.2 界定

我们用第3章的一句话来开始：无论什么改进，都要从界定各种信息出发。这些信息包括业务背景、问题本身、流程关联、系统状态和界限、以往业绩、改进目标、财务预期等。

界定阶段的工作内容就是要确认客户需求，识别需要改进的产品或流程，组建团队，制订目标和计划等。这些工作是后续改进工作的基础。这里，我们用"科目表+设问"的方式来介绍DAI动环改进方法论中三大改进步骤的工作内容。比如"界定流程关系"这个科目，我们的设问会包括：所需改进的主流程是什么，有哪些主要步骤，支撑流程有哪些，以及支撑路程和主流程的关系是什么、用什么工具来界定流程关系……改进者需要去回答这些问题，当找到答案后，项目规划书就自然而然地形成了。

DAI动环改进方法论的界定阶段有17个科目，又称为17个界定点，是三大改进步骤中科目最多的阶段。改进工作的启动和开始阶段，往往是最重要的阶段。如果这个阶段界定失误，后续的所有工作都会失去意义。

界定阶段的17个科目及其设问见表6-1，表内缩写索引如下。

VOC：Voice of Customer，客户之声。

CCR：Critical Customer Request，客户关键需求。

CTQ：Critical to Quality，关键质量特性。

DCF：Data Collecting Form，数据收集表。

SMART：Specific（明确的），Measurable（可衡量的），Attainable（可达到的），Relevant（相关的），Time-based（有时限的）。

ROI：Return on Investment，投资回报。

SIPOC：Supply（供给），Input（输入），Process（流程），Output（输出），Customer（客户）。

LOP：Linkage of Process，流程关联图。

FFA：Force Field Analysis，驱力图。

VSM：Value Stream Map，价值流图。

表6-1 界定阶段的17个科目

序号	科目	设问（可使用的工具）
1	界定背景	为什么要进行这个改进？ 这个改进所处的业务环境是什么？ 这个改进对客户有什么影响？ 这个改进与客户对我们的关键业务需求存在的关系是什么？ 产出：背景陈述，放入项目宪章
2	界定问题（痛点）	这个改进面对的业务或客户痛点是什么？ 所需改进的问题是什么？什么是亟须改进的？ 如何能证明这是个值得关注的问题？ 产出：问题定位，放入项目宪章
3	界定客户需求	原始的客户之声是什么？（VOC） 包含在客户之声中的客户关键需求是什么？（CCR） 客户关键需求映射到质量要求上是什么？（CTQ） 产出：客户需求，放入项目宪章

续表

序号	科目	设问（可使用的工具）
4	界定操作定义	需要改进的问题的质量特性是什么？ 如何衡量和记录这个特性？ 产出：操作定义表，放入项目宪章
5	界定标杆	根据操作定义，竞争对手操作的情况怎么样？相关数据参数是什么？ 竞争对手是怎么做的？我们是怎么做的？（Benchmarking） 其他部门是怎么做的？有没有可以直接借鉴的速赢策略？ 产出1：改进目标的数值参考；放入目标界定 产出2：速赢策略1，放入速赢策略库
6	界定以往业绩	根据操作定义，其以往业绩基线如何？（基线） 如何才能收集到这些业绩数据？（DCF） 这些数据属于什么性质的数据？如何判断该使用的分析工具？ 用什么工具来计算、衡量、评估、验证以往业绩（走势图、控制图、直方图、排列图、散点图、回归分析） 产出：基线业绩表，放入项目宪章
7	界定改进目标	根据客户需求、以往基线或标杆结果，改进目标该如何设定？ 目标是否符合 SMART 原则？如果不符合，如何调整？ 产出：改进目标，放入项目宪章
8	界定改进机会	改进可能带来的业务机会有哪些？ 这些机会对公司业务的关键促进作用是什么？ 产出：机会收获，放入项目宪章
9	界定可能的财务收益	改进目标达成后，财务收益能达到多少？（ROI） 哪些是直接收益，哪些是间接收益？ 产出：财务收益预估，放入项目宪章
10	界定项目范畴	改进聚焦的主流程是哪几个？ 这些流程的主要宏观步骤是哪些？ 这些流程的输入和输出，以及供应和吞吐各是什么？（SIPOC） 产出：SIPOC 分析，放入界定阶段文件库
11	界定流程	如何绘制和表达详细的业务流程？（流程图） 绘制过程中，是否直接发现了流程中明显存在的问题，因而能快速解决（速赢）？ 流程的关键节点上，数据如何收集？ 产出1：事实流程图，放入界定阶段文件库 产出2：速赢策略2，放入速赢策略库
12	界定系统关系（流程关系）	所需改进的主流程是什么？ 有哪些主要步骤，支撑流程和驱动流程有哪些？ 支撑流程、驱动流程和主流程之间的互动关系是什么？ 用什么工具来界定流程关系？（LOP） 如何绘制正确的 LOP？ 产出：LOP，放入界定阶段文件库

续表

序号	科目	设问（可使用的工具）
13	界定项目团队	谁（管理者角色）是这个改进项目的最大受益者？ 受益者在哪些方面拥有资源可以助力改进？ 受益者成为赞助者（发起并用职权推进改进）的可能性有多大？ 谁会最终成为改进项目的赞助者？ 谁是本改进项目的倡导者（支持改进的管理者，提供资源帮助）？ 谁是项目经理？谁是核心成员，谁是非核心成员？（LOP） 谁是教练或辅导者？ 其他干系人还有哪些？他们对改进的态度是怎样的？（FFA） 所有成员的角色和职责是什么？ 团队的使命是什么？ 团队成员需要参加什么培训？ 团队定期会议的日程和规则是什么？ 团队的初步工作计划是什么？（计划甘特图） 产出：团队宪章，放入项目宪章
14	界定特殊变异	控制图得出的业绩基线中，有什么特殊变异？ 这些特殊变异背后的特殊原因是什么？是否可以形成速赢策略？ 移除特殊变异后，稳定流程的西格玛值是多少？ 产出1：特殊变异列表，放入界定阶段文件库 产出2：速赢策略3，放入速赢策略库 产出3：过往业绩的西格玛值，放入界定阶段文件库
15	界定杠杆和瓶颈	在LOP、流程、VSM中，哪些活动或动作是杠杆？ 在LOP、流程、VSM中，哪些活动或动作是瓶颈？ 放大杠杆的方法是什么？风险是什么？ 移除瓶颈的方法是什么？风险是什么？ 产出：速赢策略4，放入速赢策略库
16	界定速赢策略	四大速赢策略中，哪些是可以执行的，为什么？ 四大速赢策略中，哪些是不能执行的，为什么？ 向资助者和倡导者申请批准速赢策略，可能的阻力是什么？ 可执行的速赢策略，需要哪些资源？ 执行速赢策略的行动计划是什么？ 速赢的结果如何展现和汇报？ 产出1：速赢策略库，放入界定阶段文件库 产出2：速赢行动计划，放入速赢策略库 产出3：速赢成果汇报文件，放入界定阶段文件库
17	界定本阶段成果	本阶段的主要成果是什么？ 各个产出的归档做得如何？ 资助者和倡导者如何评价本阶段工作？ 产出：阶段性总结，放入界定阶段文件库

界定阶段的重要特点是它不仅界定了项目的性质，还在界定的过程中，通过对标、流程评估、快速识别浪费、识别非增值活动、识别特殊原因和瓶颈等，针对性地给出速赢策略。速赢在变革的过程中是特别重要的事情。在项目成立不久就能取得相关成果并获得认可，这种局面能够帮助团队建立信心，对于获得资助者和倡导者持续的支持也至关重要。同时，速赢的快速发生，对于改进文化在组织内获得认可也至关重要。

在界定阶段，流程、控制图等工具的使用也为后续的分析奠定了过程和数据基础。

6.3 分析

我们借用第3章的一句话来开始：无论什么改进，都要分析问题的根本原因，找出影响系统和业绩的核心所在。这些分析包括定性分析和定量分析，要使用各种分析工具，并通过统计技术做出验证。对问题的原因进行分析，是持续改进工作中最具挑战、最艰难、也是充满乐趣的环节。解决问题的根本方法，往往隐藏在流程里，隐藏在数据中，要通过各种方法去挖掘、去验证。同时，无论哪一种方法论都不是"魔法"。并非拿出一两个神秘的工具出来用一用，真实原因就会跃然纸上。在分析步骤中最大的挑战之一就是如何正确地使用分析工具。如果能够用简单工具找到根本原因，就不要使用复杂工具，除非原因是深藏不露的，或者问题本身与其他较多因素相关联地纠缠混杂在一起，这时候才需要用更高级的统计技术或其他管理技术来确定和验证根本原因。当这种情况发生时，团队可能需要花更长的时间使用各种工具，提出不同的观点去分析才能得出正确的结果。

在分析的科目表当中，有"推测""假设"等这样的工作科目，这些工作科目看起来与分析无关，但其实在科学研究和日常管理工作中，推测和假设都是分析不可或缺的必要步骤。绝大多数分析，都是在验证推测和假设中完成的。尤其对于一般原因的分析，推测和假设不可或缺。在DAI动环改进方法论中，特殊原因已经在界定阶段经由界定特殊变异而完成确认。因此，在分析阶段，需要聚焦的基本是一般原因，一般原因存在于系统中，必须全面综合地进行分析。

分析阶段在DAI动环改进方法论中有8个科目和7个分析点。数量看起来不多，但是工作量却很大。这个阶段往往持续最长的时间。有时候一个项目团队一半的时间都会在分析阶段度过。就是因为分析一般原因的根源是一种综合的活动，并非在软件上点击几个按钮就能完成的。例如在数据分析的科目中，单是假设检验这个环节，就涉及方差、均值和比例检验、拟合优度检验，配对检验等工作。表6-2所示的科目列表中的一个动作描述，背后可能是数十种数据分析和检验工具的应用。因此，当一个项目较为复杂时，科目少反而工作量最大的分析阶段，往往是DAI动环改进方法论3个阶段中最为耗时的阶段。

表6-2 分析科目及其设问

序号	分析科目	设问（可使用的工具）
1	推测流程	流程图的动作颗粒度（详细度）在多大程度上匹配了现实中的活动？ 流程中的活动是实际中真实发生的吗？如何确认？ 经过核实的流程本身是否有明显不合理之处？是否能形成速赢策略？ 流程中各节点的数据被有效而真实地收集了吗？ 产出1：流程内的一般原因分析，放入分析阶段资料库 产出2：速赢策略5，放入速赢策略库
2	分析价值流	该流程的价值流图是什么？（VSM） 绘制价值流图需要哪些人的帮助？ 如果需要现场绘制，需要哪些资源的支持？ 产出：价值流图，放入界定阶段文件库
3	分析增值活动及系统增值率	哪些活动是客户愿意买单的增值活动？ 如何与业务部门就增值活动达成一致？ 计算出的系统增值率是多少？ 哪些增值活动存在明显的缺陷和不足？是否能形成速赢策略？ 产出1：增值活动列表，放入分析阶段文件库 产出2：非增值活动列表，放入分析阶段文件库 产出3：速赢策略6，放入速赢策略库
4	浪费假设	在流程的细节中，哪些非增值活动可能属于7种浪费？ 这些浪费占据价值流多少时间？ 这些时间通过什么逻辑可以核算成相应的成本？ 如何验证假设的浪费是真正的浪费？ 被确认的浪费，如何移除？ 哪些浪费是可以迅速移除的？是否能形成速赢策略？ 哪些浪费无法迅速移除，需要动用那些资源和相关人？获得什么支持？ 哪些浪费必须制订计划，在改进阶段来执行移除？计划如何？ 根据浪费移除计划，系统增值率会得到多大提升？ 产出1：一般原因分析结果：浪费；放入分析阶段文件库 产出2：速赢策略7，放入速赢策略库 产出3：浪费改进计划，放入改进阶段文件库

续表

序号	分析科目	设问（可使用的工具）
5	因果分析	如何用鱼骨图等工具进行原因推测？（鱼骨图） 如何在业务场景中证实和检验推测的原因是真实的？ 如何确认每个原因已经是根本原因？（5Why 分析法） 产出：因果分析结论，放入分析阶段文件库
6	数据分析	如果在收集的数据中，发现了缺陷，则通过以下问题进行探索： 这些缺陷属于同一类吗？ 缺陷在人员/方法/过程/步骤方面有哪些不同？ 这些问题是否在某处更容易出现？ 这些出现故障的地方有哪些不同之处？ 是否在某个时间段内这些缺陷非常普遍？ 这个时间段与平常比有什么不同？ 当出现数据波动时，是否有其他事物或变量发生波动？ 如何做统计假设的验证？（散点图，回归分析，假设检验，方差分析） 与确保分析有效性相关的问题包括： 数据是否可靠？ 如何确认潜在原因？ 用什么工具收集特定的数据？ 哪些因素成为根本原因？ 有哪些重要的变量影响过程？ 已确认的哪些变量是变异的来源？ 如何验证这些确实是根本原因，或是少数关键重要变量？ 如何分析如此大量的数据？ 如何判断已经找出的原因是根本原因而不是表面原因？ 哪些因素需要进一步深入分析？根据什么原因进行这样的选择？ 哪些表或图能够支持我们的选择？ 产出：数据性一般原因分析结果，如排列图分析结果，直方图分析结果，趋势图分析结果，放入分析阶段文件库
7	其他数据分析	如何进行列连属性分析？ 如何进行卡方检验？ 如何做非参数检验？ 如何做变异源分析？ 产出：原因分析结果，放入分析阶段文件库
8	整理分析结果	本阶段的主要成果是什么？ 推测和假设的原因，有哪些被验证了？ 浪费是否在第一时间被识别，哪些需要进一步的计划？ 数据原因分析的工作是如何被证明为严谨有效的？ 归档做得如何？ 最终哪些原因被确认为根本原因？ 资助者和倡导者如何评价本阶段工作？

分析工作不仅仅是坐在电脑前用各种软件不停地处理和解析数据。在分析阶段，统计原则和数据观应用得最为彻底，因为数据是支持分析最有力的要素。同时，改进者也不要忘记，深入业务一线去观察、去探索、去思考和脑力激荡，是持续改进者获胜的不二法宝。没有哪个高阶的改进者，是只使用软件来做分析的。他们必然是走进业务场景中，才能发现数据背后的真相。

6.4 改进

我们用第3章的一句话来开始：无论什么改进，都要基于界定和原因，提出改进方案，实施变革，侦测改进结果的有效性，并控制改进结果的持续发生。这句话告诉我们，改进必须针对界定和分析的结果来做。没有任何改进项目，是直接进入改进阶段，直接跳入解决方案的。

进入到这个阶段，整个团队对要解决的问题及引起该问题产生的根本原因已经有了比较准确的把握，从而奠定了从根本上解决这些问题的基础。

变革观是改进阶段最常被应用的工作哲学观，因为在这个阶段，改进的规划和实施都不可避免地触及变化。每一项改进方案的设计都要从变革理念出发，考虑人和变革的关系、局部改进对系统带来的变革影响。同时，改进阶段并非仅仅是策划改进和执行改进，如何让改进措施能够稳定执行、改进效果能够得到持续保证，并且通过改进结果展示持续改进对业务带来的巨大影响和贡献文化建设力，也是改进阶段重要的工作。

改进阶段在DAI动环改进方法论中有9个科目，见表6-3，表内缩写索引具体如下。

DOE：Design of Experiment，实验设计。

VAP：Value Analysis Process，价值分析图。

FMEA：Failure Mode and Effect Analysis，失效模型分析。

表6-3 改进阶段的9个科目

序号	改进科目	设问（可使用的工具）
1	策划改进方案	在分析阶段的输出中，哪些根本原因必须有改进方案，为什么？ 每个根本原因的改进方案，如何保证针对性？ 如何保证改进方案是有创造性的？（头脑风暴，亲和图） 如何判断是否要引入实验设计？（DOE） 如何设计改进方案的可观测行？ 如何设计低复杂性、高兼容性的改进方案？ 产出1：改进方案列表，放入改进阶段文件库 产出2：改进方案数据收集计划，放入改进阶段文件库 产出3：DOE结果，放入改进阶段文件库
2	评价改进方案	方案的回报、成本、难易程度如何？如何设立优先级？（VAP） 改进方案带来的系统变化是怎样的？（LOP，倒置鱼骨图） 如何提炼改进方案的价值以降低阻力？（驱力图，力场分析法） 产出1：VAP结果，放入改进阶段文件库 产出2：驱力图结果，放入改进阶段文件库 产出3：改进的系统影响结果分析，放入改进阶段文件库
3	评价改进风险	改进方案的风险有哪些，可能的失效是什么，如何预防？（FMEA） 产出：FMEA结果，预防计划，放入改进段文件库
4	实施改进	如何获得资助者和倡导者的执行批复？ 要向资助者和倡导者申请哪些资源以保证改进能够顺利？ 如何设计改进试点计划？ 界定阶段和分析阶段得出的速赢计划，如何执行？ 改进列表中的计划如何执行？ 预防风险的措施如何执行？ 数据收集如何展开？ 产出：实施计划，放入改进阶段文件库
5	有效性验证	改进前后的流程能力变化对比是怎样的？ 改进前后的系统增值率对比是怎样的？ 改进前后业绩的变化是怎样的？（控制图） 改进是否达标？（假设检验，西格玛值检验，箱线图） 财务收益是否达成？ 产出：结果统计，放入改进阶段文件库
6	改进结果文件化	改进后的流程、规定、规则形成文件了吗？ 改进的过程文档有效保存了吗？ 产出：流程文档，放入改进文件库，并在系统内发放
7	改进过程标准化	系统内所有相关人员都掌握改进后的流程吗？ 新的规定文件如何在系统内分发和执行？ 新系统的运转靠什么机制保证？ 产出：新规章制度，放入改进文件库，并在系统内发放

续表

序号	改进科目	设问（可使用的工具）
8	持续测量和业绩控制	持续收集数据的机制确立了吗？谁负责？如何评估？ 过程变量的监控是否形成了机制？ 新的系统形成后，如何完善新的SIPOC？ 如何设计关键入变量的观测和响应机制？ 产出：持续控制制度，放入改进文件库，并发布通告
9	总结	如何编写总结报告？ 如何进行项目评审？ 如何进行成果发布与分享？ 如何进行成果激励？ 产出1：总结报告，放入改进文件库，并在发布通告 产出2：项目结束，分享成功成果

　　改进阶段的结束不是持续改进的结束，而是新的开始。

　　DAI动环改进方法论的意义就在于周而复始。新的系统和新的流程，其运转过程，必然要遇到新的环境和新的业务场景。外部变量随时都会到来，从而改变系统的业绩。原来先进的业绩，可能会变得不可接受；原先的有序会自然熵增而无序，新的DAI动环改进方法论必须继续转起来，持续迈上新的台阶。

7 DAI 动环改进方法论的工具与方法

7.1 流程图

7.1.1 什么是流程图

流程图是采用标准符号对某项工作的图形化表达，通常该项工作会涉及多个角色或系统。图7-1所示为某公司采购长期协议/合同管理流程示例。

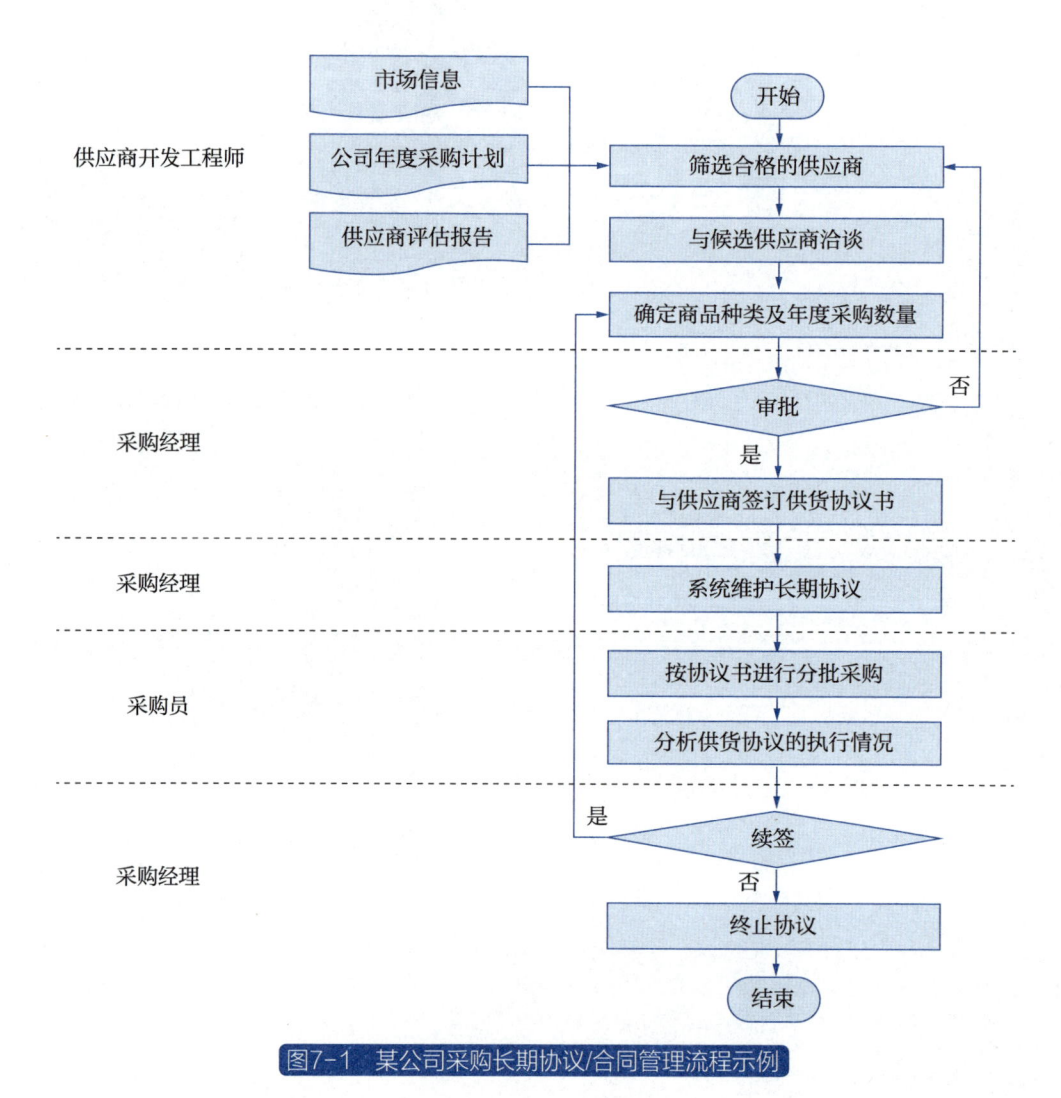

图7-1 某公司采购长期协议/合同管理流程示例

7.1.2 为什么要用流程图

1）针对某项工作，相关人员可能有不同的理解。将工作通过流程图的方式表达出来，有利于消除歧义。

2）流程图清晰地界定了每个角色/岗位的职责，有利于团队之间的协作。

3）流程图以一目了然的方式分解了工作任务的复杂度，是化难为易的利器。

4）流程图是一种思维训练工具，能提高相关人员分析问题的全面性、系统性和逻辑性。

7.1.3 何时使用流程图

1）任何情况都可以使用流程图，特别是当你感到"剪不断，理还乱"的时候，首先就是通过流程图把相关事项表达清楚，这样有利于接下来的集思广益及问题解决。

2）在工作环境中，当听到"这事儿我不知道""这事儿不归我管""这事儿不是我干的"时，通常意味着流程方面出了问题。采用流程图来明确职责、明确工作完成标准、明确告知相关人"什么事"由谁负责、应该找谁、应该让谁知道。

7.1.4 如何使用流程图

（1）明确事项及边界

明确困扰你的问题是什么？或者你要着手解决或优化的工作事项是什么？这个工作的开始点和结束点分别是什么？

（2）明确相关角色或岗位

围绕这个问题或工作事项，涉及哪些人？他们是哪个部门的哪个岗位，或者外部单位的哪个部门？

（3）访谈或调研

如果总体情况和一般性细节已经了解，此步骤可跳过，否则还是要花点儿时间实地走访交流一下。这一步可以做得很正式，例如可以安排正式的会议；也可以非正式，一起在食堂吃午饭时聊一聊。

（4）确定工作步骤

根据实际状态（不是猜测的状态，也不是期望的状态）来确定工作过程中的步骤：由始至终共有多少个步骤，每一步的输入、输出、业务处理规则和决策分支都是什么，逐一列清楚。

(5)用流程图符号标识绘制流程图

常用的绘图标识已经是业界标准，这里不加赘述。

(6)检查流程图的完整性和准确性

检查步骤是否有遗漏，确认工作步骤划分是否体现了该项任务的重点、难点及关键点，确认箭头流向是否正确。

(7)审视现状并识别改善机会（问题点）

邀请该流程工作成果的受益人及流程的相关岗位代表一起审视现状，并识别改善机会。

(8)优化流程并更新流程图

抓住机会，解决相关问题并更新流程图，使优化后的流程图作为日常工作中的标注规范。

7.1.5 实际案例

流程图在实际应用中有很多形式，但本质都没有发生变化。图7-2所示是采购物料退货结算流程，为了便于理解，消除歧义，绘制人添加了流程说明，见表7-1。

如何使用流程图取决于特定的目的，一般是两种：理解并执行，理解并寻求改进。

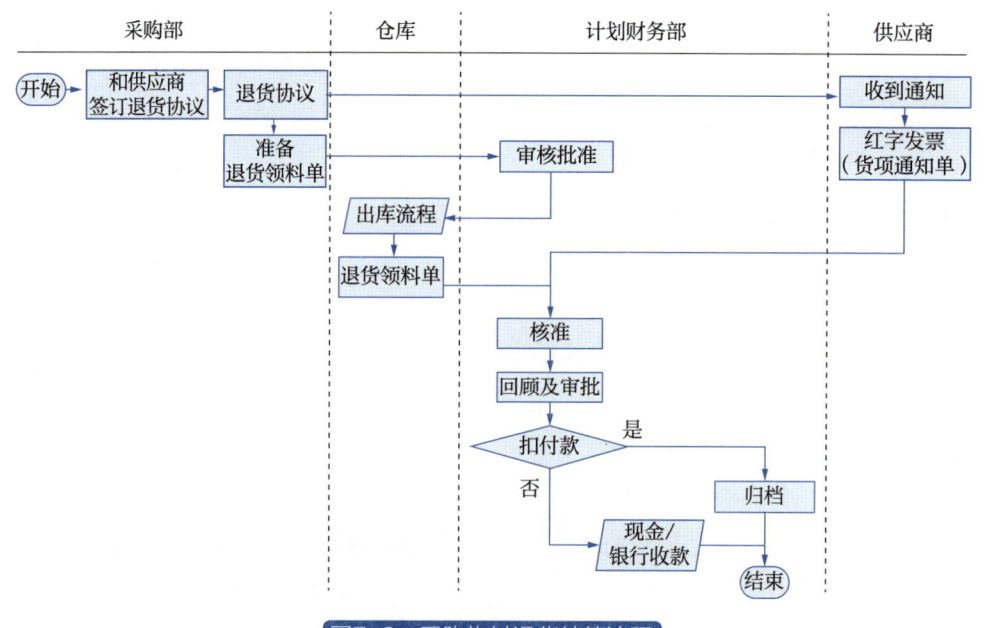

图7-2 采购物料退货结算流程

1）理解并执行。实现这个目的主要遵循以下几点。

首先通览一遍，了解本流程涉及哪些部门或哪些岗位，一共有多少个步骤，分别是什么；明确自己所在岗位在流程中的职责，涉及哪几个步骤、每个步骤的输入和输出各是什么；自己负责的步骤关键操作要领是什么、需要熟悉什么技术或软件系统、哪里可以获得相关的培训教材……其次，如果条件允许，找一个实例看一看，确保理解到位。

如果你是新员工，建议你去找老员工聊一聊：你的输出是什么、谁使用你的输出，了解他们对你工作的期待、历史上出现过哪些问题、是如何解决的，等等。

2）理解并寻求改进。作为流程的一部分，你负责的环节或步骤存在哪些问题，找到自己的问题后，在指出他人问题时更容易被接受。

深入思考：纵观整个流程，分析哪里可以合并、哪里可以重新安排、哪里可以省略、哪里需要修改等无论你是改进的负责人或者参与者，带着上一步的思考参与团队讨论，提供并积累你在公司的美誉度，获得更多的机会。

7.1.6 注意事项或典型误区是什么

1）如果可能，请团队一起绘制流程图。如果做不到团队一起绘制，可以当一个人完成后，召集团队成员进行讨论、优化并定稿。

2）由始至终都是一个人绘制的流程图大多数是没有用的，即使绘制得很准确也没有用，因为缺少了团队沟通，大家未必理解到位。实际工作中，人们总是根据自己的理解来工作，而不是按流程的规定来工作。

3）如果可能，在流程图确认有效后，尽可能将其信息化、数字化，这将大大提高流程执行到位的程度。

4）在绘制流程图时，可以附一个"流程说明"（见表7-1），便于对流程的理解和执行。

7.2 流程连接图（LOP）

7.2.1 什么是LOP

流程连接图（LOP，Linkage of Process），顾名思义就是将若干个流程通过串联或

表7-1 采购物料退货结算流程说明

编号	任务说明	处理方式	文档输入	文档输出	负责部门	监控要点
4.5.1	跟供应商签订退货协议 质检部门若确定所采购的货物出现质量问题而需要退货，必须通知有关采购部（规划技术部、中央采购）与供应商磋商，并签订退货协议	手工	—	—	规划技术部 中央采购部 专业管理部	若发现物料质量产生问题，必须经质检部判断及与供应商确认做出的判断必须由适当级别人员审批
4.5.2	准备退货领料单 专业管理部把需要退还给供应商的货物及其数量填写在退货领料单，待计划财务部（应付）审批	手工	—	退货领料单	规划技术部 中央采购部 专业管理部	所有退货必须使用退货领料单进行处理
4.5.3	审核批准 检查退货领料单上的信息是否正确，如无问题，将退货领料单的资料传到仓库	手工	退货领料单	退货领料单	计划财务部（应付）	由计划财务部（应付）先审核退货的种类及数量，再由仓库根据已审批的退货领料单，退货给供应商
4.5.4	出库流程 退货经规划技术部/中央采购部、专业管理部门、用料部门计划财务部（应付）及供应商确定后，由仓库根据退货领料单退回物料给供应商，并在库存系统上进行修改，在退货领料单上盖"已退货"章	库存模块	退货领料单	退货领料单	仓库	所有退货必须使用退货领料单进行处理
4.5.5	核准 收到已盖章的退货领料单后，采购核算处会计人员将核对相应的文件	应付模块	退货领料单 退货协议书 红字发票	退货领料单 退货协议书 红字发票	计划财务部（应付）	计划财务部（会计核算室应付）必须检查退货领料单和退货协议的完整性、有效性及一致性，如有红字发票需核其准确性
4.5.6	回顾及审批 计划财务部经理进行回顾后在系统上进行审批，并在退货领料单及凭证上签字确认	应付模块	退货领料单 退货协议书 红字发票 凭证	退货领料单 退货协议书 红字发票 凭证	计划财务部（应付）	计划财务部经理回顾账务信息的正确性，如金额、会计分录等
4.5.7	是否扣付款 若要求供应商还款，执行现金/银行收款流程	手工	红字发票 退货协议书	红字发票 退货协议书	计划财务部（应付）	如果已经付款给供应商及与该供应商以后没有交易，则应当通知供应商还款
4.5.8	归档 将退货协议、退货领料单及红字发票进行归档	手工	退货领料单 退货协议书 红字发票	退货领料单 退货协议书 红字发票	计划财务部/办公室	财务单据必须妥善安全保管，防止他人擅取

并联的方式连接在一起所形成的图,该图阐明了为达成某个业务目的,所涉及的一组流程的运作逻辑与相互协同关系。LOP是系统化原则体现的最佳方式,在LOP中,不仅应该包含各个独立的流程(组成部分),还应该标明流程之间的关系(组成部分之间的互动),从而清晰地展示整个系统的运作方式,给出系统的全景。

7.2.2　为什么要用LOP

LOP有助于从系统的视角来审视某个组织、部门、业务单元或某个局部业务的问题,全面地把握各项要素构成和相互关系。根据系统化原则,我们对某个流程的理解,首先要放到系统中去理解,而不是孤立地进行判断;同时,在给出变革意见的时候,我们也要知道这个变革对本地流程、相关流程、远端流程各有什么影响。这时,LOP的意义和价值是巨大的。在研究或解决涉及范围广、部门多、环节多、知识跨度大等业务问题时,LOP有助于高屋建瓴地分析问题,抓住关键环节后再去搞定每一个重要问题或细节,避免以"井底之蛙"的视角来解决"天有多大的问题"。图7-3所示为人力资源管理LOP。

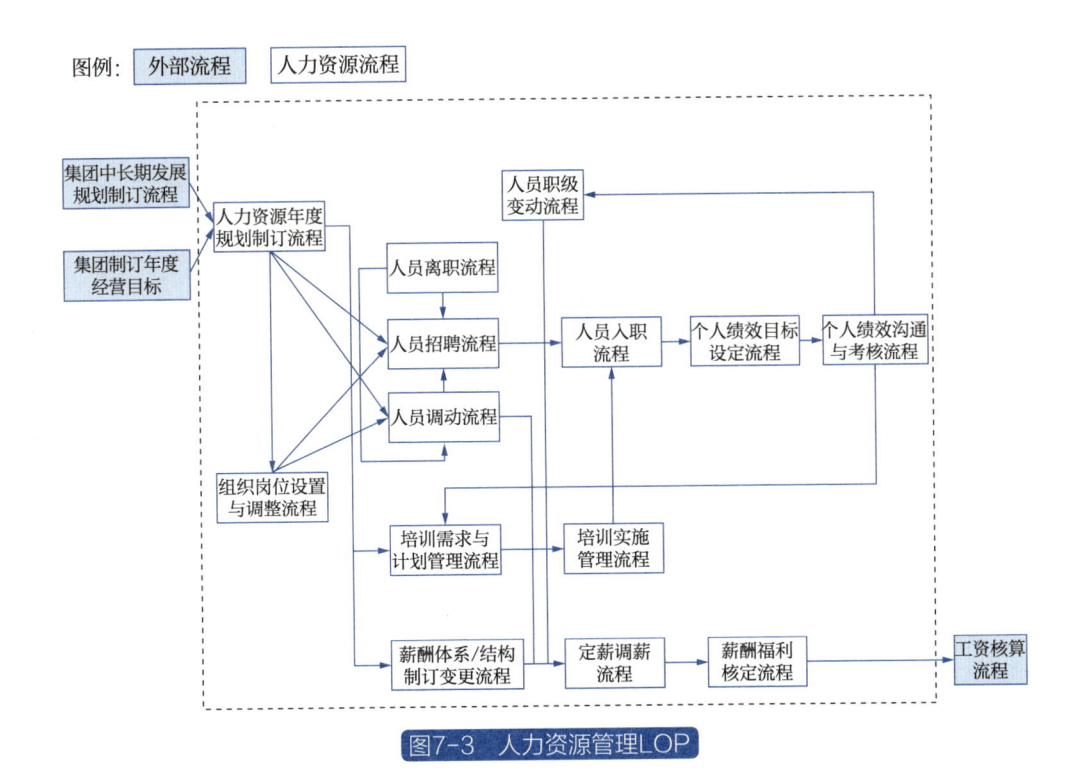

图7-3　人力资源管理LOP

7.2.3 何时使用LOP

在遇到以下几种情况时，LOP通常会有帮助。

1）改进的界定阶段，要理解某个流程和其他流程的关系时。

2）组织架构优化，部门职责合并、分拆或整合时。

3）业务运作模式变化，例如原属于A事业部的业务被划归到B事业部。

4）推动一项新的业务方案，该业务方案和现有的流程体系既有联系又有区别，如何做好整合，使新业务方案得以顺利推进，同时又不对其他业务产生负面影响。

7.2.4 怎么使用LOP

第一步：明确绘制LOP的目的。

要解决的问题是什么；该问题所涉及的外部组织、内部职能、业务领域有哪些；针对要解决的问题而言，可能存在哪些瓶颈、缺失或障碍。

第二步：收集并分析现有的流程。

找到现有的流程清单，现有的流程有哪些；需要增加的流程有哪些；需要修改的流程有哪些。此时不必着急创建流程，可以先把流程暂定下来，待达成共识后再创建。

第三步：确定流程连接图的边界。

整个LOP包括哪些流程，这些流程决定了接下来可能采取的行动的边界。与此同时分析一下哪些流程与LOP的流程是紧密相关的，此类流程的输出是LOP流程的输入，可将此类流程称之为输入类流程。同理，LOP输出是哪些流程的输入，这类流程称之为客户类流程。

第四步：将涉及的流程，根据业务逻辑以串联或并联的方式链接起来。

用长方形表示流程，每个框只表示一个流程。用带箭头的连接线将各个流程框链接起来。如有需要，LOP也可以将输入类流程或客户类流程也绘制上，体现出系统和环境的交互关系。

第五步：调整流程框的相互位置和箭头连接线的数量，提高可读性、易理解性。

这通常需要花费一些功夫，进行必要的格式调整和位置调整，使LOP看起来不是"一团麻"，而是以逻辑清晰、层次分明的状态呈现在使用者面前。流程之间的相互关系一般是比较复杂的，可根据绘制目的，只绘制出与其目的有关的相互关系，省略一些无关的箭头连接线，这有助于提高可理解性。

第六步：检查流程的完整性。

检查LOP是否遗漏现有的某个流程，是否遗漏了建议增加的某个流程。

7.2.5 实际案例

某企业的风险合规管理LOP如图7-4所示。

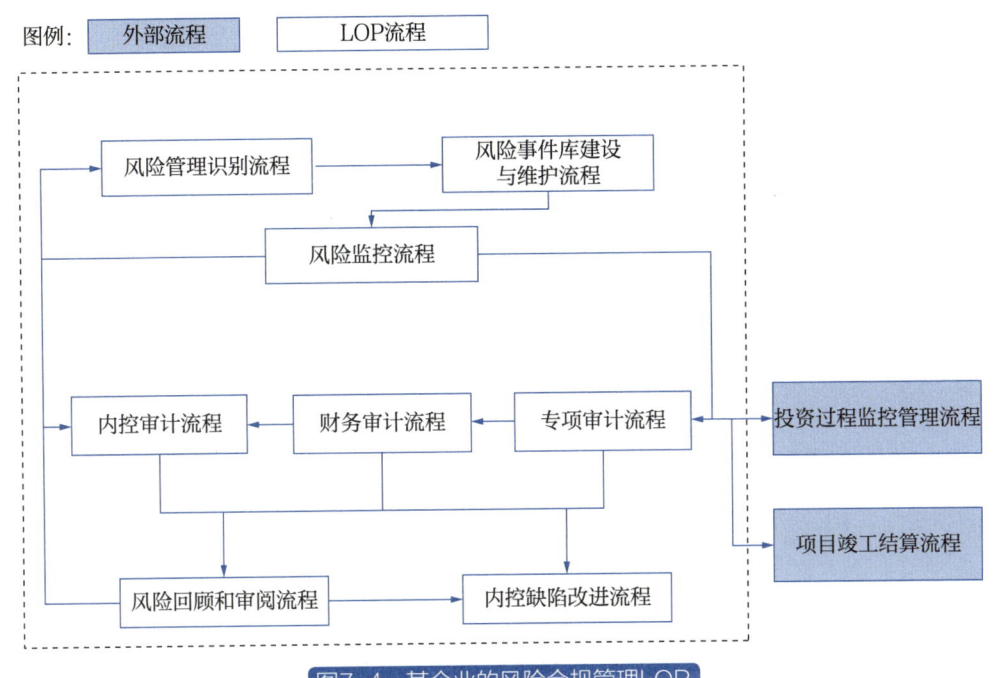

图例： 外部流程   LOP流程

```
风险管理识别流程 → 风险事件库建设与维护流程
         ↓
      风险监控流程
         ↓
内控审计流程 ← 财务审计流程 ← 专项审计流程    投资过程监控管理流程
         ↓                                    项目竣工结算流程
  风险回顾和审阅流程 → 内控缺陷改进流程
```

图7-4　某企业的风险合规管理LOP

该企业的风险合规管理LOP的使用分为3个步骤，具体如下。

第一步：通读整个LOP。

理解每一个流程框，理解每一条箭头连接线。如果有疑问，及时沟通，确保自己能够大体理解，然后进行下一步。

第二步：审视LOP，识别改善机会（问题点）。

从"流程数量少不少""流程绩效好不好""流程速度快不快""执行成本高不高"这4个视角审视LOP每个流程，识别可能的改善机会。

以图7-4为例，审视后有人提出：没有看到举报查实流程。进一步确认后发现，企业内部的确存在举报的情况，在收到举报后都会进行查实，但是尚无此流程，而且基于初步调查的发现，此类事情处理的规范性不高，实际处理时受人为干扰因素影响极大，有必要建立该流程，并纳入风控合规体系。

第三步：制定行动方案，推动持续改进。

该步骤包括：优化流程并更新流程图，优化LOP。针对图7-4所示例子，在创建了举报查实流程后，更新了LOP。举报查实流程的结果，将触发内控缺陷改进流程；根据具体情况应该进行举一反三，并定期进行系统性的总结分析，有可能会触发专项审计事宜。优化后的企业风险合规管理LOP如图7-5所示，图中"粗线"表示优化的流程。

图例：　外部流程　　LOP流程

风险管理识别流程 → 风险事件库建设与维护流程 → 风险监控流程

内控审计流程　财务审计流程　专项审计流程　投资过程监控管理流程

风险回顾和审阅流程　内控缺陷改进流程　项目竣工决算流程

举报查实流程

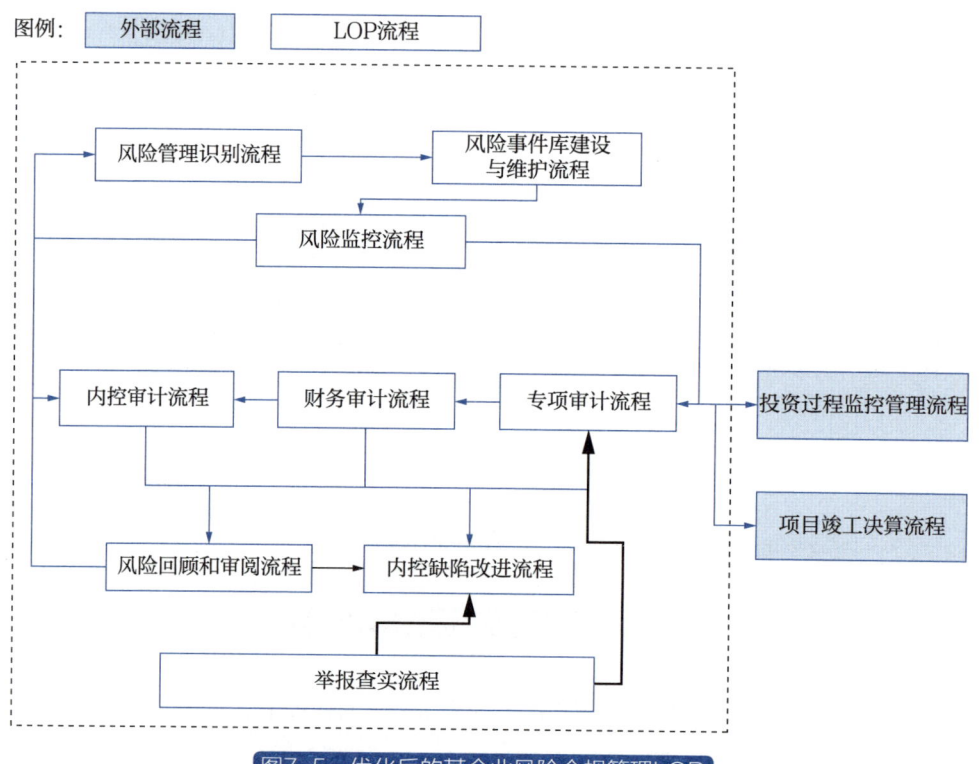

图7-5　优化后的某企业风险合规管理LOP

7.2.6　注意事项或典型误区是什么

根据流程分类框架（PCF，Process Classification Framework），一般情况下，每家企业的流程都是分级的。有一种观点认为在LOP中，所有流程都必须是同一级。对此，DAI动环改进方法论认为，是不必要的，所有流程可以是同级的，也可以是不同级的。道理很简单，绘制LOP的目的是解决特定的业务问题，如果坚持流程同级别这个原则，那么必将会不分主次地绘制出一个"完美"的LOP，这将增加不必要的文档类工作量。那么，好的LOP是什么样的呢？针对要解决的问题而言，只要LOP抓住了重点、难点、关键点和关键细节，其他的能简化就简化，这就是一个好的LOP。

LOP也可以绘制成泳道图格式的，这种格式看起来和流程图类似，但区别在于以下几点。

1）长方形在LOP中代表一个流程，流程图里代表操作步骤。

2）泳道在LOP中代表业务域、组织或部门，而在流程图里代表角色或岗位。

LOP在阐明方案整体时非常有用，一般结合流程图使用。没有流程图支撑的LOP往往停留在"纸上谈兵"阶段，虽然看起来还可以，但实际上落不了地。

7.3 价值流图（VSM）

7.3.1 什么是VSM

价值流图（VSM，Value Stream Mapping）是精益管理框架下的一个重要的图形化工具，用来描述一个产品族或过程族（也可称之为产品系列或过程系列）的信息流和物流的匹配及协同情况。

VSM是一个很好的沟通工具，能帮助企业的高层管理人员、中层管理人员、基层管理人员、工程师、工人及办公室人员更有效地沟通和讨论业务问题，有利于推动日常工作问题的有效解决。

7.3.2 为什么要用VSM

"不畏浮云遮望眼，自缘身在最高层。"这是宋代著名诗人王安石的名句之一。"不识庐山真面目，只缘身在此山中。"这是宋代著名诗人苏轼的名句之一。两句诗从正反两个方面阐明了同一个道理：站在一定高度或跳出一定范围后，才能准确地观察事物，才能透过现象看到本质。

VSM就是站在一定高度，俯视端到端业务的一个工具，它的作用更像是望远镜，而不是显微镜。针对某个产品族或过程族，我们可以通过VSM这个工具，清晰地看到信息流、物流、资金流等信息。

信息流-信息链路：什么信息，以什么形式，被从哪里传递到哪里，中间信息有没有被二次加工，是否有扭曲，传递速度是否足够快。

物流–物流路径：什么信息触发的物流流转；从哪里到哪里；流转了多少次，其中无效流转有多少次；流转距离是多长；触发物流的信息指令，就快速满足客户需要而言，其关联度和有效性如何；信息流和物流是否匹配；信息流和物流之间协同是否顺畅。

资金流：这主要通过查询库存来实现，每一笔入库的原材料都是公司的债务，是要花钱的，只不过有的原材料是全款买的，有的是预付款买的，有的是赊账买的。每一次将原材料申领到车间，意味着原材料的形状或性能将发生变化。如果原材料未用到最近即将交货的订单上，而是被用到最不急于出货的订单上，那么由此可能引发"不必要的缺料"，导致采购部门不得不加急采购，由此产生的采购成本也会更高。已经入库的成品，一般是出货后的一定时期后才能收到货款，如果出货慢了或者出货晚了，都将影响公司收到货款。经过分析可得该产品的经营性现金流是正的还是负的，以及对公司整体现金流的影响。

本质上，公司的业务都可以划分为若干个产品族或过程族，把每一个产品族或过程族都做好了，公司的经营能力和经营质量肯定也就做好了。因此，VSM对于企业规划并驱动每个产品族或过程族的改善至关重要。

7.3.3 何时使用VSM

1）在制定年度运营策略时使用。
2）在策划或启动一个持续改进项目时使用。

7.3.4 怎么使用VSM

第一步：划分产品族或过程族。VSM不是针对某个企业，而是针对企业内的某个产品族或过程族而绘制的。因此，使用VSM的第一步就是划分产品族或过程族。

第二步：选择产品族并明确其业绩差距。根据管理层的判断和分析，选择一个产品族或过程族，从企业经营的视角阐明评价其运营表现的KPI、每个KPI的基线水平和目标水平、目前的KPI情况、业绩差距情况等。比如共有5个KPI，其中3个业绩差距较大，从而明确了需要改进的KPI。

第三步：绘制当前状态的VSM。利用VSM符号绘制现状图。目前，依惯例形成的VSM图标如图7-6所示，不同企业会略有差异，但同一家企业必须统一，以提高沟通效率和质量。

图7-6 VSM图标

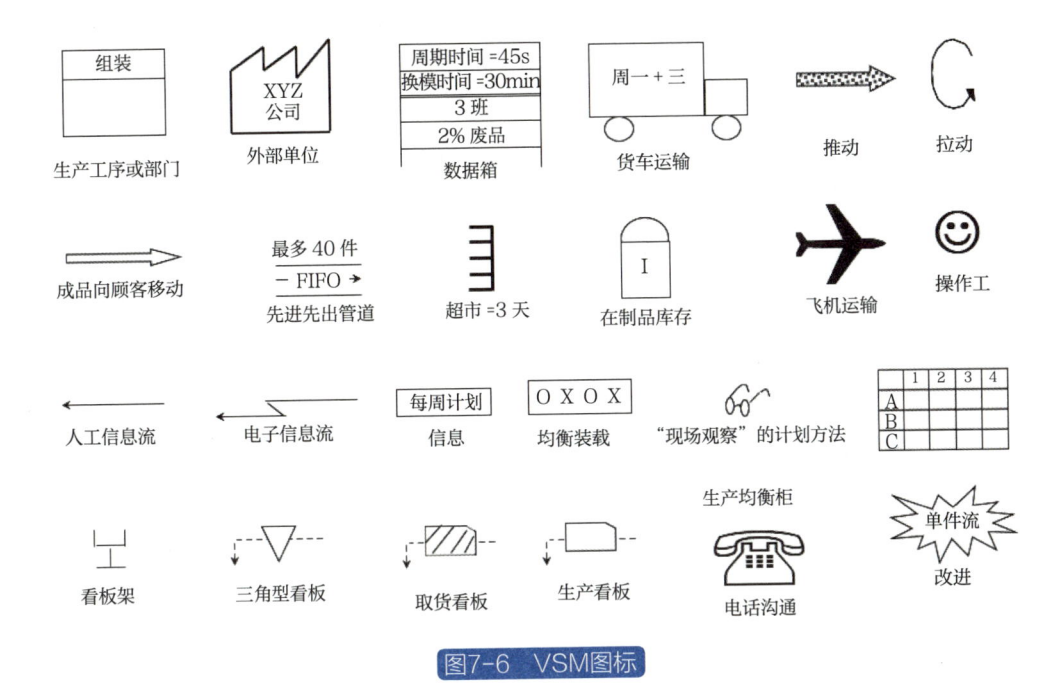

在第三步中，绘制工作还会进行一次"浪费之旅"，组织整个团队一起试着践行每个环节，识别浪费环节并记录下来，可以将第6章所述的浪费标注出来。

第三步的主要成果有3个，具体如下。

1）该产品族的现状VSM。

2）浪费识别清单。

3）经过初步讨论并识别出的问题点清单，这个清单是在浪费点清单的基础上分析讨论后得出的。

> 绘制现状 VSM 的步骤如下。
> 1）从客户开始：客户的需要是什么
> 2）展示上游工艺过程和商业过程
> 3）添加数据框——巡视浪费/收集数据
> 4）添加库存点（必要时包括办公室岗位间半成品PIP）
> 5）收集供应商信息和流向客户的物流
> 6）展示各工艺过程之间的物流
> 7）展示信息流
> 8）绘制重要过程时间线（包括制造周期和工作时间比率等）

第四步：设计目标状态VSM。贯彻精益理论五大原则，确认未来6~12个月期望达成的目标状态VSM。精益理论五大原则可以帮助管理者推动精益转化，其具体原则如下。

原则1：价值。从客户角度来定义价值，明确价值的看法。

原则2：价值流。明确产品系列价值流的所有工序，消除非增值活动的工作，力求实现以优于竞争对手的方式满足客户需求。

原则3：流动。消除等待，让创造价值的各工序连接得更加紧密，以使产品能够顺利地运到客户手中，尽可能地消除人等人、人等信息、人等材料、人等设备、材料等人，以及材料等设备的情况。

原则4：拉动。让客户来拉动生产活动，避免过早地、过多地生产产品。

原则5：追求卓越。改进者在已经明确客户对价值的观点、价值流后，消除浪费，并引入拉动系统，重新开始这个改善过程，并一直持续下去，持续迈向没有任何浪费的卓越运营状态。

> 实践中，分析改进机会的思维逻辑及设计目标状态价值流图的步骤如下。
> 1）从客户和公司的角度看，面临的"关键业绩差距"是什么，你的商业过程和生产过程如何影响你的"关键业绩差距"。
> 2）公司的商业战略和商业过程如何影响公司的业务模式和总体表现。
> 3）哪一个过程、过程中的哪一个步骤是增值的？哪些是浪费。
> 4）计算满足市场和客户需要的节拍时间。
> 5）选择哪些技术使你的商业过程和生产过程实现连续流，这对生产线布局和办公室布局有什么影响。
> 6）在生产过程中的哪一点（标兵岗位工序）排列生产，在商业过程的哪一点（标兵岗位工序）排列工作。
> 7）如何在"标兵岗位工序"排计划、平衡混线生产或平衡混线操作。
> 8）为了支持生产线速率和实现均衡生产，在做主生产计划时应如何排列客户订单。
> 9）确定在"标兵岗位工序"，每次投放并提取多少工作量。
> 10）为实现未来状况图，还要做哪些过程改进，时间线会变成怎样，如何度量和监控表现。
>
> 注："标兵岗位工序"也成为定拍工序，它决定者整条生产线的产出节拍。

第五步：明确行动计划。为了将目标状态VSM变为现实，将必须采取的行动整理为一个行动清单。这个行动清单好比是一座桥梁，让我们有机会从当前状态走到目标状态。

将行动清单和前面提到的问题点清单进行对比，对未被纳入行动清单的问题点清单事项，应安排相关主管或经理进行核实、确认并推动改进。

7.3.5 实际案例

某机械加工厂针对其A—G产品族使用VSM启动了一次改进规划活动，运营计划部经理负责此次活动。

VSM改进团队由9名员工组成，他们分别来自7个部门。该团队利用4天时间专心致志地实地考察和讨论，最终在第5天完成了现状VSM，如图7-7所示。

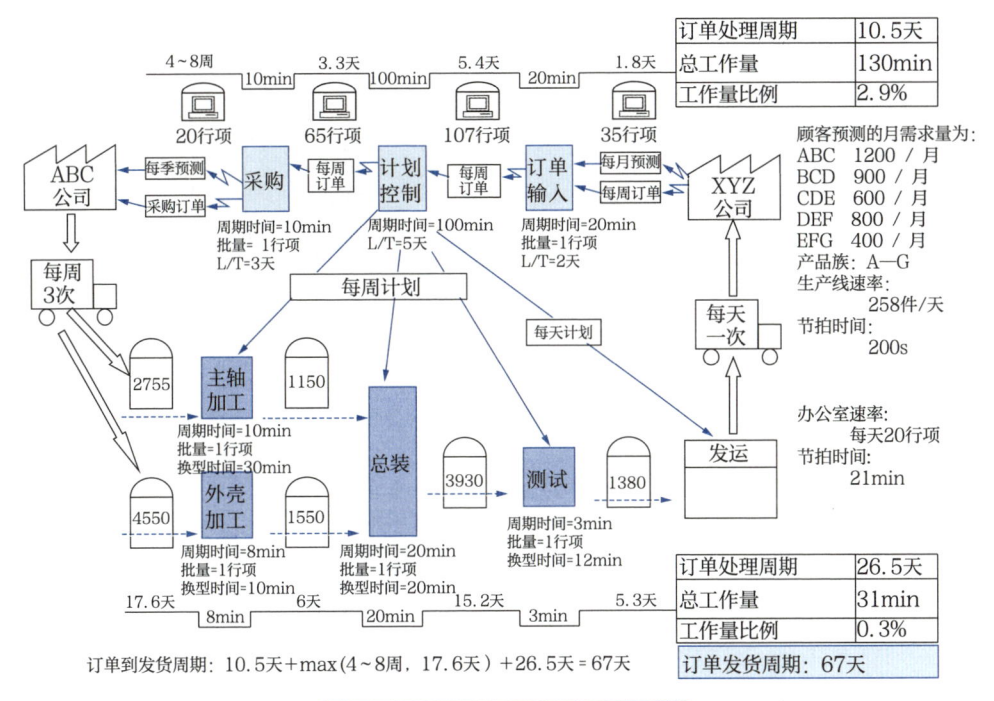

图7-7 某机械加工厂的现状VSM

可以看出，现状VSM并不完美，仍有个别要点没有完全核实，个别之处仍是空白，但是总体上把A—G产品族的运营情况展示出来了。

接下来，改进团队又利用2天时间对现状进行分析，审视存在的改进机会。经过充分讨论后，改进团队得到以下结论。

结论：在计划控制和采购岗位，待处理的行项存在积压，最好能做到日清日结。

考虑当前岗位员工的感受，建议设置先进先出顺序流，对待处理的行项数量进行管控。

结论2：总装前后的库存也比较多，可以导入拉动生产体系，一方面降低库存，另一方面快速响应客户。

结论3：总装的换型时间也比较长，如果能压缩到5min之内的话，总装线的IPK库存数量可降低50%。

改进团队还提出了3条改善建议，但在团队讨论时，认为时机不成熟，应先聚焦上述结论。改进团队将此结果向管理层汇报并获批后实施改善。最后，改进团队绘制了6个月后的目标状态VSM（图7-8）。

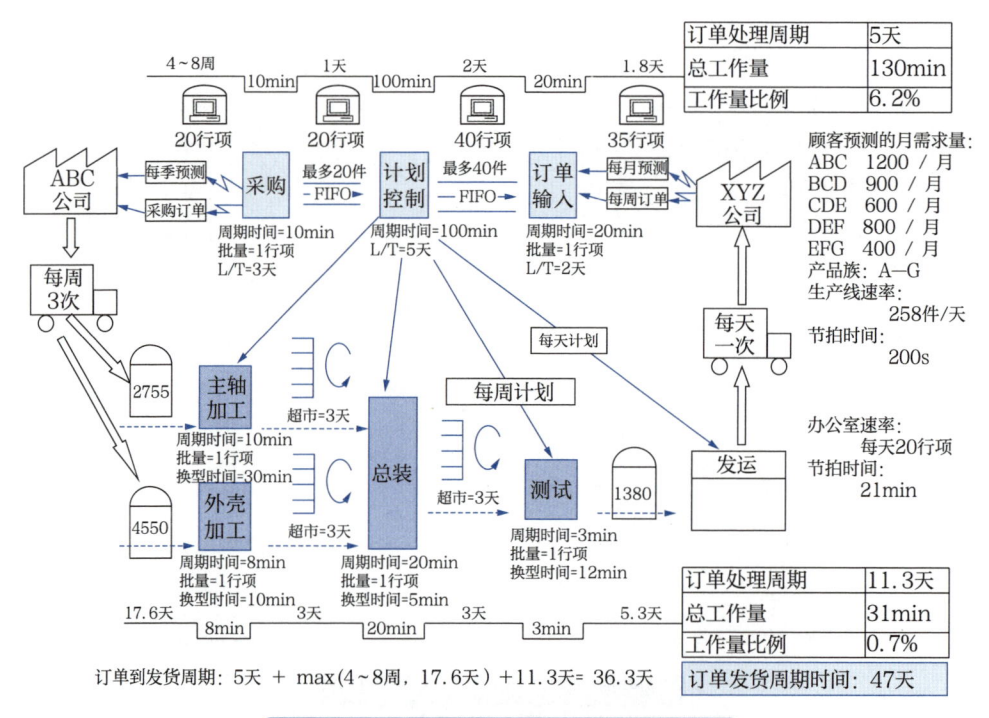

图7-8 某机械厂的目标状态VSM（6个月后）

目标状态和当前状态相比，生产周期时间和库存都有改善，该机械厂改进前后的VSM变化如图7-9所示。

改进团队向公司汇报了目标VSM及行动计划，总体上获得了认可，并对个别事项进行了完善。至此，A—G产品族的现状VSM、目标VSM和行动计划都获得了批准。

7 DAI动环改进方法论的工具与方法

现状状况VSM		行动计划	目标状况VSM	
订单处理周期	10.5天		订单处理周期	5天
总工作量	130min		总工作量	130min
工作量比例	2.9%		工作量比例	6.2%

（FIFO顺序流、超市拉动、超市拉动、换型时间）

生产周期时间	26.5天		生产周期时间	11.3天
总工作量	31min		总工作量	31min
工作量比例	0.3%		工作量比例	0.7%

订单到发货周期时间：67天　　　　　　　订单到发货周期时间：47天

图7-9　某机械厂改进前后的VSM变化情况

7.3.6　注意事项或典型误区是什么

1）不要追求完美的现状VSM，一是这样会拖延进度，二是每个产品族要在实现目标状态后持续改进，也就是说每6～12个月就绘制一次现状VSM。因此，只要现状VSM能满足决策需要就可以。

2）VSM不是只看书、参加培训就能学会的，需要使用者践行、使用并参与改进工作，才能掌握。

7.4 范畴界定（SIPOC）

7.4.1　SIPOC是什么

SIPOC又被称为高阶流程图，一般用于确定项目的边界范围。SIPOC是Supplier、Input、Process、Output、Customer这5个英文单词的首字母缩写，其具体含义如下。

供应商（S，Supplier）：就项目范围而言，都有谁提供输入。

输入（I，Input）：具体是什么信息被输入到项目中。

流程（P，Process）：就项目范围而言，项目可以细化为哪几个流程。

输出（O，Output）：项目的预期输出是什么。

客户（C，Customer）：谁接收输出，即谁是项目成果的使用者。

7.4.2 为什么要用SIPOC

SIPOC可以帮助相关人员从宏观层面了解一家企业、一个产品或一项业务的整体运作情况。

在策划改善活动时，SIPOC可以将客户需求与内部流程联系起来，帮助相关人员从宏观层面识别出项目需要关注的流程起点和终点，以及关键的内部流程。

7.4.3 何时使用SIPOC

一般在项目选题或立项时使用SIPOC。

当策划一项重要的业务方案时，如果涉及范围广，也可以先用SIPOC设定项目范畴。

7.4.4 怎么使用SIPOC

第一步：识别项目成果的受益者——客户。

客户可以是内部客户，通常公司内部存在上下游工序或者有先后顺序的跨岗位协作时，下游工序或者顺序靠后的岗位就是内部客户，内部客户需要获得完整、准确、高质量的输入才能做好自己的工作。客户也可以是外部客户，外部客户通常是产品或服务的使用者。

第二步：识别整个项目的输出。

整个项目的输出可能是产品或服务、信息、决策或文件。输出应该是客户需要的，否则就没有价值。项目输出要使用名词来表达，尽可能是可量化的。

第三步：识别与客户需求相关的流程步骤。

为了满足客户需求，将项目范围内要进行哪些工作识别出来，并将这些工作划分为5~8个流程步骤，此时不必太详细。

第四步：识别每个流程的输入。

"巧妇难为无米之炊"。输入是流程执行的必要前提，可以是物理实体、信息或影响流程的因素。

流程输入要使用名词来表达，尽可能是可量化的。

第五步：识别提供输入的供应商。

第四步的输入由谁提供的，那么该提供者就是第五步的供应商。供应商可以是内部供应商，也可以是外部供应商。请注意，有时候你的客户也是你的供应商。

某产品的包装发运CIP项目按上述步骤绘制的SIPOC如图7–10所示。

S（供应商）	I（输入）	P（流程）	O（输出）	C（客户）
供应部 物流中心 质量处 有机硅四分厂 运输公司 销售公司	采购人员 采购合同 检验人员 材料检验标准 包装人员 包装设备 包装操作规程 仓管人员 仓库设施 储存标准 发货人员 发货规程 运输人员 运输合同 运输设备	包装材料采购 包装材料检验 高温胶包装 储存 发货 运输	包装无泄漏 单箱重量 标识清晰 包装无泄漏 码放层数 单箱重量 码放方向 标识清晰	外部客户： 高温胶下游用户 内部客户： 销售公司 厂经营办 质量处

图7-10 某产品的包装发运CIP项目的SIPOC

7.4.5 实际案例

SIPOC的核心用途就是界定项目或重大专项任务的边界，因此，SIPOC使用者要重点确认以下信息。

1）客户有遗漏吗？如果有遗漏，一定补上。

2）每个客户的需求是什么？将所有客户的需求整合到一起，对应的输出是什么？要注意审视输出不能有漏项，否则可能会导致部分客户或者客户的部分需求未被满足。

3）每个供应商提供了哪些输入，这些输入目前有量化监控吗？如果没有，能立刻找到办法进行量化监控吗？

7.4.6　注意事项或典型误区是什么

SIPOC不是用来分析原因的工具。

从客户角度来看，绘制SIPOC，是从客户中来；改进成果使客户更满意，是到客户中去。

绘制SIPOC时始终贯穿客户思维，有利于把改进做到关键点上。

7.5　数据收集表（DCF）

7.5.1　什么是DCF

顾名思义，数据收集表（DCF, Data Collecting Form）是为了做好数据收集工作，确保数据质量符合预期要求而创建的表单。数据收集表呈现的是拟收集数据的字段名，见表7-2。

表7-2　数据收集表示例

序号	名称	数值	提供人
1	对行政人事部的服务投诉次数		
2	对财务部工作的投诉次数		
3	本部门员工《Q12评分表》平均得分		
4	ISO管理纠正预防措施达成项数		
5	ISO管理纠正预防措施总项数		
6	万元产值质量损失成本（注：质量损失成本＝质量内部损失成本＋质量外部损失成本）		
7	百万片抽检不合格产品数（注：以成品抽检实际不合格片数为准）		
8	机台－等品率（分A/B班、上/下车间进行统计）		
9	质量部培训满意度评分		
10	总的进货的原/辅材料批次（月度）		
11	检验合格的原/辅材料批次（月度）		

7.5.2 为什么要用DCF

DCF的创建过程就是数据需求的梳理过程，有利于做到尽可能全面地收集数据，而不是拿到数据后才发现缺少某项或某些数据，导致推迟数据的分析工作。

DCF还有利于落实数据收集责任，提高数据质量。

7.5.3 何时使用DCF

任何情况都可以使用DCF。

7.5.4 怎么使用DCF

第一步：明确目的和目标。

我们要做什么事；目的是什么；用什么指标来确定目标，以度量是否达到了预期目的。

第二步：明确涉及的业务范围或事项范围。

推荐用流程图或者LOP来完成这一步。

第三步：了解现有的数据情况。

企业内部可能有多个数据源，如传感器、IT系统、外部采购等，因此首先要摸清目前已有哪些数据，整理成清单。

第四步：建立DCF。

针对目标和涉及的业务范围，还有哪些数据需要收集，这是需要改进团队进行讨论。

第五步：数据收集责任人确认责任范围，并能提供可信的数据。

改进者以示例讲解、培训或者开始时高频跟进的方式来进行，避免经过一段时间后，才发现偏差，浪费时间。

7.5.5 实际案例

某公司根据客户反馈启动了一项缩短开票时间的项目，该项目组建立了缩短开票时间项目DCF，见表7-3。表7-3清晰地界定了以下内容。

数据类别。一般收集数据被分为4类：输入、过程参数、输出、其他。其他主要指环境类数据，就开票而言，比如一般是集中在下半月进行，在此期间该公司会计的加班次数很多，当加班人数超过全体人数的40%时，加班人数便属于环境类数据。是

表7-3　某公司缩短开票时间项目DCF

序号	数据类别	字段名称	数据类型	操作型定义	测量方法	数据标签	数据收集方法	负责人	样本容量	数据收集频率
1	输出	开票周期	连续	从客户首次提供开票信息时算起，到客户收到发票为止	开票周期时间＝客户签收时间－客户首次提交开票信息时间	客户级别、事业部、产品和合同类型	从IT系统中提取开票申请时间和快递签收时间	销售助理	过去6个月的开票数据	每周1次
2	输入	开票信息准确率	连续	开票信息登记错误	建立开票信息完整及准确性检查表、据此审核并记录	客户级别、事业部	人工填报	会计	未来3个月的数据	每次开票时
3	……	……	……	……	……	……	……	……	……	……

否收集此类数据取决于对潜在原因的定性判断，如果认为加班情况影响开票周期，那就将加班类型数据收集到DCF中。

字段名称：拟收集数据的属性特征或名称。

数据类型：有属性数据和连续数据两种。

操作型定义：清晰地阐明在测量或收集哪些数据。

测量方法：数据的测量方式。

数据标签：在进行数据收集前，要明确如何分析获取的数据，数据标签服务于多角度数据分析，如分地域、分产品、分时段、分单位或其他。

数据收集方法：数据来自传感器、ERP系统或人工填报形式，其中，问卷调查也属于人工填报的数据。

数据收集责任人：数据是在哪个环节产生的，那么该环节的执行人就是数据收集责任人，即数据源负责人。

样本容量：收集的样本数量，或数据采集时间段。数据收集是有成本的，应避免收集过多的数据。

数据收集频率：数据收集频率和上报频率是不一样的，确定收集频率时主要考虑收集成本和数据质量两个方面。

7.5.6　注意事项或典型误区是什么

在没有经过深入分析拟收集数据的情况下便下发DOF，造成需要的数据没收集，不需要或价值密度低的数据收集了很多的情况。

没有充分了解现有信息系统的情况，采用不合适的方式来收集数据。比如可以从MES、DCS、OA或ERP收集的数据却通过人工填报形式进行收集，一方面增加了不必要的工作量，另一方面数据质量也不能保证达到要求。

7.6 问卷调研

7.6.1 什么是问卷调研

问卷调研是一种常见的数据收集方法，根据特定目的设计一系列问题，以问卷的方式发送给调研对象，在得到一定数量的有效反馈后，对问卷进行分析，从而得到某些信息、趋势。

7.6.2 为什么要用问卷调研

问卷调研有利于提高数据收集效率，问卷尤其是电子问卷能在较短时间内获得较多的信息。

7.6.3 何时使用问卷调研

任何时候都可以用。

目前没有现成的信息或者存在部分信息缺失时，可考虑用问卷获得相关数据。

7.6.4 怎么使用问卷调研

第一步：明确调研意图。

明确想获知哪些信息，这些信息哪些是事实性的，哪些是观点性的，要明确意图。

第二步：明确调研对象。

希望哪些人给出反馈，这些人的认知水平与想要获知的信息相比，匹配程度如何，是否需要转化或细化问题，使问卷更容易理解；调研对象是否愿意填写这个问卷。

第三步：设计问题。

调研的题目不能太复杂，答题时间一般为10min左右。如果的确需要收集更多信息，可以分解为多个调研来进行。

需要调研对象回答的问题一般分3类，具体如下。

数据标签类问题：例如反馈者职位级别、部门、公司、性别等。此类数据有助于进行分层分析，得到同一问题不同数据标签的反馈情况。

观点性问题：此类问题又可细分为态度类和判断类两种。

事实类问题：设计此类问题时要先确认一下，能否从现有的报表、信息系统或第三方获得需要的信息或数据，若可以，优先选择这些信息或数据。

第四步：发送给调研对象，并限制反馈提交时间。

该步骤选择合适的人以合适的途径发送问卷非常重要，将直接影响调研对象的数量和反馈质量。

第五步：问卷反馈分析，总结规律。

全方位多角度地分析获得的调研数据，从中获知与调研意图相关的结论或规律。

7.6.5 实际案例

某公司在制订年度持续改进规划时，为了使改进主题清单更科学，决定先通过调查问卷"倾听"一下"人民"的心声，于是对全体员工进行了一项问卷调查，了解员工的观点。本项调研活动有81%的员工提交了问卷，其中两个问题的调查结果分别见表7-4和表7-5。

问题1：在企业绩效提升方面，您公司改善潜力最大的绩效领域有哪些。该问题的调研结果见表7-4。

问题2：在组织能力建设方面，您公司亟须提升的经营能力有哪些。该问题的调研结果见表7-5。

表7-4　问题1的调查结果

您公司改善潜力最大的绩效领域	基层员工	基层干部主管/车间班组长	中层副职副经理/副主任/副处长/副科长	中层正职车间/部门一把手	副总经理/副董事长或同等级别	总计
提高产能/产量	24	5	0	1	1	31
提升客户体验/满意度	22	7	0	1	1	31
提高员工胜任力水平	21	4	0	1	1	27
增加/保持销售额	16	3	0	0	2	21
提高按时交付率	16	3	0	0	1	20
提高人均利润额	13	3	0	0	0	16
提升供应链柔性和可靠性	7	2	1	0	1	11
降低采购成本	6	1	1	0	2	10
提高人均销售额	8	1	0	0	1	10

续表

您公司改善潜力最大的绩效领域	基层员工	基层干部主管/车间班组长	中层副职副经理/副主任/副处长/副科长	中层正职车间/部门一把手	副总经理/副董事长或同等级别	总计
提高资产使用效率	5	0	0	1	0	6
降低运营成本	3	0	0	0	1	4
降低质量成本	1	1	1	0	0	3
降低物流成本	1	1	0	0	0	2
其他	1	0	0	0	0	1
总计	144	31	3	4	11	193

表7-5 问题2的调查结果

您公司亟须提升的经营能力	基层员工	基层干部主管/科长/车间班组长	中层副职副经理/副主任/副处长/副科长	中层正职车间/部门一把手	副总经理/副董事长或同等级别	总计
质量管理	22	6	1	1	2	32
人才开发与管理	17	2	1	1	1	22
成本管理	13	2	1	1	2	19
业务战略规划	17	1	0	0	1	19
销售增长策略制定	10	2	0	0	1	13
产销协同	10	2	0	0	0	12
精益服务	8	1	0	0	0	9
企业绩效管理/BSC/OKR/KPI	9	0	0	0	0	9
创建/优化卓越绩效体系	5	3	0	0	0	8
流程再造/优化	4	3	0	0	1	8
组织架构优化	4	3	0	0	1	8
卓越采购	3	1	1	0	2	7
数字化营销	5	1	0	0	0	6
数字化转型	5	1	0	0	0	6
其他	4	0	0	1	0	5
项目管理	5	0	0	0	0	5
精益企业转型/智能制造	3	1	0	0	0	4
其他：执行力要求	0	1	0	0	0	1
总计	144	30	4	4	11	193

改进团队根据上述两个调研结果有针对性地进行了补充调研，并进一步完善了年度持续改进任务规划，使本次调研达到了预期的目标。

7.6.6 注意事项或典型误区是什么

问卷调研是一种很好用的数据收集方法，但不是万能的。

问卷反馈要经过"匿名化处理"后再公开，避免给调研对象造成意想不到的影响。

7.7 基线

7.7.1 什么是基线

基线（Baseline）也称为基准分析、基准评估，是为了获得对现状的准确把握而进行的量化评估。

7.7.2 为什么要用基线

如果对现状缺乏足够的认识和理解，便在此基础上推动的改善活动往往是事倍功半，或者昙花一现。

对现状有准确的了解是团队高效协同的前提，否则团队会因信息不对称而引发矛盾或冲突，这将极大地延迟项目进程。

7.7.3 何时使用基线

在制订年度改善计划时使用。

在策划某个项目或接手某个项目时建议首先使用基线对现状进行分析，使团队成员对项目有共同的理解。

7.7.4 怎么使用基线

第一步：贯彻结果导向，明确业务目的及其度量指标。

明确目前业务中，要解决的问题是什么；用哪些指标来监控该问题；这些指标的定义是什么；数据从哪里来。

第二步：坚持数据说话，建立定期（实时）回顾结果类指标的水平和趋势。

对数据来源及收集过程进行确认，在可信数据的基础上，建立定期回顾机制，监控各个结果类指标的水平及趋势。

第三步：贯彻过程导向，把握业务现状。

这一步有多种实现方式和方法，这里推荐用流程图把现状描绘出来。

第四步：贯彻问题导向，把握业务现状。

执行这一步时，建议团队成员能深入业务现场，结合现场情况，按流程图了解业务情况，并将问题记录下来。

第五步：贯彻行动导向，确定责任人和行动计划。

行动！行动！唯有行动才能改变结果。因此，整个团队成员要一起讨论并确认以下问题。

发现了哪些问题？

问题分布在哪些流程环节？

问题的解决难度如何？

如果问题解决了，会对业绩产生多大的推动作用？

谁是解决这些问题的最佳责任人？

解决这些问题需要多长时间？

解决这些问题需要什么样的投入？

……

最后明确这些问题解决的优先顺序，制订行动计划，做到责任到人，任务到周。

7.7.5　实际案例

在某公司的季度经营分析会上，财务总监明确指出公司目前有一个奇怪的现象：一方面公司库存很高，远高于同行；另一方面加急采购特别多，由此带来的采购成本和物流成本也比较高。总经理认同财务总监的观点，并决定组建改进团队来解决库存问题。改进团队采用基线进行改进，并按以下步骤开展工作。

第一步：贯彻结果导向。

该团队明确了两个度量指标：库存周转率和缺料次数。

库存周转率：反映了采购量和采购节奏匹配需求的情况，匹配得越好，则越高。

缺料次数：衡量单位是次/周，反映了采购部门对生产部门的服务水平，次数越低越好。

第二步：坚持数据说话。

该团队收集了过去6个月的数据。库存周转率的平均值是3.2次；缺料次数是2.6次/周。

第三步：贯彻过程导向。

该团队第一次把整个公司的需求预测流程、客户订单管理流程、采购计划执行流程、生产排产流程、采购下单及跟单流程、供应商质量管理流程整合到一起，并与来自这些部门的代表共同审视每一个流程的每一个步骤。

第四步：贯彻问题导向。

该团队通过一次实地走访和3次研讨会，共识别了17个需要解决的问题，其中，11个问题是可以量化其对库存周转率和缺料次数的影响；另外6个不容易量化，但是根据经验，对提升库周转率和降低缺料次数很有帮助，因此也被保留了。最终，该团队确定了17个改进任务。

第五步：贯彻行动导向。

针对第四步确定的17个改进任务，每个任务都确定了主要负责人和参与者，依照方案初稿、方案定稿、方案执行、方案迭代、问题解决这5个环节确定了各环节的计划完成时间；并确定了第一批共计12个任务计划在5个月内完成，然后再启动另外5项任务。

7.7.6 注意事项或典型误区是什么

盲人摸象的故事解释了个人认知的局限性，因此，基准衡量一般是由团队共同完成的，将多角度认识整合到一起，得到比较好的基准衡量。

基准衡量不要花费太多时间，争取尽快有一个比较靠谱的现状认知就好；获得一个比较完美的基准衡量将花费过多时间，道理上讲是对的，但是会延长项目时间，无法快速完成改进任务。

7.8 客户之声链（VCC）

7.8.1 什么是VCC

洞察客户需求并转化为业务输出标准是一个持续的、周而复始的业务链条，即客户之声链（VCC，VOC-CCR-CTQ）。该链条一般分为三步：第一步收集客户的声音（VOC，Voice of Customer）；第二步识别客户声音中的关键客户需求（CCR，Critical Customer Requirement）；第三步将关键客户需求和具体的产品或服务关联起来，确定其关键质量特性（CTQ，Critical to Quality）。

7.8.2 为什么要用VCC

竞争的需要：在供大于求的市场环境下，客户拥有选择权，只有倾听客户声音，并能满足客户关键需求的产品或服务才会被纳入购买选项，才会有客户买单，企业才能生存下来。

经营的需要：企业的资源总是有限的，不能"眉毛胡子一把抓"地使用资源，要精准地将所能调动的资源配置于和满足关键客户需求相关的业务环节，从而提高投资回报率。

7.8.3 何时使用VCC

着手推动一项工作或解决一个较为复杂的业务问题时可以使用VCC。

持续改进项目立项时，要界定客户需求，可以使用VCC。

7.8.4 怎么使用VCC

第一步：确定目标客户群。

一般根据产品族或过程族来划分客户群，这样识别出的客户群所提供的反馈价值密度往往比较大。如果需要，可以在此基础上，对客户群进行进一步细化，比如按照收入规模、地理范围、价格范围或行业类别进行细分。

第二步：倾听客户声音。

根据现有数据，例如产品数据、客户投诉数据、问题记录、竞争者数据、行业研究报告等，进行初步分析。

在初步分析的基础上，可考虑进行较为广泛的调研。调研的内容，包括但不限于如下维度：反馈、赞扬、产品投诉、产品和服务的购买决策因素、复购理由、产品缺陷、客服体验等。

获得调研数据后，改进团队要数据质量进行评估，剔除无效数据或自相矛盾的记录，完成调研分析报告。

如果需要，可以考虑邀请未参与调研反馈的一些客户，进行若干次焦点小组访谈，将其反馈和调研总结进行对比，验证调研反馈的可参考性。最后，创建客户心声清单。

第三步：将客户心声转化为客户需求（尽可能以量化的方式表达客户需求）。

将客户心声清单上的每一条客户心声都转化为客户需求。举个例子：倾听到的客户心声是"我想要和合适的人说话，不想要等待时间太长"，那么可按以下步骤进行转化。

步骤1：解读领会的客户诉求是快速与合适的人说话。

步骤2：转化得出的客户需求可能是：在400服务电话中设置的菜单不超过两级；客户在30s内可以找到合适的人说话。

步骤3：将所有的客户声音都转化为客户需求后，形成客户需求清单。

第四步：分析客户需求清单，识别关键客户需求。

完成这一步时，卡诺模型是非常有帮助的工具。卡诺模型将客户需求分为3类，具体如下。

必备型需求：客户对产品或服务的基本要求是客户认为"必须有"的属性或功能。一般来讲，如果不具备或不达标这种需求，客户根本不会考虑购买；如果买了，当不能正常使用时，客户会很不满意。例如住酒店的必备型需求是安全，床和被褥等干净整洁。

期望型需求：此类需求满足得越好，客户的满意度越高。当然，此类需求得不到满足或表现不好的话，客户的不满也会显著增加。期望型需求没有必备型需求那样苛刻，但是在供大于求的市场态势下，如果做不好，企业是很难持久生存的。例如，住酒店的期望型需求可能是环境/条件越干净越好，服务好。

迷人型需求：一般情况下，客户对此类需求没有特别的期待，不过，一旦得到满足，即使表现得并不完美，客户的满意度也是非常高的。反之，即使期望不满足时，客户也不会表现出不满意。例如，例如酒店的迷人型需求是每天给客户送一盘水果。

一般情况下，改进团队可以召集一线员工组成一个团队，根据卡诺模型和个人经验，进行一场高质量的头脑风暴，一起对客户需求进行排序，将最重要的放在前面，最不重要的放在后面，最后总结出关键客户需求。

第五步：确定产品或服务的关键质量特性（CTQ）。

关键质量特性是针对产品或服务而言的一组质量评价指标。第四步识别关键客户需求应全部纳入CTQ质量评价指标中，也可以采用其他质量评价指标。

7.8.5 实际案例

某园林设备制造商启动了一项客户关怀项目,改进团队总结的VCC如表7-6所示。

表7-6 某园林设备制造商客户关怀项目VCC

客户原话	解读领会	客户需求(尽可能量化)	客户关键需求	CTQ
这个割草机应该可以快速启动	想要这个割草机快速启动,且比较容易拉动	割草机在绳索拉动不超过两次,可以启动	是	启动次数≤2
这个绳索不应该太难拉		割草机只要轻轻一拉(就像开门一样轻松)就可以启动	是	启动拉力≤1bf(即1bf=4.45N)
我想要和合适的人说话,不想要等待时间太长	想要快速地和合适的人说话	在声音系统中不应该有多余的层级(两级菜单以内)	是	400 服务电话菜单层级≤2
		顾客在30s内可以找到合适的人说话	否	400 定位率≥95%(定位率=30s定位到准确客服的客户数量/全部客户数量)
我想安装工程师早点来	上门速度要快	客户致电后6h之内上门安装	是	上门达标率≥95%(上门达标率=6h内上门覆盖的客户数量/全部客户数量)

针对VCC的解读,首先是通读一遍,确保自己理解每一句话和每一个概念。

判断解读领会环节是否存在误解或遗漏。

CTQ中除了源自客户之声转化而来的质量评价指标外,还有来自业务之声的质量评价指标。

7.8.6 注意事项或典型误区是什么

不要猜测客户的声音,而是主动去问,去倾听。

是否为关键客户需求,可以考虑以调研的方式,请客户给出选择,这样内外部相互验证后得到判断会更可靠。

7.9 项目宪章

7.9.1 什么是项目宪章

项目章程，也称为项目立项书，是项目的资助者和项目团队之间的一种合作关系。从资助者（一般为企业高级管理人员）角度分析，资助者批准项目，授权项目团队采取行动达成预期目标，必要时提供相关支持；从项目团队角度分析，项目团队全力以赴地推动目标实现。

7.9.2 为什么要用项目宪章

项目一般要有投入，通过项目宪章来确认投入产出的适宜性。

项目一般有难度，在一定的前提下，在多大范围内行动，项目宪章对此进行边界设定。

项目一般有明确的开始时间和结束时间，在设定的工期内制订计划并完成才有意义。项目宪章对此进行明确定义。

项目有可能失败、资源总是有限的，如何分配资源，在众多待解决的问题或事项中，为什么把优先执行这个项目，项目宪章对理由和共识进行强有力地论述。

7.9.3 何时使用项目宪章

当开始着手推动一项工作或解决一个较为复杂的问题时，可以使用项目宪章。
当制订年度或季度工作计划时，可以使用项目宪章。

7.9.4 怎么使用项目宪章

第一步：开发一个项目宪章的模板。

授权有关团队讨论项目宪章，形成文件后提交企业最高管理者批准，获批后将其应用到每一个持续改进项目中。新华三集团的项目宪章实例如图7-11所示。

第二步：每次启动项目时采用获批的项目宪章来管控项目立项。

项目名称	给项目起个言简意赅的名字					
项目经理/持续改进人		所在单位				
		任职部门				
开始日期		预计完成日期				
条目	描述	内容				
项目描述	描述存在问题 项目的重要性 项目的目的和范围					
项目流程范围	项目将影响到的主要流程和部门					
项目目标	确定衡量项目的衡量指标CTQ 确定现状及目标 如果可能列出CTQ的行业最佳水平	项目指标CTQ	基线	目标	行业标准	改善幅度（百分比）
项目收益	预期能取得项目收益（包括直接收益和间接收益）是什么，什么时候能达到改善	直接收益		间接收益		
小组成员，所属部门及联系方式	指导者： 项目经理/主责人					
客户收益	谁是最终客户（包括内部客户和外部客户） 客户的声音（VOC）和关键需求是什么，他们将看到何种收益					
计划	写出每个阶段开始和结束的时间 每个阶段主要的里程碑和阶段性成果	界定问题				
		量化监控				
		分析原因				
		对症下药				
		保持成果				
所需支持	项目经理/持续改进负责人的时间（百分比）					
	你认为完成项目可能需要哪些特别的支持（资源/时间/人员）					
前提假设	直接影响项目成败的，不在项目范畴内的相关因素，视为前提假设					
风险预估	风险（尚未出现的，但很有可能出现的问题）					
签字日期						
1	项目经理/持续改进负责人意见					
2	业务财务负责人意见					
3	业务负责人意见					
4	集团负责人意见					

图7-11　新华三集团项目宪章示例

7.9.5 实际案例

实际使用项目宪章时要注意以下几点。

1）不可以有空白，如果某一项内容暂时无法填写或比较难填写，请注明"待定"或"不适用"。只要项目宪章内容填写有空白，一律作退回处理并要求更新补充。

2）所有的"待定"或"不适用"都是潜在的"地雷"，最好的"扫雷手段"是不给"布雷"的机会，而不是先允许"布雷"，然后再花更高的成本或代价去"扫雷"。

3）要重视"前提假设"部分：从系统论视角看，这部分内容就是项目所处的外部环境假设，如果说项目本身是一个系统的话，那么这个系统和其所在环境是相互作用的。

4）要正确看待"风险预估"：越是有价值的项目，越是风险大的项目，对企业的价值就越大。有的企业不敢或不愿意实行高风险的持续改进项目，错过个高收益的机会。因此，要正确看待"风险评估"，确保企业不错过高收益机会。

7.9.6 注意事项或典型误区是什么

企业要有接受项目失败的工作氛围，太在意"成功"会导致人们倾向于做有把握的事情。有把握的事情做得越多，企业的创新力就越弱，业绩增长就越慢。因此，企业要做失败的成功者，而非成功的失败者。例如项目基线是60，确定的目标是98，当项目结束时，改进团队实际做到了92，这个项目失败了；在同行业的另一家公司有类似项目，项目基线也是60，确定的目标是80，实际做到了81，在庆祝超额实现项目目标且实现35%的增长时，殊不知，他们是成功的失败者，其对手已经做到了91。差距就是这样慢慢拉开的。

每个项目结束后，项目的复盘总结非常重要，这时改进团队要再次对照项目宪章，回顾项目历程，审视项目成果。无论是做得好的地方，还是做得欠佳的地方，都应提炼为显性的知识，在公司层面进行推广。

7.10 亲和图（AD）

7.10.1 什么是AD

亲和图（AD，Affinity Diagram）是收集意见并将意见按照相互间亲和性进行归类的一种方法。

7.10.2 为什么要用AD

兼听则明，AD希望征集更多的意见，以更广阔的视角来分析问题。

团队成员之间交流并不顺畅，存在某种障碍时，AD有助于推动建设性沟通。

7.10.3 何时使用AD

在清晰地明确问题后，讨论可能的原因时可以使用AD。

在原因达成共识后，讨论可能的解决方案时也可以使用AD。

当出现大量的选择和意见，感觉无处下手或无所适从时可以使用AD。

7.10.4 怎么使用AD

第一步：定义讨论的主题。

一般是采用一句话来描述需要讨论的问题，即确定讨论主题。参与讨论的人员对主题要理解一致，不一致时可以反复修改主题，直到取得共识。

第二步：每人想出至少10条意见或争论点。

从系统论角度讲，组成系统的要素（人、机、料、法和环）及系统内外，参加讨论的人员要结合具体业务场景，想出10条意见或争论点。

第三步：不说话，不交流，先把自己的想法写出来。

参加讨论的人员在卡片或报事贴上写出自己的想法，每个卡片或每张报事贴上只写一条意见或争论点，并在右下角署名，便于后续的澄清。全体人员都写完后再进行下一步。

第四步：每个人依次阐述自己的意见。

发言人阐述意见时，其他人如有不理解，可以请发言人进行解释，但禁止评价或否定发言人的观点。

第一位发言人在阐述后,将意见粘贴到白板上或白纸上,粘成一行。接下来发言的人,在逐个阐述意见后,把自己的报事贴或卡片,尽可能粘到相同的或类似的卡片(报事贴)的下面。如果没有相同或类似意见的话,可以另起一列。

第五步:团队头脑风暴。

针对每一列,纵观所有的报事贴(卡片)的内容,将其概括为一个类别名称,称之为"类名卡"。

再次审视每一列的每一个意见是否属于本"类名卡"的范畴,是否属于其他列"类名卡"的范畴,如果是,则移过去;如果不是,则另起一列。

针对没有类名卡的报事贴或卡片,讨论确定是否需要确立"类名卡"。有个小技巧,可以取名"其他"为类名卡。

7.10.5 实际案例

某公司每年都举办年会,今年把组织年会的任务交给人力行政部的小王。他组建了一支由各部门代表组成的筹备团队。在首次会议上,小王提出如何举办一次令人愉悦难忘的、同时花费比较少的公司年会,并应用AD请大家参与进来,进行了一次成功的集思广益。最后确定的组织年会AD如图7-12所示。

图例: 类名卡 意见或争论点

活动策划	节目安排	场地	确定预算	宣传	后勤
搜集过去举办的年会/联欢会的资料和照片	征集节目	了解租用场地的价格	场地预算	拟定宣传材料	购置奖品
回忆印象深刻的年会/联欢会场面	时间安排	布置会场	奖品预算	发布通知	租用设备
参考其他公司的成功举办年会/联欢会的经验	安排满足各年龄层次的娱乐需求	征求员工的意见,找几个备选的活动场所	餐饮预算	选择宣传路径	联系交通工具
确认领导期望	节目彩排		交通预算	拟定合作伙伴邀请函	确定餐饮菜品
	主持人及串词			拟定领导或主题发言人邀请函	

图7-12 某公司组织年会AD

在AD的基础上，团队还针对每个类名卡下的事项，明确了负责人，而且因为这个亲和图是大家在一起讨论确定的，所以都比较了解和接受，很快落实了责任，明确了时间节点。晚会办得很成功。

7.10.6 注意事项或典型误区是什么

AD的成果一般是定性，帮助我们定性地梳理出一个相对清晰的结果。在数字化时代，这个成果是远远不够的，因此需要从定性走向定量，把每个任务要完成的目标表述为可衡量的状态，对完成的时间也进行量化。

在这个过程中，不要跳步，任何捷径都会削弱亲和图的效力。

7.11 驱力图（FFA）

7.11.1 什么是FFA

识别影响目标达成或问题解决的积极因素和消极因素，并将这些因素左右并列呈现出来所形成的图，称为驱力图（FFA，Force Field Analysis）。

7.11.2 为什么要用FFA

从"正"和"反"两个方面看问题，力求全面了解情况。

识别并抓住积极因素，以加速目标实现。

识别消极因素，理解它的不利影响，然后有针对性地采取应对措施。

7.11.3 何时使用FFA

当开始着手推动一项工作或解决一个较为复杂的问题时可以使用FFA。

当解决冲突或投诉时可以使用FFA。

当事情进展不顺利、举步维艰时可以使用FFA。

7.11.4 怎么使用FFA

第一步：明确要解决的问题或达成的目标。

用一句话言简意赅地表达清楚要达成的目标或解决的问题。

第二步：深入思考正面的积极因素。

这些积极因素就是推动力，有助于问题的快速彻底解决或目标的快速实现。将这类因素写在问题或目标的左下边。

第三步：深入思考负面的消极因素。

这些消极因素就是阻碍力，将阻止或延迟问题的彻底解决或目标的实现。将这类因素写在问题或目标的右下边。

第四步：审视驱力分析的完整性，力求没有遗漏。

力求考虑所有的积极因素和消极因素。或许追问下面的两个问题，能带来一些启发。

1）该问题解决或目标达成后，哪些人是获益者？他们能贡献哪些智慧、资源和力量？

2）该问题解决或目标达成后，哪些人的既得利益会受损？他们会采取哪些行动直接或间接阻碍相关进程？

第五步：量化评价各种因素，为下一步改善提供指引。

项目团队对每个因素的影响力给出量化判断，量化标准为：较弱（1分），较强（3分），很强（5分），极强（9分）。

针对每个消极因素，项目团队需要对化解难度进行量化，量化标准为：较容易（1分），较难（3分），很难（5分），极难（9分）。

消极因素的阻碍力指数=影响力×化解难度。如果出现了多个阻碍力指数为81分的消极因素，则预示着要么解决问题的时机还没到来，要么现有项目团队所在的组织层级偏低，不足以掌控当前的局面并推动改善。

针对每个积极因素，项目团队要对利用成本进行量化，量化标准为：利用成本极高（1分）；利用成本较高（3分）；利用成本较低（5分）；利用成本极低（9分）。如果出现了多个驱动力指数为81分的积极因素，则预示着项目获得了能量足够大的资助者的支持或者要解决的是条件基本成熟的问题。

将所有积极因素的驱动力指数和所有消极因素的阻碍力指数分别进行求和，并比较大小，对团队的状态、问题的现状及解决的可能性进行评估。需要强调的是，有时候即使障碍力指数之和远大于驱动力指数之和，企业也是可以推动某项战略举措或改进项目。做驱力分析的目的是帮助项目团队识别障碍，解决障碍，最终实现预期的目标。

7.11.5 实际案例

某公司计划推出一款新产品,团队头脑风暴后绘制的新产品FFA如图7-13所示。

目标(要解决的问题):开发一款能引领时代潮流的中年女性时装	
积极因素(驱动力)	消极因素(阻碍力)
中年女性时装需求增长快速 只有不断创新,企业才能生存 百岁人生的时代,中年女性正年轻 研发部门的研发能力较强 有成熟的分销渠道 有庞大的设计师资源	需要大量的广告资源 市场前景研判能力不足 新研发项目资金有限 时装竞争日趋激烈,利润渐薄 新款式可能影响现有款式的销售

图7-13 某公司新产品FFA

在使用FFA时,要把握好以下几个要点:

1)先理解,再补充。

2)先将重点放在可以继续加强的推动力上,要强化积极因素。

3)深入剖析阻碍力,找到问题突破口或关键所在,通过排除障碍来实现以更低的成本或更快的速度攻下难关。

7.11.6 注意事项或典型误区是什么

解决问题从来都是与阻力同行,不能被消极因素吓到,轻言放弃。

与多个部门合作,共同攻坚克难,解决问题。

消极因素或障碍,尤其是与人相关的部分,请牢记"不是你的敌人",要化解之,而非消灭之。

7.12 甘特计划图(GPC)

7.12.1 什么是GPC

甘特计划图(GPC,Gantt Planning Chart),也叫条形图,是美国科学管理学派创始人之一亨利·甘特（Henry L.Gantt）在20世纪初设计的一种组织和监控项目进度的工具，明确各项任务及活动的时间安排和资源配置。GPC示例如图7-14所示。

序号	任务/活动	负责人	开始时间	结束时间	11-10	11-11	11-12	12-1	12-2	12-3	12-4	12-5	12-6	12-7	12-8	12-9	12-10	12-11	12-12
0	项目启动准备	LCC、ZXG	2011年10月10日	2011年11月10日															
1	现状评估阶段																		
1.1	高/低压业扩流程价值流分析	LCC、ZXG	2011年11月16日	2011年11月30日															
1.2	批准《业扩报装精益化管理诊断报告》(PPT)	LCC、Eric	2011年12月1日	2011年12月15日															
1.3	批准《业扩报装精益化管理改进方案》(PPT)	LCC、Eric	2011年12月1日	2011年12月15日															
1.4	批准《业扩精益化管理评价考核体系》(PPT)	LCC、Eric	2011年12月1日	2011年12月15日															
2	试点阶段																		
2.1	试点实施动员会（1.5h；邀请谢局长参加）	LCC、Eric	2011年12月16日	2011年12月31日															
2.2	试点实施	LCC、Eric	2012年1月1日	2012年6月30日															
2.3	试点实施总结会（1.5h；邀请谢局长参加）	LCC、Eric	2012年7月1日	2012年7月15日															
3	全面推广阶段																		
3.1	业扩精益化管理试点单位持续改进计划	LCC、Eric	2012年7月1日	2012年12月31日															
3.2	月度业扩精益化管理进展监控及总结	LCC、Eric	2012年7月1日	2012年12月31日															
3.3	CDC业扩精益化管理实施规划（未来12个月）	LCC、Eric	2012年11月1日	2012年12月15日															
3.4	CDC业扩精益化管理表彰大会（1.5h；邀请谢局长参加）	LCC、Eric	2012年11月15日	2012年12月31日															

图7-14 GPC示例

7.12.2 为什么要用GPC

GPC体现了行动导向，责任人，干什么，何时开始，何时结束。

GPC是很好的监督执行工具，能做到责任到人，任务到周，显著减少项目沟通方面的歧义。

7.12.3 何时使用GPC

启动一个任务专题或项目时，在初步确定了整体工作思路后，团队可以使用GPC把想法转化为行动。

参与或负责一项阶段性的重大任务，各部门之间的工作存在耦合关系，时间衔接可能出现纰漏，影响整个任务进展时，主导团队可以采用GPC进行项目进度监管，以按时完成该重大任务。

7.12.4 怎么使用GPC

第一步：确认任务分解的适宜性和准确性。

任务分解的颗粒度一般建议为一周内可完成的工作量，最多不超过2周的工作量。任务分解得过粗将不利于后续跟踪，可能会隐藏歧义或延迟问题的暴露。准确性体现在团队成员对任务的理解是基本一致的，不会出现大的偏差。同时，项目团队对每项任务或活动进行编号。

第二步：分析每项任务（活动）和其他任务（活动）的依赖关系。

明确哪些任务完成后才能进行下一个任务，这很重要，意味着该任务的开始时间不应早于有依赖关系的任务的完成时间，否则这个任务不具有可执行性。

第三步：估算每个任务的工作量和工期，明确每个任务的开始时间和结束时间。

第四步：识别计划的关键路径。

在关键路径上，每个任务或活动的完成时间将决定项目总体的完成时间。

第五步：创建GPC草图。

将所有任务（或活动）的开始时间、工期和完成时间绘制出来。本步骤可以跳过，直接进入第六步。

第六步：创建、审核并完成GPC。

项目团队利用软件绘制GPC。微软的Project、Excel和PowerPoint都可以绘制GPC。

第七步：团队召开会议或者逐一与责任人确认每项任务的工作量、工时、开始时间和结束时间，并根据反馈做适当的调整。

第八步：估算整个项目的完成时间。

关键路径上第一个任务（活动）的开始时间为项目的开始时间，最后一个任务（活动）的结束时间为项目的结束时间，两者之间的时长即为项目的执行时间。如果这个时间不能满足设定的项目工期时间，则需要召集团队成员一起讨论分析哪些任务或活动的工期时间富余量大，并进行调整以满足预期工期要求。

7.12.5 实际案例

图7-15所示是某个持续改进项目的计划GPC，需要说明的是图7-15没有时间条，取而代之的是在对应的时间跨度内注明所需工时。

一般情况下，GPC从以下5个方面进行分析和解读。

1）工期：整个项目的完成时间是否在预期范围内。

2）任务：每个任务是否有明确的责任人和完成日期。

3）里程碑：关注的里程碑任务是否全部被包含在内，如果没有，则进行澄清，必要时补充更新。

4）成果描述：这部分一般不会直接体现在GPC上。成果描述和GPC两者相当于硬币的两面，对照GPC分析成果描述，对照成果描述分析GPC，这样对项目的把控会更透彻。

5）资源投入：该计划需要投入多少人力和资金。

通过以上5个方面，就能相对清晰地把握项目的质量、成本和周期。在此基础上，对项目进展、资源投入情况和阶段性成果进行跟进，直至实现项目的整体目标。

图7-15 某个持续改进项目的计划GPC

7.12.6 注意事项或典型误区是什么

按照GPC来跟进并确认各项任务按开始时间执行是很重要的。

偏差管理：GPC需要定期更新，项目团队要根据实际执行情况及成果对GPC进行更新，记录相关的变更及变更原因，便于日后项目复盘总结。

7.13 质量功能展开（QFD）

7.13.1 什么是QFD

质量功能展开（QFD，Quality Function Deployment）起源于日本。在20世纪60年代，随着全面质量管理（TQC，Total Quality Control）的深入，人们开始考虑，能否在产品的设计阶段就能够准确把握客户需求，确定设计及制造过程的质量控制重点，以提高产品的质量。日本山梨大学的赤尾洋二教授于1972年第一次提出了QFD概念。

QFD自诞生后在丰田等日本企业试行，取得了巨大的有形效益和无形效益。1984

年，福特汽车引入QFD。随后，美国供应商协会（ASF，American Supply Association）等机构推广QFD，惠普、通用汽车、IBM、柯达、宝洁等公司先后引入QFD。

QFD的应用领域随着发展也在不断地完善，如今不仅在汽车、电子、家电、服装、集成电路、合成橡胶、建筑设备及机械等行业得到广泛使用，还在零售店的设计、房地产、酒店、医院等服务性行业得到应用，并取得良好效果。

QFD给企业带来的价值具体如下。

更准确地把握客户需求。

通过标杆管理了解竞争对手的表现。

跨部门准确地传递客户心声，更有助于实现客户需求。

出现质量问题时便于追溯原因。

大大减少后期的设计更改，降低产品生命周期成本。

可作为知识管理工具，有助于产品开发和实现过程中的知识管理。

7.13.2 何时使用QFD

需要系统地了解、整理及转化客户的需求时可以使用QFD。

实施FMEA（Failure Mode and Effect Analysis）之前，通过QFD了解客户对产品或者服务的功能和要求。

7.13.3 质量屋的结构和范例

质量屋是QFD中的一个重要工具，是将客户需求进行逐层转换的一个工具，因为其形状像一个房子，所以称为质量屋。我们通过一个范例来初步了解它。假设我们是一家笔记本电脑的厂商，希望通过QFD的质量屋把客户的需求转换为可以量化或者评价的技术指标。笔记本电脑厂商QFD质量屋范例如图7-16所示。

图7-16中QFD的质量屋各部分含义具体如下。

1）客户需求。就像打开质量屋的一扇大门，客户的需求通常可以通过调研、访谈，以及客户的技术文档等方式获得。QFD中准确理解客户需求非常重要，如果不能准确把握客户需求，就不可能满足客户需求。

2）客户需求的重要程度。通常采用1~5打分制，1分表示不重要，5分表示非常重要。重要程度由客户进行评价得到。我们要关注分数较高的客户需求并予以满足。

3）竞争力评分。站在客户角度来评价我们的产品（A）及竞争对手（B、C）的产品的竞争力，1分代表竞争力很低，5分代表竞争力很高。这个分数同样是由客户评

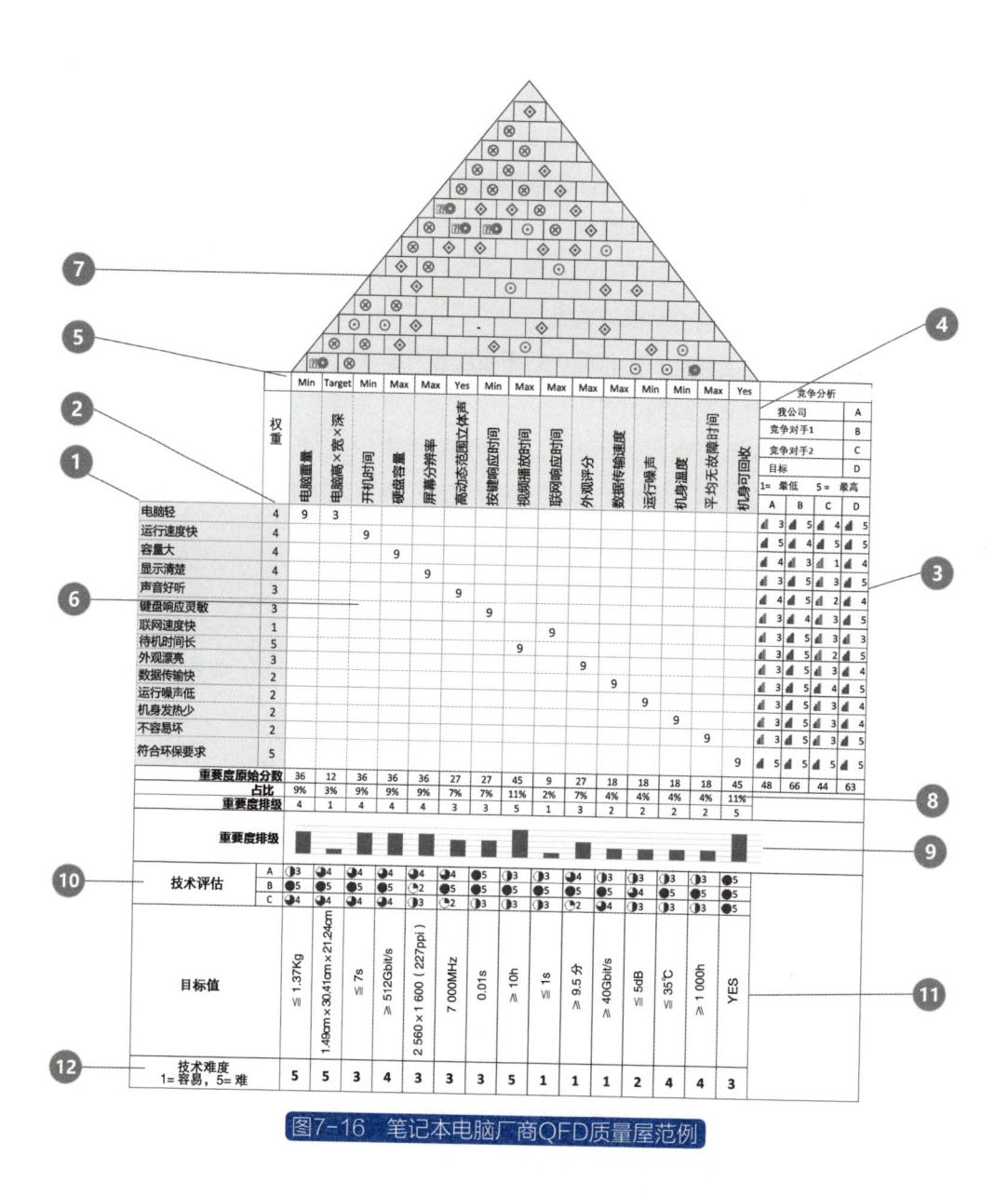

图7-16 笔记本电脑厂商QFD质量屋范例

价而得到的。我们要通过与竞争对手的对比，找到我们改进的目标（D），这个目标并不一定是竞争分析中的最高分，而是经过评估后最恰当的分数。

4）性能指标。性能指标通常是客户需求进行转化后得到的，要求尽可能地细化和量化，这一步非常重要。客户需求通常是模糊的，我们需要把它转化为具体的可以测量的指标。在管理学中，我们通常认为，不能量化的东西就无法管理。将客户需求转化为可以具体地测量或者评价的指标，例如像素（ppi）、力（N）、长度（cm）、温度（摄氏度）等，便于后续的分析、管理和改进。

5）性能指标的优化方向。优化方向可以是望大（Max），或者是望目（Target），或者是望小（Min）。有些性能指标是越大越好，例如待机时间；有些指标是越小越好，例如噪声和发热量；也有些指标是达到目标最好，例如尺寸。有些指标没有具体数值，例如"材料是否可以回收利用"，评价可以是"是"或者"否"。

6）相关矩阵评价：是指图7-16中编号④对应的性能指标能够测量编号②对应的客户需求的程度。分数通常是0、1、3、9分，其中，0分表示该性能指标不能测量客户需求的实现程度，1分表示能够很少地测量，3分表示能够中等程度地测量，9分表示该性能指标能够非常好地测量客户需求。打分时候请注意，图7-16所示的表格不能有空行，也不能有空列。空行表示该行的客户需求没有很好的性能指标来测量它，空列表示该列的性能指标与客户的需求无关。

7）性能指标的相互关系评分，图7-16中编号④对应内容中的任何两个技术指标间可能存在正相关（可以用"+"或者"⊙"标识）、负相关（可以用"–"或者"◆"标识）、强正相关（可以用"++"或者"●"标识）、强负相关（可以用"–"或者"⊗"标识）、无相关（不需要标识）5种关系。

正相关表示当一个性能指标变好时，另一个性能指标也变好。例如当电脑的机身温度能控制在较好水平时，电脑的平均无故障时间（MTTF，Mean Time to Failure）指标也会变好。负相关表示当一个性能指标变好时，另一个性能指标会变差，例如当电脑的重量变轻时，电脑的电池体积会变小，待机时间可能会变短。

我们需要特别关注那些负相关的性能指标，负相关的指标很可能是"鱼和熊掌不可兼得"，需要做出取舍。

8）性能指标重要度的原始分数。这个分数是通过图7-16中编号②和编号⑥这两部分的分数相乘得到的，例如性能指标"电脑重量"的重要度由"9×4=36分"而得到。得分较高的性能指标是我们在后续的QFD中需要重点关注的。

9）重要度排级并绘图。按照得分结果进行排级，其中，1分代表不重要，5分代表很重要。最后根据排级情况绘图。

10）技术性评估。站在技术的角度分别评价我们（A）和竞争对手（B、C）的表现，采用5分制，具体含义如下。1分表示技术水平低下；2分表示技术水平一般；3分表示技术水平达到行业先进水平；4分表示技术水平达到国内先进水平；5分表示技术水平达到国际先进水平。请注意技术人员的评价与图7-16中编号③客户的评价可能存在差异。

11）技术指标的目标值。这里是指图7-16中编号④性能指标的目标值，有定量或者定性的目标，定量的目标可以填写下限、上限、目标值等，定性的目标可以填写"是"或者"否"。

12）技术的实现难度。该指标采用5分制进行评价，1分表示很容易达到目标，5分表示很难达到目标。得分为5分的性能指标值得关注。针对技术实现难度大的指标，我们可以通过FMEA等方法来降低风险，满足客户的需求。

7.13.4 怎么使用QFD

QFD的关键性能指标通过质量屋逐层进行传递，常见的有4层传递。

图7-16展示了QFD第一层质量屋，该层将客户需求展开为性能指标。实际上在QFD中除了第一层的质量屋之外，必要时还可以继续进行更深层次的质量功能展开。将性能指标继续往下展开。QFD的逐层转换如图7-17所示。

客户需求 →① 性能指标 →② 设计参数 →③ 工艺参数 →④ 控制要求

图7-17 QFD的逐层转换

完整的QFD中包含以下4个典型的阶段，可以根据需要选择实施其中某一阶段或者全部阶段。

1）产品规划阶段（质量屋1）。该阶段将客户的需求转换为可量化和可评价的产品的性能标准，定义好性能标准的目标。

2）产品级零部件设计阶段（质量屋2）。该阶段将产品的性能标准转化为产品或者零部件的设计参数，定义出零部件设计参数的目标。

3）工艺设计阶段（质量屋3）。该阶段将零部件的设计参数转换为制造或者装配过程中的工艺参数，定义制造或者装配过程中的工艺参数的目标。

4）生产控制阶段（质量屋4）。该阶段将制造或者装配过程中的工艺参数转换为生产控制的要求，制定生产过程的控制方法，确保工艺参数满足要求。

7.13.5 实际案例

在实施QFD的时候，可以只实施QFD的第一层，也可以将四层的QFD逐层实施，让我们通过一个例子分析四层QFD是如何逐层转换的。本例中，一家新能源汽车企业，通过调研了解到客户希望新能源汽车"充一次电能够跑得远一点"。但是这个需求还是很模糊，那么如何通过QFD逐层进行转化？新能源汽车QFD转化如图7-18所示。

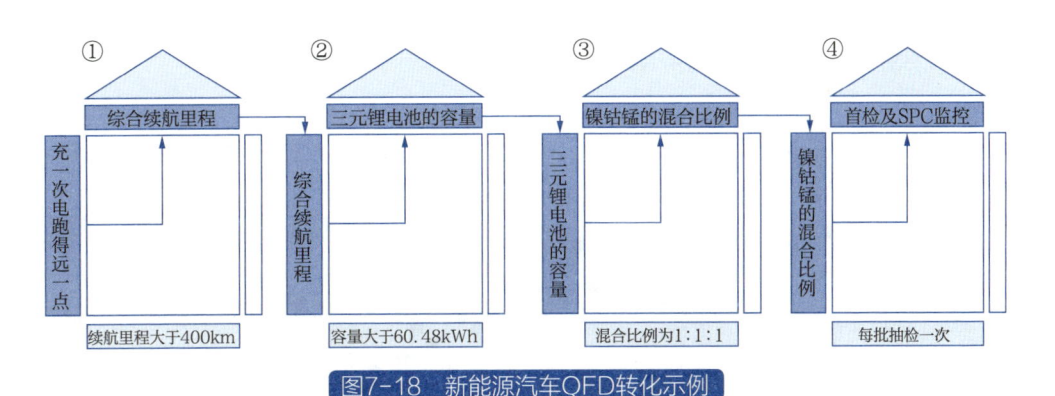

图7-18 新能源汽车QFD转化示例

我们通过QFD第一层质量屋先将客户的这个需求转换为"综合续航里程"，一个可以量化评价的性能指标，然后与客户确定了"续航里程大于400km"这个目标。接下来我们通过QFD第二层质量屋，将"综合续航里程"转换为子系统或者零部件的设计参数"三元锂电池的容量"，确保"续航里程大于400km"。我们必须满足"三元锂电池的容量"大于60.48kWh，那么如何保证三元锂电池的容量大于60.48kWh呢？我们需要继续将三元锂电池的转化工艺的要求，即"镍、钴、锰的混合比例"必须为1:1:1。我们如何才能控制"镍、钴、锰的混合比例为1:1:1"呢？我们在生产控制中需要做好首检和SPC监控，每批次抽检1次。

我们通过四层QFD质量屋，将客户的需求进行逐层转换，并加以实现。"失之毫厘，谬以千里"。如果理解客户的需求时出现了偏差，那么后面就会做无用功，或者不能满足客户需求。因此，在产品的实现过程中，QFD是一个非常好的工具，可以让我们系统地了解客户需求，并且通过产品的设计过程、工艺设计过程、生产控制等环节进行逐层的传递和管理，最终满足客户需求。

7.14 走势图

7.14.1 什么是走势图

走势图也称为运行图或链图,用于分析测量特性随时间变化而变化的规律情况。体重的走势图示例如图7-19所示。

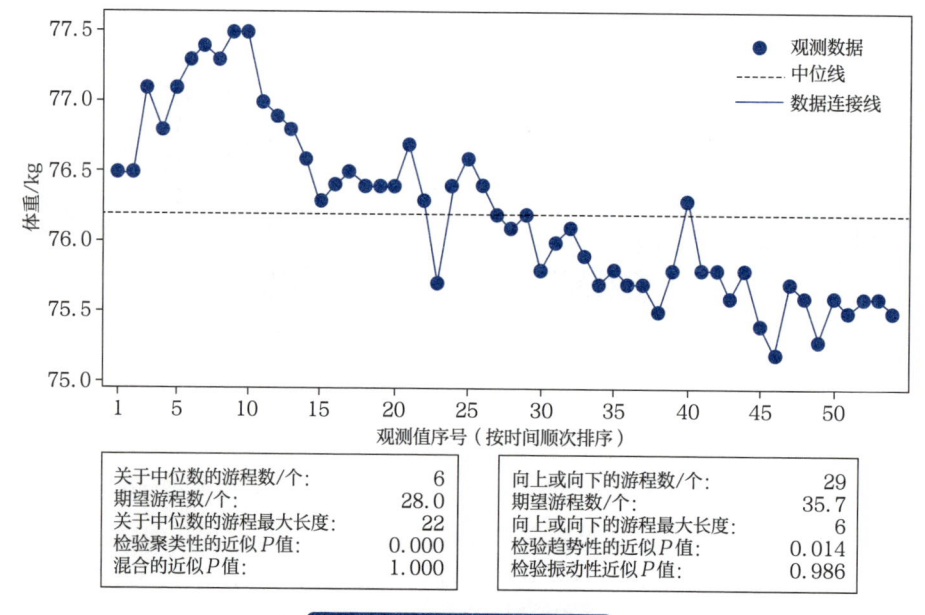

关于中位数的游程数/个:	6	向上或向下的游程数/个:	29
期望游程数/个:	28.0	期望游程数/个:	35.7
关于中位数的游程最大长度:	22	向上或向下的游程最大长度:	6
检验聚类性的近似P值:	0.000	检验趋势性的近似P值:	0.014
混合的近似P值:	1.000	检验振动性近似P值:	0.986

图7-19 体重的走势图示例

7.14.2 何时使用走势图

按时间顺序收集的数据,需要分析数据随时间是否随机变化,是否存在特殊原因变异的模式或趋势,是否存在趋势、振动、混合、聚类等非随机现象时可以使用。

从走势图开始,我们会逐渐介绍一些与统计学相关的工具,比如控制图、假设检验、回归分析等。这些工具依托于统计学逻辑和基本法则,可以对数据进行较为深入地分析,在改进工作中是非常有效的工具。我们也会介绍业界广为使用的工具软件:Minitab。Minitab可以绘制出很专业的统计学图形,且使用方便,适应性广,是数据分析人员普遍应用的软件。本书中涉及统计学的图形,都采用Minitab绘制。

7.14.3 如何分析走势图

受新冠肺炎疫情、国际油价下跌等综合因素影响，2020年，美国股市分别于3月9日、3月12日、3月16日、3月18日发生熔断，道琼斯工业在当天的股票指数收盘的跌幅分别达到7.8%、10.0%、12.9%、5.97%。在此之前美股只在1997年10月27日出现过一次熔断。

图7-20所示美国道琼斯工业股票指数K线图（当日）。从图7-20可以看出，很短的时间内，美股出现了连续下跌的走势。从最高的近30 000点跌到不足20 000点。显然，美国道琼斯指数不是随机的，而是呈现较为明显的走势，2020年2月12日前相当长的一段时间呈现上涨的走势，然而2月12日后开始下跌，这期间虽有反弹，但下跌走势明显，可谓"跌跌不休"。

图7-20 美国道琼斯工业股票指数K线图（当日）

7.14.4 实际案例

如果我们收集了数据，希望分析数据随时间是否随机变化，是否存在特殊原因变异的模式或趋势，是否存在趋势、振动、混合、聚类等非随机现象时可以使用走势图。

我们通过一个例子来说明走势图的使用方法。

例：某生产线生产面粉要求的装包重量是20kg，质检人员从生产线上抽取了16包面粉并测量其重量，得到以下结果，如表7-7所示。

表7-7　某面粉生产线抽检结果

序号	面粉重量 / kg	序号	面粉重量 / kg
1	20.21	9	19.99
2	19.95	10	20.16
3	20.15	11	20.09
4	20.07	12	19.97
5	19.91	13	20.05
6	19.99	14	20.27
7	20.08	15	19.96
8	20.16	16	20.06

那么我们面临的问题是：面粉重量是随机的吗？针对此问题，我们绘制出表7-7的面粉重量走势图，如图7-21所示。

图7-21中，中位数是指一组数据从小到大排序后位于中间位置的数，当这组数据个数为奇数时，中位数就是中间位置的数值，比如一组数据有5个数值，分别是1、2、3、4、5，那么这组数据的中位数是3；当数据个数为偶数时，中位数是中间位

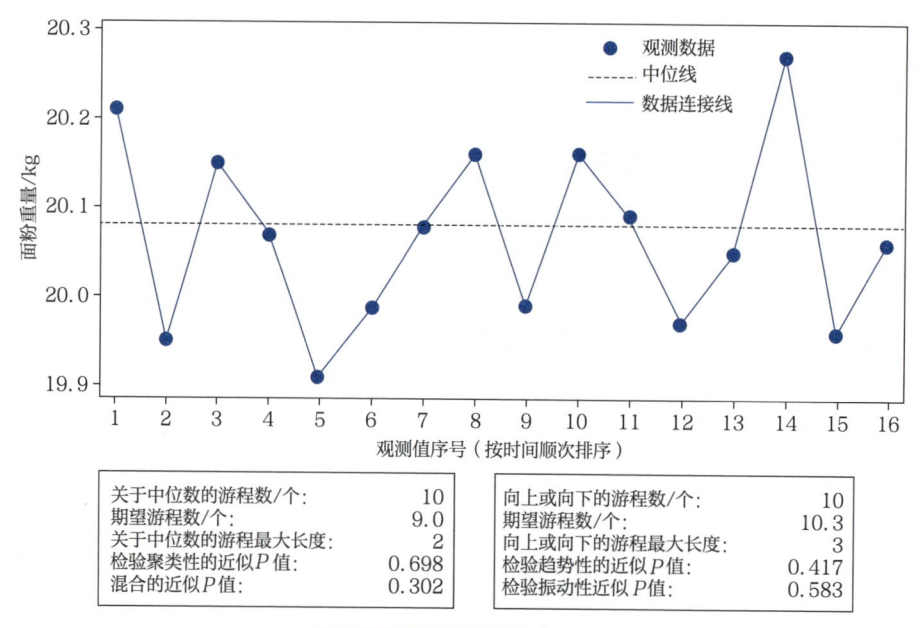

关于中位数的游程数/个：	10	向上或向下的游程数/个：	10
期望游程数/个：	9.0	期望游程数/个：	10.3
关于中位数的游程最大长度：	2	向上或向下的游程最大长度：	3
检验聚类性的近似 P 值：	0.698	检验趋势性的近似 P 值：	0.417
混合的近似 P 值：	0.302	检验振动性近似 P 值：	0.583

图7-21　面粉重量走势图

置两个数的平均值，比如一组数据有6个数值，分别是1、2、3、4、5、6，那么中位数是3和4的平均值，即3.5。本组数据共有16个，按从小到大排序后，可得中位数为20.065。由图7-21可以看出面粉重量是随机波动的，没有明显的规律、趋势、振动、混合、聚类等非随机现象。

7.14.5 走势图的要点

（1）随机与非随机

有人可能会说，怎么才能看出来是否随机？又如何判断是否有趋势、振动、混合、聚类等非随机现象呢？如果一个过程仅受普通原因的影响，那么走势图看起来就是随机的；如果受到特殊原因的影响，走势图就可能出现非随机现象。

图7-20所示的股票指数就是非随机的典型案例。一段时期内经济发展好、增速快，股市很可能呈现连续上涨的走势；如果出现了影响经济发展的重大突发事件，股市很有可能会连续下跌。

另一种引起非随机现象的因素是过度调整。很多人都有在篮球场的罚球线上定点投篮的经历，假设要站在罚球线上投篮10次，我们以篮球的飞行距离为测量结果，第一次投篮力度大了，篮球砸在了篮板上反弹回来了，那么第二次投篮时力度肯定会小一些，结果又出现了"三不沾"，没有碰到篮板，更别说投中了。第三次投篮时又会增加一些力量，这种情况测量出来的篮球飞行距离肯定是大小交替的，一次大，一次小，循环往复。在生产线上也可能存在这样的情况，某个指标偏小了，我们调整大一些，结果指标又偏大了；这样反复调整，很有可能出现过度调整的情况。

（2）随机性的判定方法

虽然图形很直观，但即使是同一张图形，不同的人也可能会得出不同的结论。要得出比较确切的结论，就需要借助统计指标。在Minitab输出的运行图中有两个信息框，信息框中的信息可以帮助我们判断数据是否是随机的。

关于中位数的游程数与期望的游程数相差不多，我们通常认为数据是随机的。现在问题又来了：差多少算多，差多少算不多呢？一组数据的个数是16，期望的游程数是9，如果游程数大于9，那么我们认为游程数太多了；如果小于9，则认为游程数太少了，一般来说要经过假设检验才能得出比较可靠的结论。

Minitab输出的运行图给出了检验聚类型、混合、趋势性和针对性的近似P值。

像股票指数这类数据，如果第一天指数很高，那么第二天指数也会很高；或者第一天指数很低，那么第二天指数也会很低，这样的数据显示出"聚类型"，也就是比中位数高或低的数据点具有"扎堆成群"的特征,这是典型的非随机数据的例子。图7-22所示的聚类型数据运行情况,其检验聚类性的近似P值非常小,说明数据具有聚类现象。

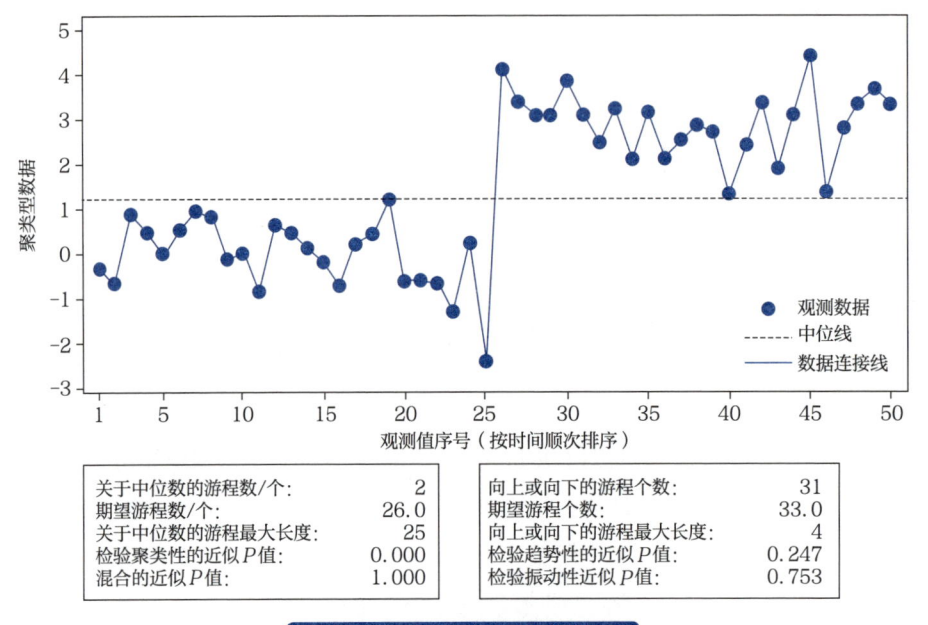

图7-22 聚类型数据运行情况

定点投篮是混合型数据的典型代表。为了把篮球投进篮筐,投篮者会反复调整投篮的力量,矫正每次投篮的力度,表现在投篮距离上就是一次距离大、一次距离小,游程个数会偏多,这属于"混合型"的数据特征。混合型数据的典型表现是游程个数偏多,图7-23所示混合型数据运行情况,混合的近似P值和检验振动性的近似P值都非常小,说明数据是非随机的。

如果在一段范围内连续多个观测值在上升或下降,则总的升降游程数会减少,显示一种"趋势型"的数据特征;如果连续多个观测值一直在升降交错,则总的升降游程数会增多,这显示一种"振动型"的数据特征,即曲线上"毛刺"太多,这也是数据非随机的表现。趋势型数据的运行情况如图7-24所示。

图7-24所示的趋势型数据运行情况数据是某质量工作者近两个月监测的体重数据,可以看出,观测值1~11数据表现出明显的上升趋势,然后开始出现下降趋势,这样的数据显然是非随机的表现,一定有某种(些)因素发生了变化,才导致这种情况出现。

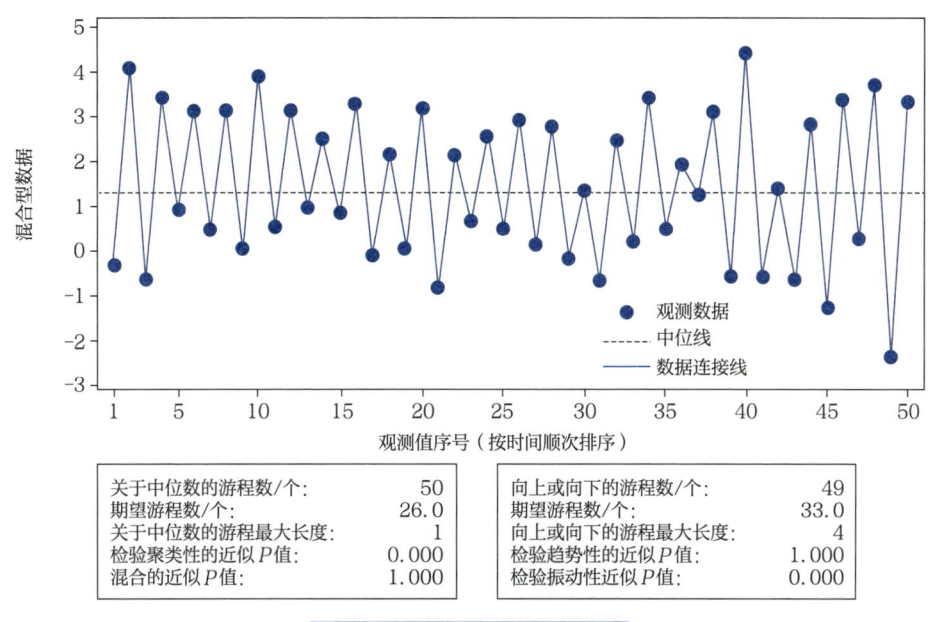

图7-23 混合型数据运行情况

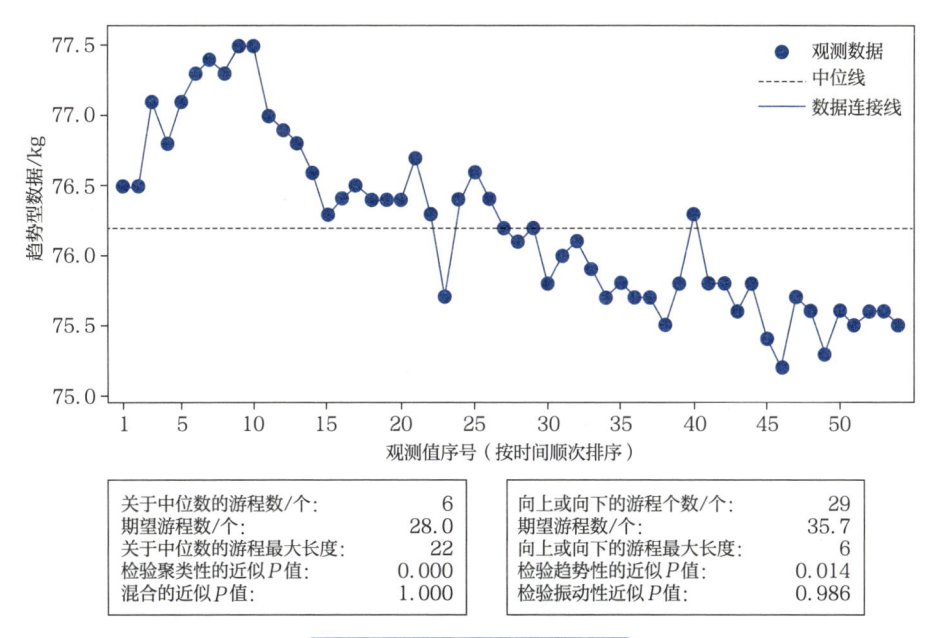

关于中位数的游程数/个：	50	向上或向下的游程数/个：	49
期望游程数/个：	26.0	期望游程数/个：	33.0
关于中位数的游程最大长度：	1	向上或向下的游程最大长度：	4
检验聚类性的近似 P 值：	0.000	检验趋势性的近似 P 值：	1.000
混合的近似 P 值：	1.000	检验振动性近似 P 值：	0.000

图7-24 趋势型数据运行情况

关于中位数的游程数/个：	6	向上或向下的游程个数/个：	29
期望游程数/个：	28.0	期望游程数/个：	35.7
关于中位数的游程最大长度：	22	向上或向下的游程最大长度：	6
检验聚类性的近似 P 值：	0.000	检验趋势性的近似 P 值：	0.014
混合的近似 P 值：	1.000	检验振动性近似 P 值：	0.986

综上所述如果Minitab运行图的4个P值都大于0.05，那么可以认为数据是随机的，否则数据是非随机的，存在特殊原因。

（3）Minitab实现走势图

用Minitab绘制走势图很简单，执行菜单栏"统计>质量工具>运行图"命令，在弹出的对话框中输入数据。如果每次只收集一个数据，比如每天测量一次体重，则子组大小填"1"，选"绘制子组中位数运行图"单选按钮，单击确定就可以了。Minitab运行图对话框如图7-25所示。

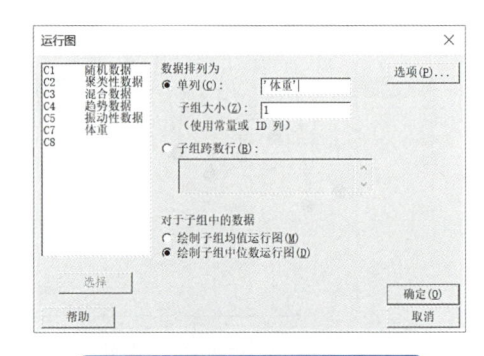

图7-25　Minitab运行图对话框

7.15　常规控制图

7.15.1　什么是常规控制图

我们通常提到控制图都是指"常规控制图"，又称"休哈特控制图"。休哈特博士是"休哈特控制图"的缔造者。

严格来讲，常规控制图是一个系列，包含8种数据类型的控制图，不同的数据类型选择不同的控制图。针对不同的数据类型，常规控制图分别给出基于时间线的走势分析及控制线分析。常规控制图与走势图最大的不同在于它根据统计学提供了基于数据特征的控制线（上控制界限和下控制界限），能够很容易地协助改进者判断异常点，从而识别特殊原因。常规控制图的基本概念和应用方法具体如下。

7.15.2　为什么要使用常规控制图

常规控制图最重要的目的是判断过程是否稳定（无异常）。

在统计学原则中我们强调，判定系统稳定是改进工作重要的起始步骤，常规控制图是迄今为止在这方面最有效的工具。通过收集（实际的）过程数据，经计算得到控制界限，判断出过程的稳定性，并根据控制界限进行监控，一旦数据超出控制线，就可做出相应控制动作。

例如，需要监控家庭的月支出是否存在异常，应该怎么做呢？合理的做法是搜集之前月份的实际支出数据，通过计算得到一个区间（这个区间的计算就是控制限的算法，控制限是由数据特征决定的客观值，不是主观设定的，它的计算方法在这里不做展开，因为所有的软件都会自动计算），根据区间来监控后续月份的支出。如果支出超出区间上界限，则属于"超额"；超出区间下界限，属于"吝啬"。

在实际工作中，我们也需要用常规控制图来分析以往数据所形成的系统表现是稳定的还是不稳定的，从而确定改进策略。同时，对于未来走势的预测，控制图也是管理改进最有效的工具。

常规控制图是统计过程控制管理的成熟型工具，在各种改进方法论被广泛使用。因为其已经有非常成熟的理论体系和相关指导原则，本章节不再深入介绍其计算方法和详细的统计学原理，仅对其基本应用进行介绍，主要是使用场景和判定原则方面。

7.15.3 常规控制图分为哪些类型

根据数据类型，常规控制图分为计量型控制图、计数型控制图、计点型控制图三大类，共计8种控制图，它们的对应关系及特点见表7-8。

表7-8 常规控制图的关系及其特点

数据类型	控制图	特点
计量型	单值－移动极差控制图	每次抽样数等于1
	均值－极差控制图	每次抽样数为2～8
	均值－标准差控制图	每次抽样数大于1
	中位数－极差控制图	每次抽样数为2～8
计数型	不良品数控制图	每次抽样的样本量需要相同
	不良品率控制图	每次抽样的样本量可以不同
计点型	缺陷点数控制图	每次抽样的样本量需要相同
	单位缺陷点数控制图	每次抽样的样本量可以不同

1）计量型数据：主要针对可以用测量仪器得到具体读数的数据。例如用测温枪测得体温数据，用秒表测得时间数据等。

2）计数型数据：主要针对合格统计数据的计数型数据。例如每天抽样1 000块硬盘，测试性能是否合格，统计的合格数/不合格数就属于计数型数据。

3）计点型数据：主要针对缺陷点的数据。例如每天抽样1 000块硬盘进行外观缺陷点（一块硬盘可能存在多个缺陷点）检查，那么缺陷点数属于计点型数据。

7.15.4 如何使用常规控制图判断过程中的异常

首先改进者需要收集一定数量的样本，才能用常规控制图进行分析。不同特点的系统对最少数据样本量的要求也不同。在大规模生产环节，每次抽样的数据归入一个组，称为"子组"，每个子组有12个单值数据，对此常规控制图要求至少收集20～25个子组的数据，如果数据太少，容易"失真"；而在服务环节，由于流程更加复杂及案例数减少，样本的数据量可以减少，一个子组即可，或满足12个以上数据单值即可。常规控制图采用"判异准则"来判断过程是否存在异常（不稳定，即存在特殊原因）。

常规控制图有8条"判异准则"，但是进行分析时并不需要采用全部准则。改进者可以（根据经验）选择合适的"判异准则"。此外，对于某些准则，很多控制图的说明书和统计软件的描述存在差异。下面基于Minitab来逐条解释8条"判异准则"的概念。遇到差异时，本章会给予说明。特别说明：控制图只能发现异常，至于出现异常的原因，需要改进者进行调查。至于如何调查研究，这里不做展开。

1）准则1：一个点超出控制界限。

准则1是使用频率最高的准则。采用常规控制图监控过程，准则1是必不可少的。在图7-26中，第6个点超出了上控制界限，需要调查原因。

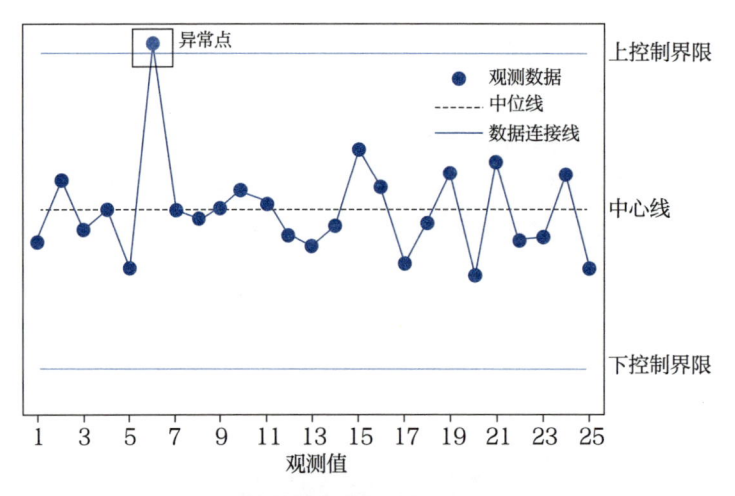

图7-26 常规控制图判异准则1

2）准则2：连续9个及以上的点在中心线的同一侧。

准则2是使用频率较高的准则，用于监控过程的平均值是否整体变大或整体变小。

如图7-27所示，从第二个数据点开始，连续9个点都在中心线上方，这意味着过程的平均值（可能）整体变大了；如果连续9个点都在中心线下方，意味着过程的平均值（可能）整体变小了。

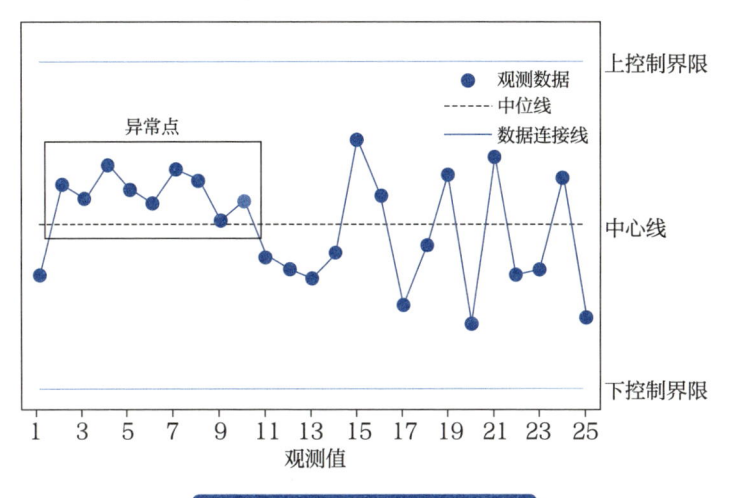

图7-27 常规控制图判异准则2

3）准则3：连续6个及以上的点上升/下降。

准则3是使用频率较高的准则，用于监控过程的平均值是否发生趋势性漂移。

注意：不能通过一个点来判断上升或下降（自己和自己比，永远相等），要通过两个点进行判断。如果两个点之间的连线向上，表示上升趋势；如果向下，表示下降趋势。

有的专家在对控制图的解释中，主张出现连续5个上升/下降趋势（6个点上升/下降），就触发判异准则3。但是，Minitab对准则3的判异有些区别。在Minitab中，只有出现连续6个上升/下降趋势（7个点上升/下降），才能触发判异准则3。

如图7-28所示，从第7个点开始，连续6个上升趋势（其实是7个点上升）。此时，Minitab才判定触发判异准则3。如果决定使用准则3，要了解常规控制图和Minitab之间的差异。DAI动环改进方法论主张采用Minitab的准则，主要有两个原因：第一个原因是该软件的"多一个"原则更加保守和稳妥，不会轻易判断系统不稳定；第二个原因是该软件的广泛使用性，已经基本形成了普遍认知。

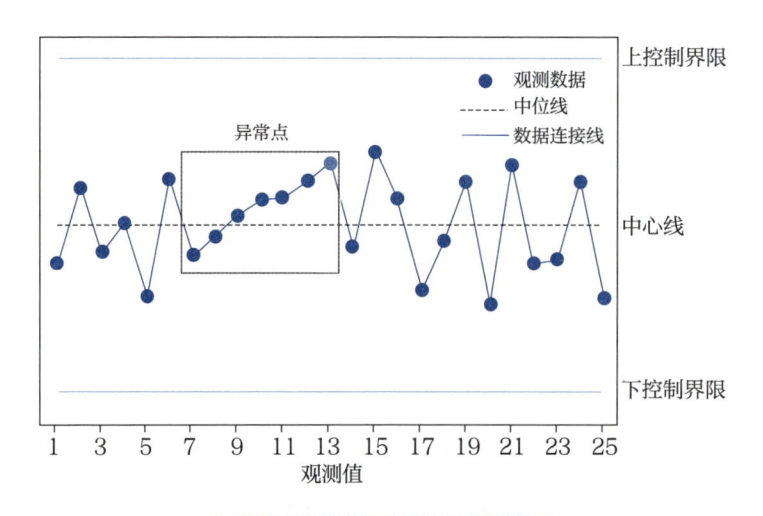

图7-28 常规控制图判异准则3

4）准则4：连续14点交替上下。

准则4是使用频率较高的准则，用于监控是否有不同平均值的状态混在一起。

注意：和准则3类似，不能通过一个点来判断上升或下降的（自己和自己比，永远相等），要通过两个点进行判断。

如图7-29所示，出现了连续14个交替上下的（连线）趋势，这意味着（可能）有两个平均值不同的状态，它们的数据混在一起了。当前一次采样数据偏大，后一次采

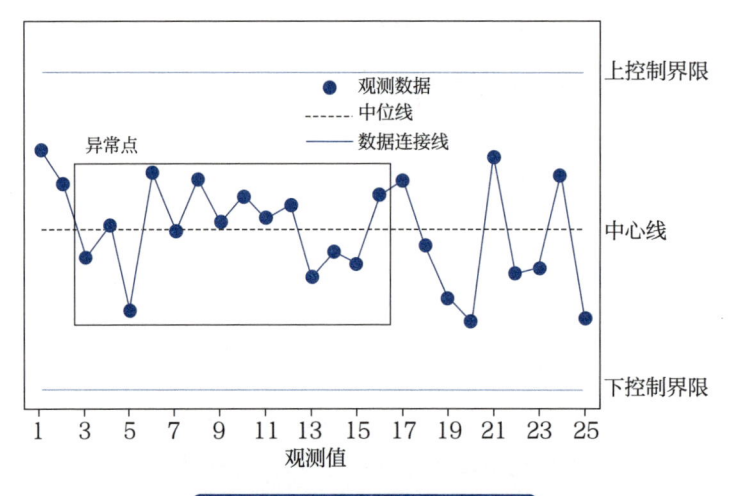

图7-29 常规控制图判异准则4

146

样数据偏小，就会出现这种情况。

5）准则5：在3个点中有两个点在同一侧的A区。

准则5用于监控平均值是否整体变大或整体变小，可以视为准则2的一种拓展。

在应用准则5～准则8时将控制界限划分为6个等宽区域，中心线两侧各有3个，以A、B、C进行标准。为了方便说明，在图中增加了参考线（虚线），以及A、B、C区的辅助说明。在后续准则的介绍中，不再重复描述。

3个点中如果有两个位于中心线上侧的A区，则意味着过程的平均值（可能）整体变大了；如果有两个位于中心线下侧的A区，则意味着过程的平均值（可能）整体变小了。

如图7-30所示，第15～17个点（共计3个点），有两个点在中心线上侧的A区，这意味着过程的平均值（可能）整体变大了。

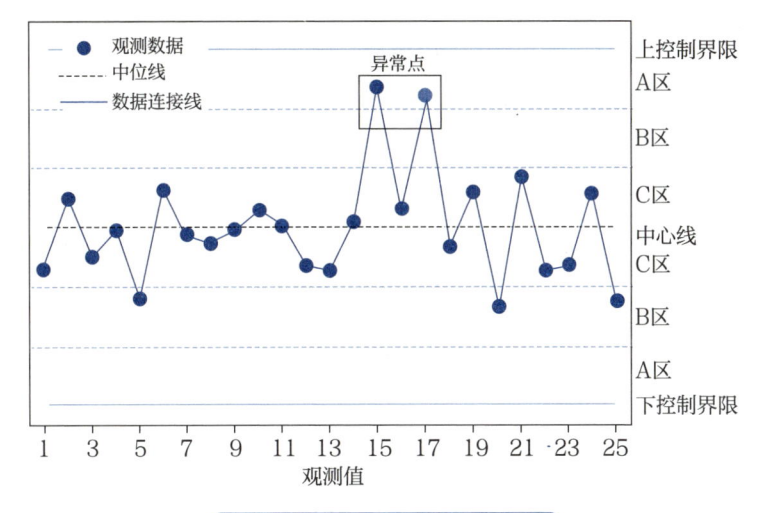

图7-30　常规控制图判异准则5

6）准则6：在5个点中有4个点在同一侧的C区之外（即A区和B区）。

准则6用于监控平均值是否整体变大或整体变小，可以视为准则2的一种拓展。

如果5个点中有4个位于中心线上侧的A区和B区，则意味着过程的平均值（可能）整体变大了；如果5个点中有4个位于中心线下侧的A区和B区，则意味着过程的平均值（可能）整体变小了。

如图7-31所示，第9~13个点（共计5个点）中有4个点在中心线上侧的A区和B区，这意味着过程的平均值（可能）整体变大了。

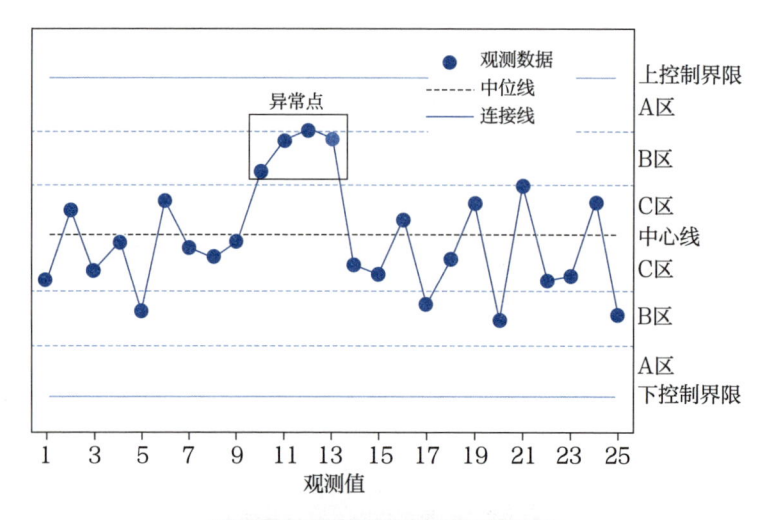

图7-31　常规控制图判异准则6

7）准则7：连续15个点都在中心线两侧的C区内。

准则7用于监控过程波动是否变小。

如图7-32所示，第3~17个点（共计15个点）都在中心线两侧的C区内。如果过程波动确实得到了改善，可以重新收集数据计算控制界限。

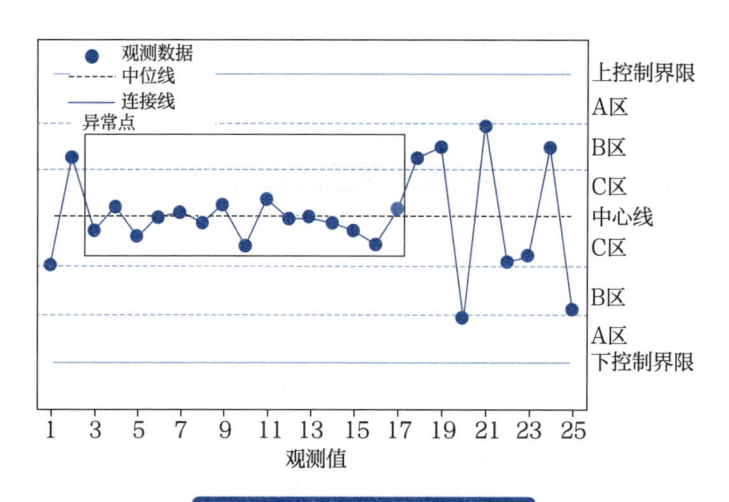

图7-32　常规控制图判异准则7

8）准则8：连续8个点都不在中心线两侧的C区内。

准则8用于监控是否有不同平均值的状态混在一起。可以视为准则4的一种拓展。

如图7-33所示，第2~9个点（共计8个点）都不在中心点两侧的C区内，这意味着（可能）有两个不同平均值的状态，它们的数据混在一起了。

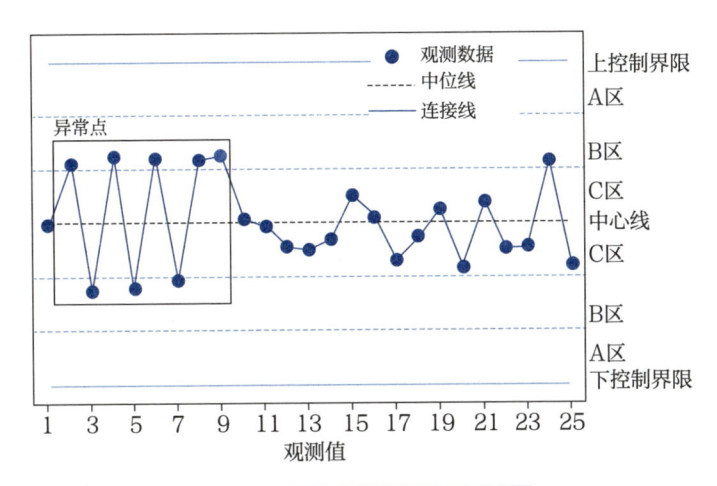

图7-33 常规控制图判异准则8

准则5~准则8的使用频率，都比较低，主要是因为这些准则对于数据的分布要求比较高，故这里不做展开。

7.16 计量型控制图

计量型控制图是最常使用的常规控制图，也是原理相对简单的控制图。即便如此，使用时改进者仍然可能会被各种专业名词所困扰。建议大家不必一开始就在专业名词上花太多功夫，多实践几次，自然就熟悉了。

7.16.1 计量型控制图的类型

1）单值-移动极差控制图：每次只抽取1个样本进行测量，适用于以下几种情况。

①均匀性材料的生产过程。例如在酒精的生产过程中，每个容器内的酒精浓度都

是相同的，每次测量1个样本即可。

②测量成本很高。例如破坏性测量，由于测量后的产品无法继续使用，考虑成本原因，每次只测量1个样本。

2）均值-极差控制图：每次抽取多个样本（大于1个），一般为4~5个。由于每次抽取的样本有多个，因此，均值-极差控制图发现异常情况的能力要强于单值-移动极差控制图。

3）均值-标准差控制图：每次抽取多个样本（大于1个）。其他情况参见均值-极差控制图的描述。

如果每次抽取的样本数量为2~8个，则均值-极差控制图和均值-标准差控制图都可以使用。如果每次抽取的样本数量大于8个，只能采用均值-标准差控制图。

注意：极差对样本数据的利用率较低。每个样本数据都参与标准差的计算，而只有最大值和最小值参与极差的计算。因此，抽样的样本越多，越不适合采用极差。

4）中位数-极差控制图：每次抽取多个样本（不少于1个），一般为4~5个。与均值-极差控制图的区别在于，采用"中位数"代替"平均值"进行分析。

采用中位数的优点是计算方便，缺点是Minitab软件不支持。这里不做介绍。

7.16.2 单值-移动极差控制图使用范例

一家电子行业公司生产发动机控制单元（ECU，Engine Control Unit），采集25个批次的ECU进行生产过程的评估。

由于针对ECU的测试是破坏性测试且测量成本非常高，每个批次只采集一个样本进行测量，共计25个样本。分析者采用单值-移动极差控制图进行生产过程评估。

基于使用经验，分析者决定采用准则1~准则3进行判异，具体步骤如下：

步骤1：使用Minitab打开单值-移动极差控制图文件"I-MR控制图.mwx"，如图7-34所示。

步骤2：执行"统计>控制图>单值的变量控制图>I-MR（R）"菜单命令，如图7-35所示。

步骤3：在弹出的如图7-36所示对话框界面中，双击左侧的"ECU测量值"选项，选入"变量"信息框中。然后，单击"I-MR选项（P）"，并点击"确定"。

步骤4：在弹出的选项界面（如图7-37所示），点击"检验"。然后，选择"仅执行选定的特殊原因检验"；并勾选前3条准则的复选框并点击"确定"。

步骤5：得到ECU测量值的单值-移动极差控制图，如图7-38所示。

7 DAI动环改进方法论的工具与方法

	C1 ECU测量值
1	11.30
2	11.18
3	12.22
4	11.46
5	10.94
6	10.70
7	11.66
8	11.50
9	10.98
10	10.74
11	11.18
12	11.34
13	11.54
14	10.92
15	11.34
16	11.22
17	10.94
18	10.52
19	10.96
20	11.06
21	10.98
22	11.24
23	11.06
24	11.30
25	10.94

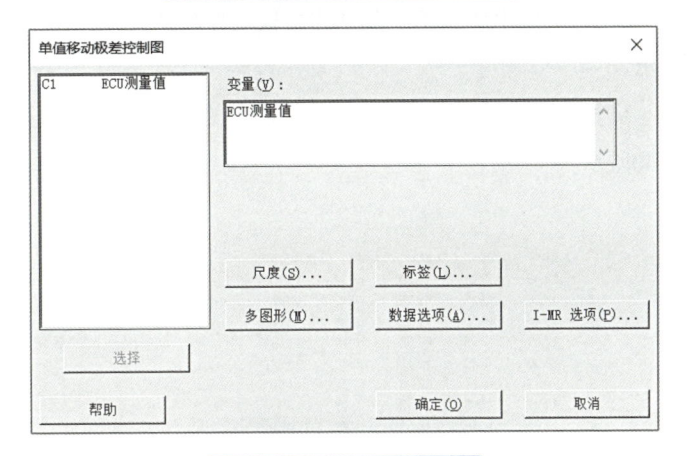

图7-34 "I-MR控制图.Mwx"

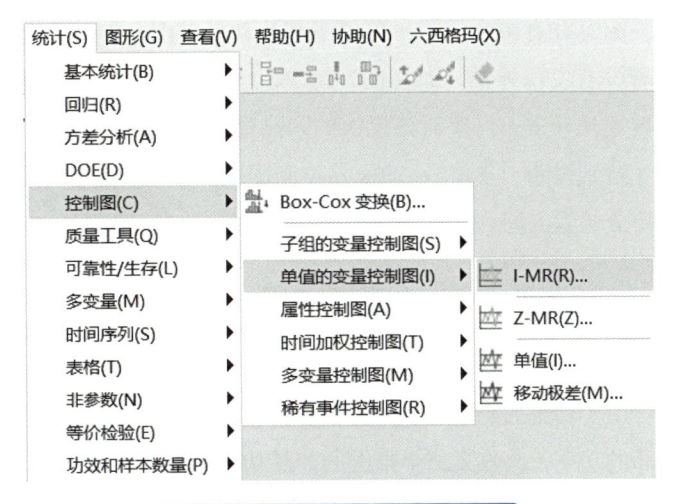

图7-35 "I-MR（R）"菜单命令

图7-36 变量对话框界面

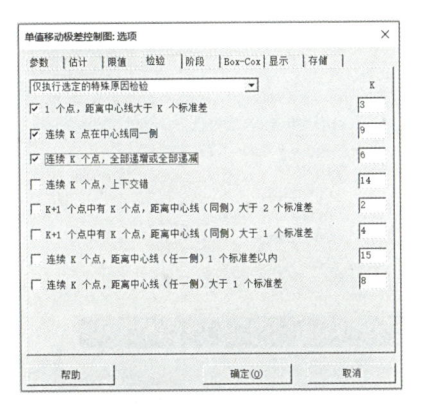

图7-37 "I-MR选项（P）"界面

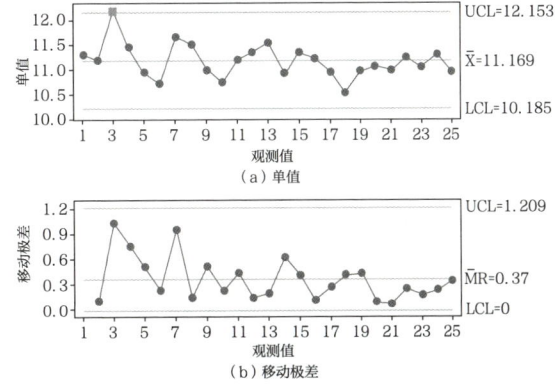

图7-38 ECU测量值的单值-移动极差控制图

151

图7-38有两个子图。单值图和移动极差图。如果两个子图都没有方点[*]，那么意味着没有发现异常。而在图7-38（a）所示的单值图中，第3个点标记为方点，这意味着发现异常，需要对该批次的产品进行原因调查。

特别说明：单值-移动极差控制图只能发现异常，但是不能给出异常的原因，这需要分析者去调查。

7.16.3 均值-极差控制图使用范例

一家电子元器件公司需要测量产品的功率，用以评估过程质量。

由于功率的测试成本较低，分析者决定采用均值-极差控制图。每个批次测量5个产品的功率，共收集25个批次的产品功率。

基于使用经验，分析者决定采用准则1～准则3进行判异，具体步骤如下：

步骤1：使用Minitab 打开均值-极差控制图文件"Xbar-R控制图.mwx"，如图7-39所示。

步骤2：执行"统计>控制图>子组的变量控制图>Xbar-R（B）"菜单命令，如图7-40所示。

	C1	C2	C3	C4	C5	C6
	批次	功率1	功率2	功率3	功率4	功率5
1	1	18.45	18.81	18.28	17.34	16.75
2	2	16.81	19.26	17.28	18.35	18.46
3	3	19.40	19.59	19.17	18.38	18.96
4	4	17.09	17.23	17.08	20.10	19.03
5	5	18.36	16.89	18.12	20.08	19.03
6	6	20.23	18.31	17.38	18.33	17.58
7	7	18.71	17.75	17.42	18.39	17.94
8	8	17.94	16.15	18.61	18.23	18.55
9	9	18.09	18.17	16.35	17.61	16.69
10	10	18.34	19.10	16.96	17.86	17.51
11	11	18.42	16.49	16.74	17.36	18.64
12	12	18.36	18.04	17.20	17.53	17.76
13	13	18.55	18.72	18.71	17.85	17.77
14	14	19.03	19.18	16.16	18.50	17.70
15	15	19.91	16.25	16.73	17.33	18.56
16	16	18.83	18.43	17.31	19.26	18.55
17	17	18.88	18.52	16.85	18.59	18.01
18	18	20.21	18.45	18.61	18.54	17.75
19	19	16.70	18.44	18.50	16.54	18.51
20	20	18.31	18.83	18.46	17.47	19.47
21	21	17.47	18.27	17.03	19.02	17.81
22	22	18.24	18.28	19.44	17.29	16.84
23	23	17.01	18.57	18.61	19.58	17.29
24	24	17.70	16.88	18.77	20.29	17.13
25	25	16.06	18.34	17.11	18.08	19.78

图7-39 "Xbar-R控制图.mwx"

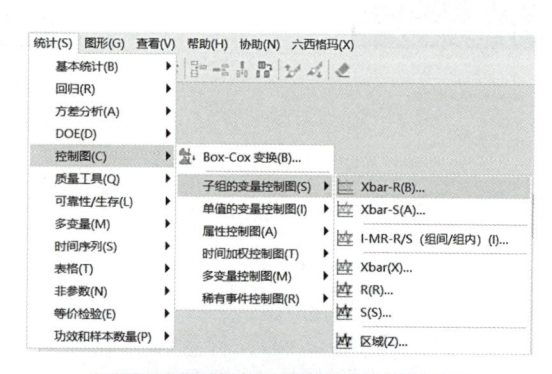

图7-40 "Xbar-R（B）"菜单命令

---

[*] 编者注：软件Minitab显示的异常点是红色。由于印刷原因，本书图将异常点用方点表示。下文同。

步骤3：在弹出的对话框（如图7-41所示）中，选择"子组的观测值位于多列的同一行中："。点击左侧的"功率1"列，按住键盘上的"Shift"键，同时点击左侧的"功率5"列。此时，"功率1-功率5"列都被选中。点击"选择"，然后，点击"Xbar-R选项（P）"并"确定"。

步骤4：在弹出的选项界面（如图7-42所示）中，点击"检验"。然后，选择"仅执行选定的特殊原因检验"。勾选前3条准则的复选框并点击"确定"。

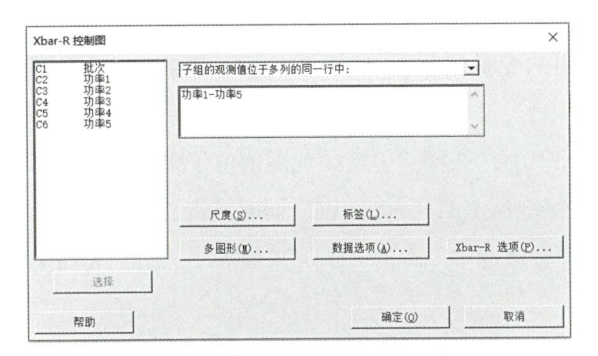

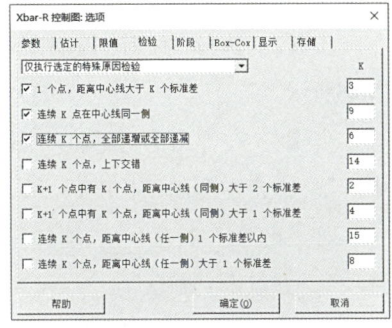

图7-41 "Xbar-R控制图"对话框界面

图7-42 "选项"选项界面

步骤5：得到均值-极差控制图，如图7-43所示。

由图7-42可以得出，均值-极差控制图分为两个图：均值图和极差图。从图7-43可以看出两个图都没有方点，这意味着没有发现过程异常。

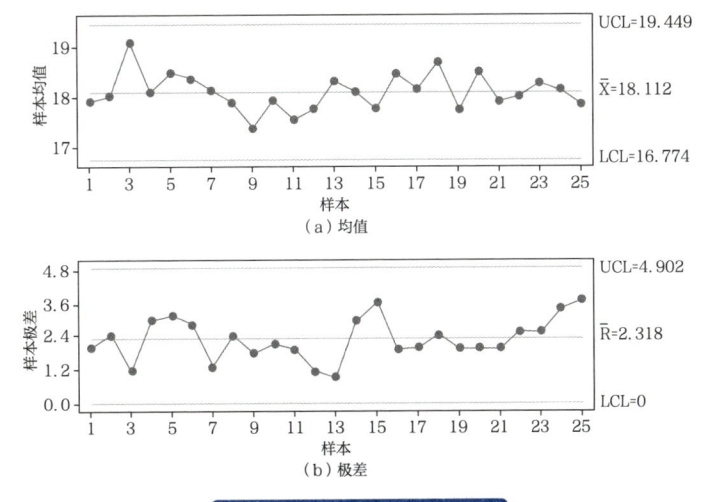

（a）均值

（b）极差

图7-43 均值-极差控制图

7.16.4 均值-标准差控制图使用范例

一家制造行业公司需要对产品的加工长度进行过程状态的评估。由于长度的测量成本很低，分析者决定采用均值-标准差控制图。每个批次测量10个产品的长度，共收集25个批次的产品长度数据。

基于使用经验，分析者决定采用准则1~准则3进行判异，具体步骤如下：

步骤1：使用Minitab打开均值-标准差控制图文件"Xbar-S控制图.mwx"，如图7-44所示。

步骤2：执行"统计>控制图>子组的变量控制图>Xbar-S（A）"菜单命令，如图7-45所示。

步骤3：在弹出的对话框（图7-46）中，选择"子组的观测值位于多列的同一行中："。点击左侧的"长度1"列，按住键盘上的"shift"键，同时点击左侧的"长度10"列。此时，"长度1~长度10"列都会被选中。点击"选择"，然后，点击"Xbar-S选项"，并点击"确认"。

批次	功率1	功率2	功率3	功率4	功率5
1	18.45	18.81	18.28	17.34	16.75
2	16.81	19.26	17.28	18.35	18.46
3	19.40	19.59	19.17	18.38	18.96
4	17.09	17.23	17.08	20.10	19.03
5	18.36	16.89	18.12	20.08	19.03
6	20.23	18.31	17.38	18.33	17.58
7	18.71	17.75	18.42	18.39	17.39
8	17.94	16.15	18.61	18.23	18.55
9	18.09	18.17	16.35	17.61	16.69
10	18.34	19.10	16.96	17.86	17.51
11	18.42	16.69	16.74	17.36	18.64
12	18.36	18.04	17.20	17.53	17.76
13	18.55	18.72	18.71	17.85	17.77
14	19.03	19.18	16.16	18.50	17.70
15	19.91	16.25	16.73	17.33	18.66
16	18.83	18.43	17.31	19.26	18.55
17	18.88	18.52	16.85	18.59	18.01
18	20.21	18.45	18.61	18.54	17.75
19	16.70	18.44	18.50	16.54	18.51
20	18.31	18.83	18.46	17.47	19.47
21	17.47	18.27	17.03	19.02	17.81
22	18.24	18.28	19.44	17.29	16.84
23	17.01	18.57	18.61	19.58	17.58
24	17.70	16.88	18.77	20.29	17.13
25	16.06	18.34	17.11	18.08	19.78

图7-44 "Xbar-S控制图.mwx"

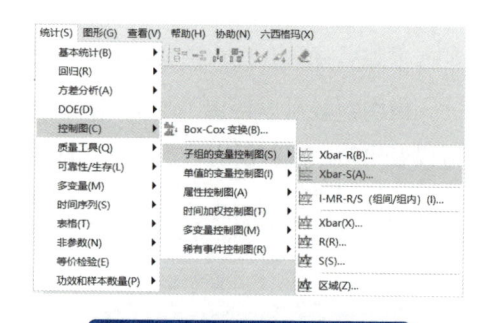

图7-45 "Xbar-S"菜单命令

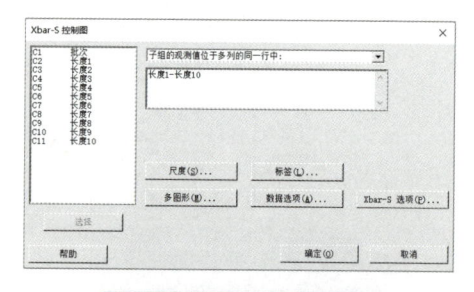

图7-46 "Xbar-S"控制图

步骤4：在弹出的选项界面（图7-47）中，点击"检验"。然后，选择"仅执行选定的特殊原因检验"。勾选前3条准则的复选框并点击"确认"。

步骤5：得到均值-标准差控制图，如图7-48所示。

由图7-48可以得出，均值-标准差控制图分为两个子图：均值图和标准差图。由图7-48可以看出，两个图都没有方点，这意味着没有发现过程异常。

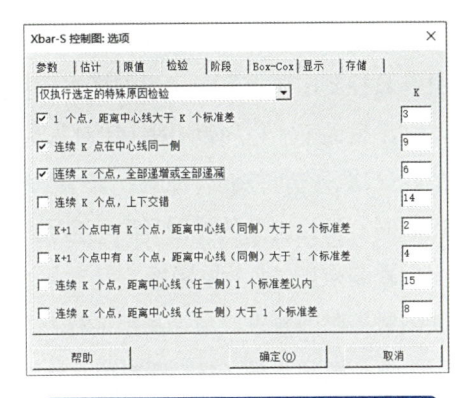

图7-47 "Xbar-S控制图"选项界面

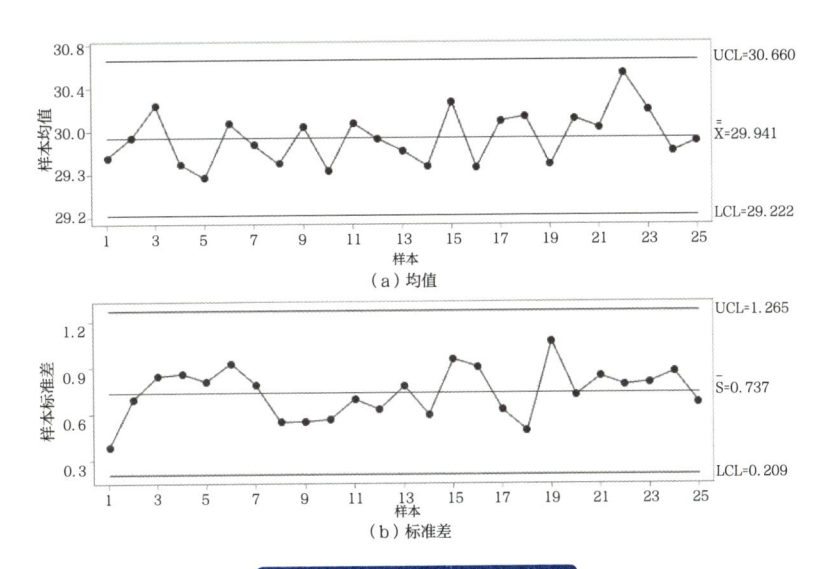

图7-48 均值-标准差控制图

7.17 计数型控制图

7.17.1 计数型控制图的类型

计数型控制图有4种类型，具体如下。

不良品数（NP）控制图：针对每次抽样的"不良品数量"进行控制。注意：不良品数控制图要求每个子组的样本数量相等，即每次抽样的样本量需相同。

不良品率（P）控制图：针对每次抽样的"不良品比率"（不良品数量占抽样总数的百分比）进行控制。注意：每个子组的样本数量可以不等，即每次抽样的样本量可以不同。该控制图的控制界限不是直线，而是"凹凸"的形状。

缺陷点数（C）控制图：针对每次抽样的"缺陷点数量"进行控制。注意事项：缺陷数控制图要求，每个子组的样本数量相等，即每次抽样的样本量需相同。

单位缺陷点数（U）控制图：针对每次抽样的"标准单位的缺陷点数量"进行控制。注意事项：每个子组的样本数量可以不等，即每次抽样的样本量可以不同。该控制图的控制界限不是直线，而是"凹凸"的形状。

上述4种控制图有一个共同的要求：抽样子组的（平均）不良品数/缺陷点数要大于或者等于5，否则不能采用这几种控制图。同时，对于上述4种控制图，在Minitab中，可选的"判异准则"只有准则1～准则4。通常采用准则1就足够了。

7.17.2　不良品数控制图使用范例

一家日用品公司生产塑料胶棒，需要对不良品数量进行监控。

每天检查1 000个塑料胶棒，共收集25天的数据，并对不良品的数量进行统计，分析者决定采用不良品数控制图进行监控。

基于使用经验，分析者决定采用准则1进行判异，具体步骤如下。

步骤1：使用Minitab打开不良品数控制图文件"NP控制图.mwx"，如图7–49所示。

步骤2：执行"统计>控制图>属性控制图>NP（N）"菜单命令，如图7–50所示。

步骤3：在弹出的对话框（图7–51）中，双击左侧的"不合格品数"列，选入"变量"信息框中。点击左侧"子组大小"双击左侧的"样本子组"，选入"子组大小"信息框中。然后，点击"NP控制图选项"并点击"确定"。

步骤4：在弹出的选项界面（图7–52）中，点击"检验"。然后，选择"仅执行选定的特殊原因检验"；选中第1条准则的复选框并点击"确定"。

步骤5：得到不良品数控制图，如图7–53所示。

由图7–53可以看出，不良品数控制图只有一个图形。如果图形中没有方点，那么意味着没有发现异常。由图7–53可以看出，本项测量无异常。

↓	C1	C2
	样本子组	不合格品数
4	1000	10
5	1000	35
6	1000	30
7	1000	25
8	1000	15
9	1000	10
10	1000	30
11	1000	20
12	1000	10
13	1000	30
14	1000	31
15	1000	15
16	1000	35
17	1000	22
18	1000	25
19	1000	20
20	1000	35
21	1000	35
22	1000	10
23	1000	15
24	1000	30
25	1000	20

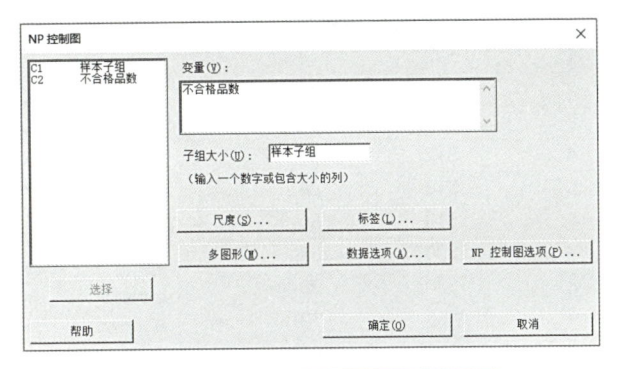

图7-49 "NP控制图.mwx"

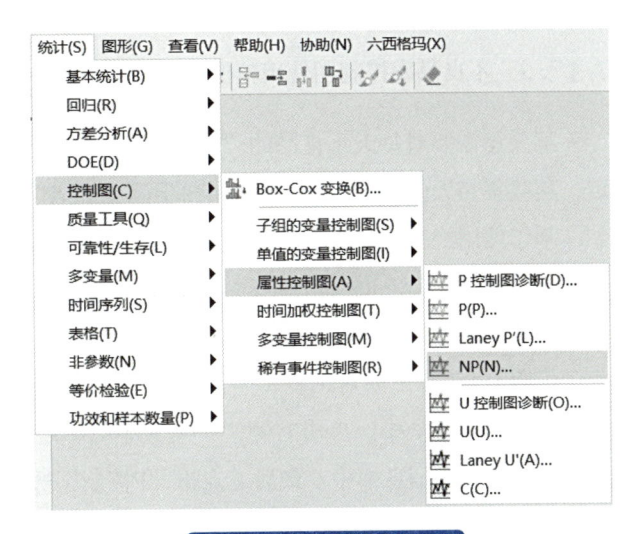

图7-50 "NP"菜单命令

图7-51 "NP控制图"对话框界面

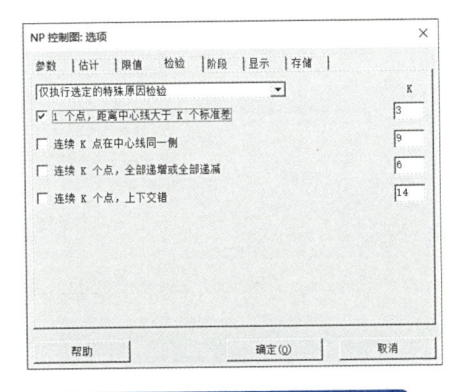

图7-52 "NP控制图"选项界面

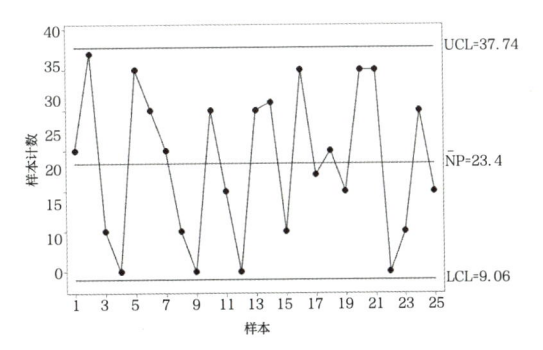

图7-53 不良品数控制图

7.17.3 不良品率控制图使用范例

某公司需要对每天不良品的"当天处理率"进行监控。每天的不良品总数量不固定，共收集25天的数据。分析者决定采用不良品率控制图进行监控。

基于使用经验，分析者决定采用准则1进行判异，具体步骤如下。

步骤1：使用Minitab打开不良品率控制图文件"P控制图.mwx"，如图7-54所示。

步骤2：执行"统计>控制图>属性控制图>P（P）"菜单命令，如图7-55所示。

步骤3：在弹出的对话框（图7-56）中界面，双击左侧的"当天处理数量"，选入"变量"信息框中。点击右侧"子组大小"；双击左边的"当天不良总数"列，选入"子组大小"信息框中。最后，点击"P控制图选项（P）"并点击"确定"。

	C1	C2
	当天不良总数	当天处理数量
1	502	78
2	514	81
3	520	81
4	512	81
5	518	84
6	518	66
7	500	63
8	520	90
9	508	72
10	506	81
11	502	45
12	508	60
13	502	72
14	512	93
15	510	66
16	498	63
17	514	66
18	504	63
19	516	60
20	504	90
21	498	81
22	530	93
23	510	75
24	512	69
25	524	63

图7-54 "P控制图.mwx"

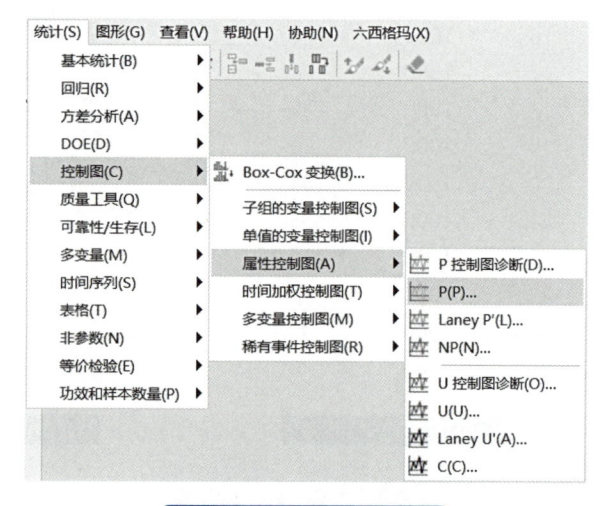

图7-55 "P（P）菜单命令"

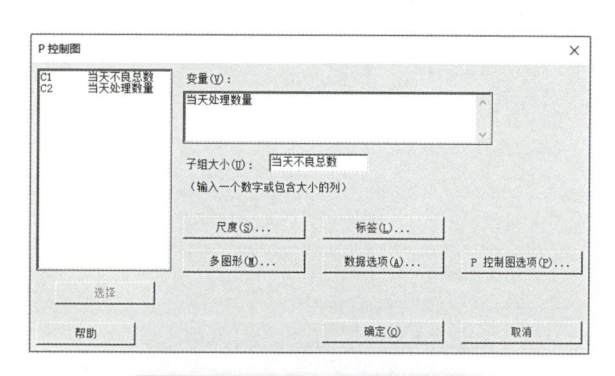

图7-56 "P控制图"对话框界面

步骤4：在弹出的选项界面（图7-57）中，点击"检验"。然后，选择"仅执行选定的特殊原因检验"，选中第1条准则的复选框并点击"确定"。

步骤5：得到不良品率控制图（图7-58）。

由图7-58得出不良品率控制图只有一个图形。如果图形中没有方点，那么意味着没有发现异常。由图7-58可以看出，第11个点超出（下）控制界限，这意味着"当天处理率"较低，需要调查原因。

由于每个子组的样本数量不同，控制界限不是直线，因此可以看见，图7-58中的控制界限呈"凹凸"形状。

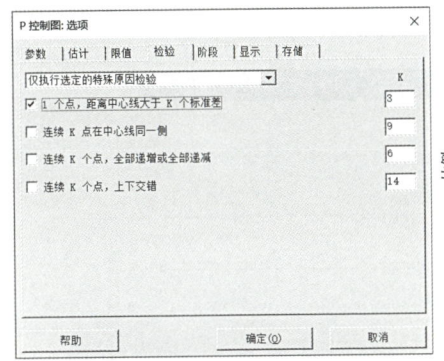

图7-57 "P控制图"选项界面

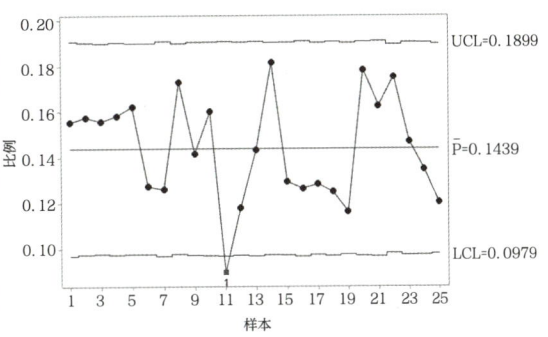

图7-58 不良品率控制图

7.17.4 缺陷点数控制图使用范例

一家制造行业公司需要对"注塑件黑点数"进行监控，每天检查500件相同型号的注塑件并记录黑点数，共收集25天的数据。分析者决定采用缺陷数控制图进行监控。

基于使用经验，分析者决定采用准则1进行判异，具体步骤如下。

步骤1：使用Minitab打开缺陷点数控制图文件"C控制图.mwx"，如图7-59所示。

步骤2：执行"统计>控制图>属性控制图>C（C）"菜单命令，如图7-60所示。

步骤3：在弹出的对话框（图7-61）中界面，双击左侧的"注塑件黑点数"列，选入"变量"信息框中。然后，点击"C控制图选项"并点击"确定"。

步骤4：在弹出的选项界面（图7-62），点击"检验"。然后，选择"仅执行选定的特殊原因检验"；选中第1条准则的复选框并点击"确定"。

步骤5：得到缺陷点数控制图，如图7-63所示。

↓	C1 注塑件黑点数
1	15
2	15
3	15
4	13
5	8
6	16
7	19
8	8
9	13
10	16
11	9
12	11
13	14
14	10
15	14
16	11
17	11
18	10
19	9
20	7
21	13
22	15
23	19
24	12
25	8

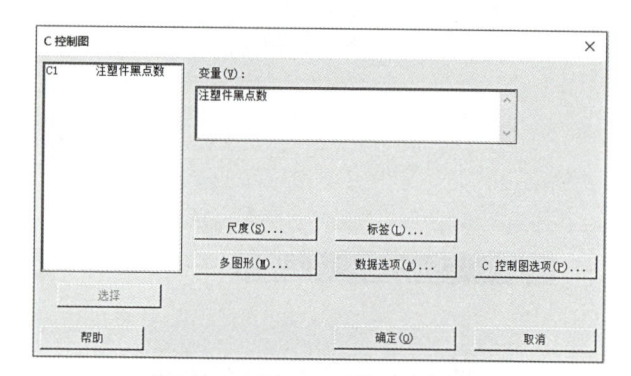

图7-59 "C控制图.mwx"

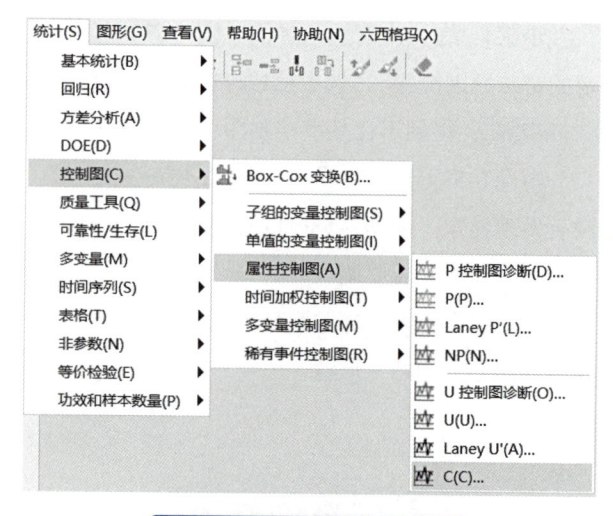

图7-60 "C(C)"菜单命令

图7-61 "C控制图"对话框界面

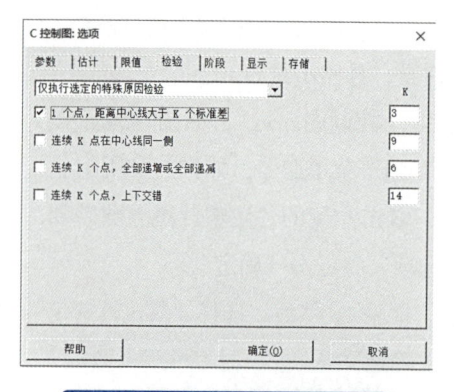

图7-62 "C控制图"选项界面

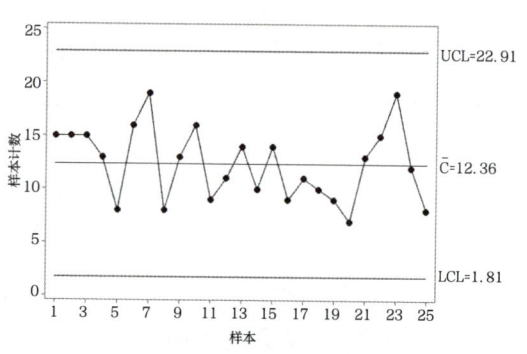

图7-63 缺陷点数控制图

输出结果解释：缺陷数控制图只有一个图形。如果图中没有方点，那么意味着没有发现异常。由图7-63可以看出，本次检测无异常。

7.17.5 单位缺陷点数控制图使用范例

一家公司需要对每天产品表面的"磕碰伤数量"进行监控（产品的表面积不同）。

记录产品的表面积和磕碰伤数量，共收集25天的数据。分析者决定采用单位缺陷点数控制图进行监控。

基于使用经验，分析者决定采用准则1进行判异，具体步骤如下。

步骤1：使用Minitab打开单位缺陷点数控制图文件"U控制图.mwx"，如图7-64所示。

步骤2：执行"统计>控制图>属性控制图>U（U）"菜单命令，如图7-65所示。

步骤3：在弹出的对话框（图7-66）中界面，双击左边的"磕碰伤数量"列，选入"变量"信息框中。点击右侧"子组大小"，双击左侧的"产品表面面积"，选入"子组大小"信息框中。然后，点击"U控制图选项"并点击"确定"。

	C1 产品表面面积	C2 磕碰伤数量
1	36.0	10
2	45.0	6
3	36.0	10
4	48.0	10
5	36.0	8
6	45.0	14
7	45.0	36
8	36.0	16
9	46.5	10
10	37.5	8
11	36.0	12
12	39.0	12
13	45.0	18
14	40.5	8
15	45.0	10
16	36.0	8
17	40.5	14
18	37.5	6
19	48.0	14
20	40.5	20
21	39.0	10
22	48.0	16
23	48.0	10
24	45.0	8
25	34.5	4

图7-64 "U控制图.mwx"

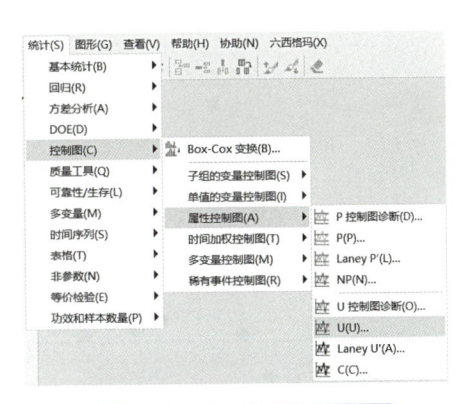

图7-65 "U（U）"菜单命令

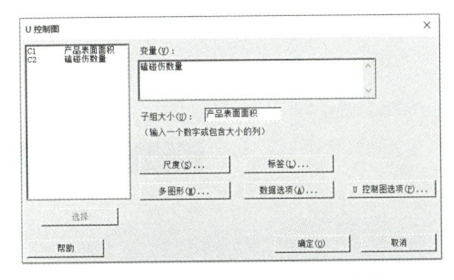

图7-66 "U控制图"对话框界面

步骤4：在弹出的选项界面（如图7-67所示）中，点击"检验"。然后，选择"仅执行选定的特殊原因检验"；选中第1条准则的复选框并点击"确定"。

步骤5：得到单位缺陷点数控制图，如图7-68所示。

输出结果解释：单位缺陷数控制图只有一个图形。如果图形没有方点，那么意味着没有发现异常。由图7-68可以看出，第7个点超出（上）控制界限，这意味着"磕碰伤数量"异常得高，需要调查原因。

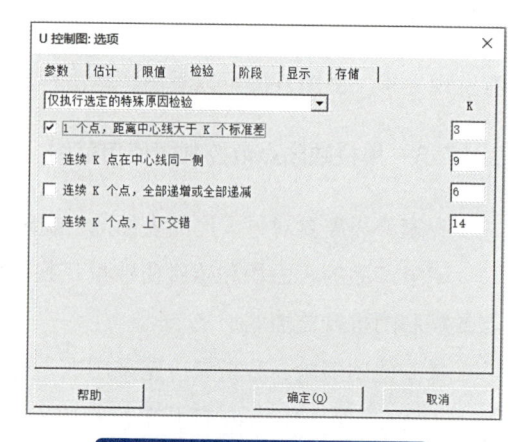

图7-67 "U控制图"选项界面

由于每个子组的样本数量（表面积）不同，图7-68中的控制界限不是直线，而是呈现"凹凸"形状。

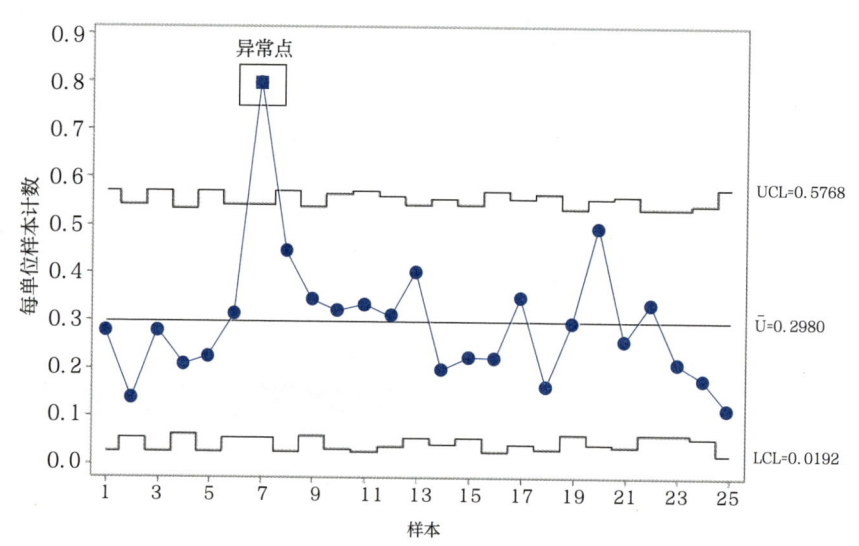

注：使用不相等样本量进行的检验

图7-68 单位缺陷点数控制图

7.18 排列图

7.18.1 什么是排列图

很多资料将排列图称为"柏拉图",这种描述是Pareto音译而成,并不是合适的中文描述。合理的描述应该是"排列图",故本书采用排列图。

1897年意大利经济学家帕累托(Pareto)提出一个公式,指出社会上人们的收入分布是不均等的。1907年,美国经济学家洛伦兹用图表形式提出了类似的理论。两位学者都指出大部分社会财富掌握在少数人手里,20%的人占据了80%的财富,俗称"二八原则"。

美国质量管理专家朱兰(Juran)把"二八原则"应用于质量管理领域中。他发现,影响产品质量最关键的因素往往只有少数几项,但由它们造成的不合格产品却占总不良数的绝大部分。即:"关键少数,次要多数",20%的不良(缺陷)因素占据了总不良数的80%。基于此,排列图通过对不良(缺陷)的分类汇总来查找影响产品质量的关键因素。

例如,根据图7-69所示结果,我们可以发现,"弯曲""裂纹"和"砂眼"超过了总不良数的80%,需要进行改善。

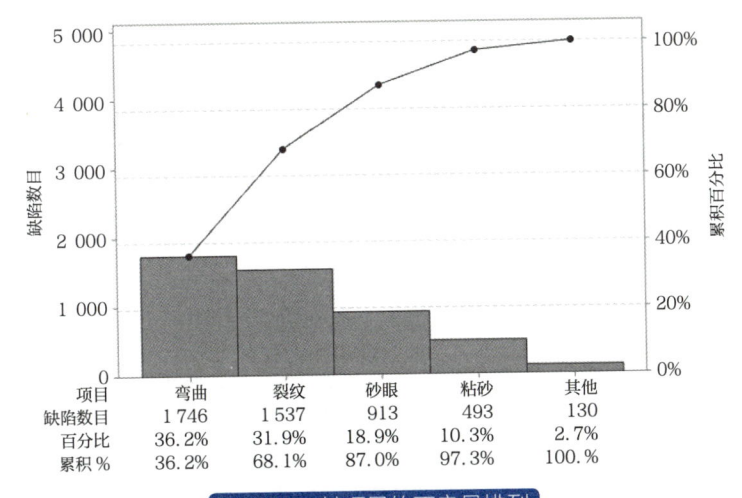

项目	弯曲	裂纹	砂眼	粘砂	其他
缺陷数目	1 746	1 537	913	493	130
百分比	36.2%	31.9%	18.9%	10.3%	2.7%
累积 %	36.2%	68.1%	87.0%	97.3%	100.%

图7-69 某项目的不良品排列

7.18.2 何时使用排列图

持续改进要循序渐进,不能"胡子眉毛一把抓"。通过排列图描述现状寻找"关键的少数",将它们作为持续改进的目标。集中有限的资源,优先把发生率高的不良(缺陷)比例降低,还能够达到事半功倍的效果。

7.18.3 使用排列图的注意事项

1)因素分类如下。

主要因素(A类因素):0~80%;

次要因素(B类因素):80%~90%;

一般因素(C类因素):90%~100%;

2)主要因素不宜太多,不应超过3项,否则就失去了捕捉"少数"的本意。

3)若有大量的不良(缺陷)因素占比很低,可将它们并入"其他"项。

4)应该将"其他"项放在最后显示。

5)制订数据收集计划时,应考虑分层。

6)针对不同的分层状态,可以绘制不同的排列图,加以比较,以提供更多信息。

7.18.4 排列图的使用范例

某公司的产品由甲车间和乙车间两个车间生产,甲车间和乙车间各有10台P60设备和10台P90设备,用来生产该产品。为了降低产品的不良率,该公司制订了数据收集计划,收集一个月的不良品信息,汇总后的数据见表7-9。

表7-9 某公司一个月内的不良品信息

不良因素	不良品数量/件	车间	设备类型
跳动超差	109	甲	P90型
单边不良	24	甲	P90型
磕碰伤	9	甲	P90型
粗糙度超差	12	甲	P90型
小外圆超差	66	甲	P90型
大外圆超差	22	甲	P90型
跳动超差	95	乙	P90型
单边不良	35	乙	P90型

续表

不良因素	不良品数量/件	车间	设备类型
磕碰伤	17	乙	P90型
粗糙度超差	9	乙	P90型
小外圆超差	3	乙	P90型
大外圆超差	12	乙	P90型
跳动超差	161	甲	P60型
单边不良	12	甲	P60型
磕碰伤	11	甲	P60型
粗糙度超差	17	甲	P60型
小外圆超差	16	甲	P60型
大外圆超差	16	甲	P60型
跳动超差	148	乙	P60型
单边不良	37	乙	P60型
磕碰伤	12	乙	P60型
粗糙度超差	13	乙	P60型
小外圆超差	15	乙	P60型
大外圆超差	17	乙	P60型

采用Minitab绘制排列图，如图7-70所示。这里，直接对"不良品数量"绘制排列图，未考虑"车间"和"设备类型"的影响。

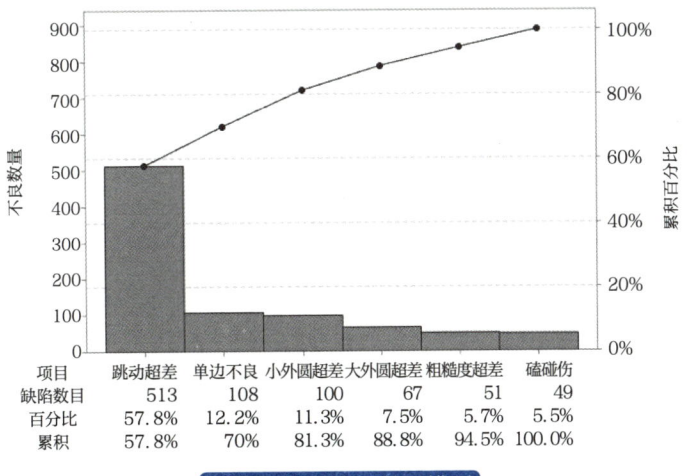

项目	跳动超差	单边不良	小外圆超差	大外圆超差	粗糙度超差	磕碰伤
缺陷数目	513	108	100	67	51	49
百分比	57.8%	12.2%	11.3%	7.5%	5.7%	5.5%
累积	57.8%	70%	81.3%	88.8%	94.5%	100.0%

图7-70 不良品数量排列

输出结果解释：可以发现，不良因素有6项，但是，引发不良的主要因素（A类因素）是3项。它们分别是跳动超差（57.8%）、单边不良（12.2%）、小外圆超差（11.3%），这3项不良累积的百分比为81.3%。

排列图可以帮助项目成员选定项目。从图7-70可以看出，持续改进项目组应该优先改善"跳动超差"，设法将其占比量降低50%以上；然后考虑改善对"单边不良"和"小外圆超差"进行改善。

7.18.5 绘制排列图的操作步骤

步骤1：将数据输入Minitab工作表，或者直接使用Minitab打开文件"排列图.mwx"，"排列图.mwx"的数据界面如图7-71所示。

步骤2：执行"统计>质量工具>Pareto图"菜单命令，如图7-72所示。

	C1-T	C2	C3-T	C4-T
	不良因素	不良数量	车间	设备类型
1	跳动超差	109	甲	P90型
2	单边不良	24	甲	P90型
3	磕碰伤	9	甲	P90型
4	粗糙度超差	12	甲	P90型
5	小外圆超差	66	甲	P90型
6	大外圆超差	22	甲	P90型
7	跳动超差	95	乙	P90型
8	单边不良	35	乙	P90型
9	磕碰伤	17	乙	P90型
10	粗糙度超差	9	乙	P90型
11	小外圆超差	3	乙	P90型
12	大外圆超差	12	乙	P90型
13	跳动超差	161	甲	P60型
14	单边不良	12	甲	P60型
15	磕碰伤	11	甲	P60型
16	粗糙度超差	17	甲	P60型
17	小外圆超差	16	甲	P60型
18	大外圆超差	16	甲	P60型
19	跳动超差	148	乙	P60型
20	单边不良	37	乙	P60型
21	磕碰伤	12	乙	P60型
22	粗糙度超差	13	乙	P60型
23	小外圆超差	15	乙	P60型
24	大外圆超差	17	乙	P60型

图7-71 "排列图.mwx"数据界面

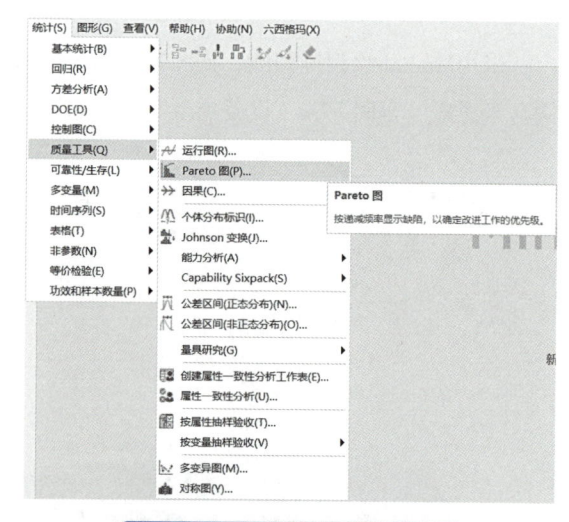

图7-72 "Pareto图"菜单命令

步骤3：在弹出的对话框（如图7-73所示）界面，进行如下操作：

双击"C1 不良因素"，选入"缺陷或属性数据在"信息框中；双击"C2不良数量"，选入"频率位于"信息框中。

点击单选项"超过此百分比后将剩余缺陷合并为一个类别"，在其右侧输入框输入95，表示超过95%的不良因素将被合并为"其他"。

点击单选项"不合并"，意味着所有的不良因素，都会被显示在图形中。

这里建议选择"超过此百分比后将剩余缺陷合并为一个类别"，避免图形中出现太多（出现比率很低）的不良因素，影响分析者的判断。

完成上述操作后，点击"确定"。如下图7-73所示：

得到排列图如图7-74所示，可以发现，引发不良的主要因素（A类因素）有3项。分别是跳动超差（57.8%）、单边不良（12.2%）、小外圆超差（11.3%）。3项不良累积

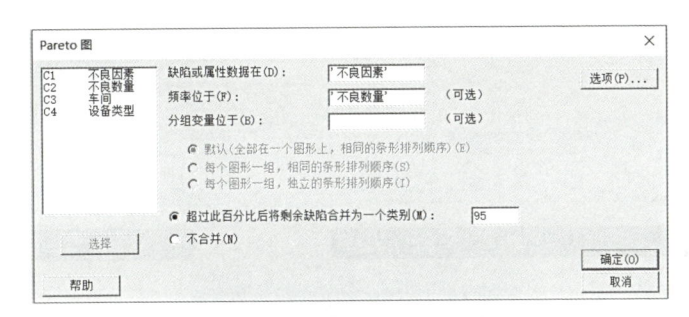

图7-73 Pareto图对话框界面

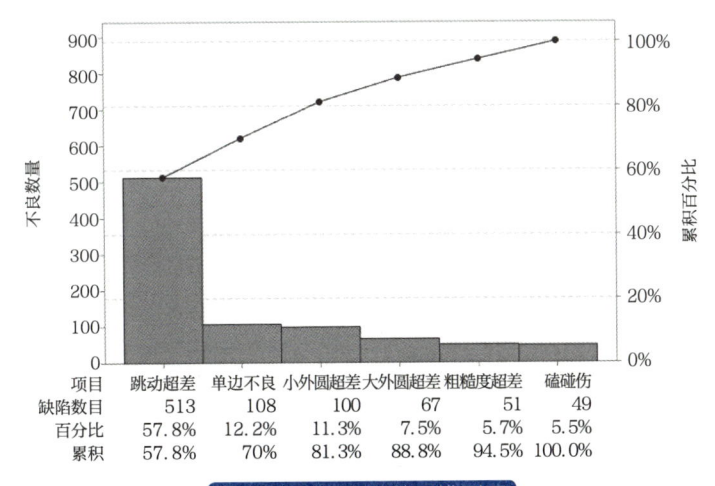

图7-74 不良品数量排列图

的不良百分比为81.3%。应该集中精力，优先改善"跳动超差"，然后是"单边不良"和"小外圆超差"。

可以双击图形，或者把鼠标放在图形区域，点击鼠标右键，选择编辑图形，如图7-75所示。

进入"编辑图形"界面后，可以双击纵坐标，根据需要在"尺度"中输入（期望）显示的刻度值。例如"0 150 300 450 600 750 900"，注意：数值之间使用空格隔开。"编辑尺度"界面如图7-76所示。

点击"确定"后得到编辑尺度后的排列图，如图7-77所示。

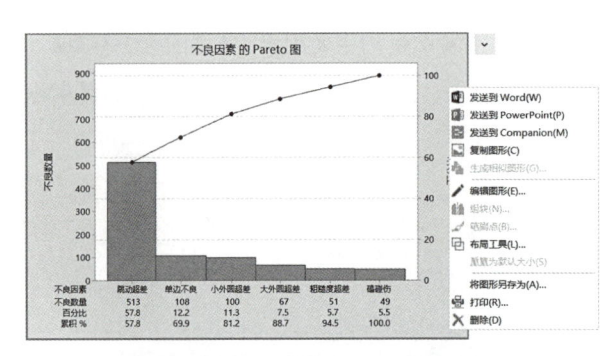

图7-75 排列图"编辑图形"操作界面

图7-76 "编辑尺度"界面

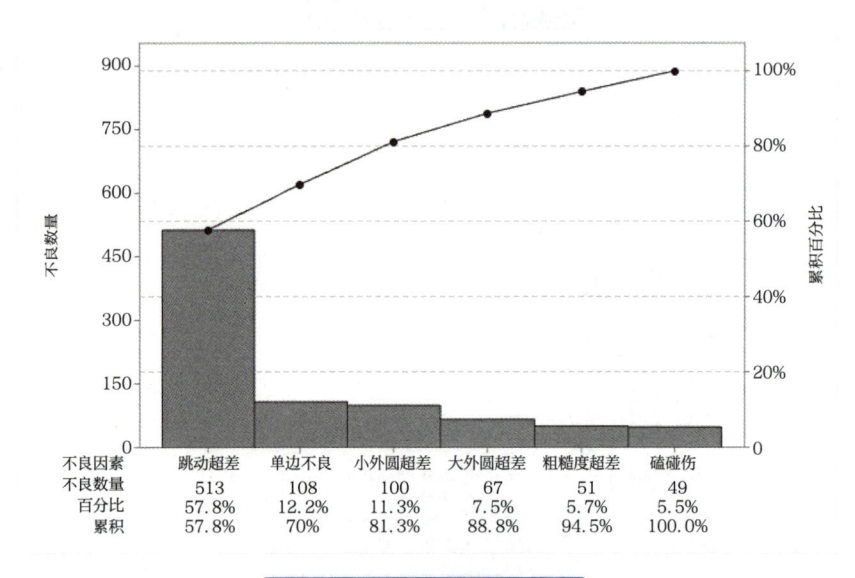

图7-77 编辑尺度后的排列图

7.19 直方图

7.19.1 什么是直方图

直方图是一种非常有用的统计图表，使用一系列的条形来表示一组连续数值的分布情况。每个条形有左边的端点和右边的端点，例如图7-78所示的直方图中第一个条形左边的端点是472.5，右边的端点是477.5。一系列条形的横坐标通常代表数据分布的各个区间，纵坐标代表数据落在每个区间的数量。例如图7-73中第一个条形的纵坐标显示值为1，表示分布在472.5～477.5的数据的数目为1。同时我们可以看出数据的分布范围为472.5～537.5，分布在492.5～497.5的数据的数目最多，有24个。图7-78所示直方图大体上是一个左右对称的分布。

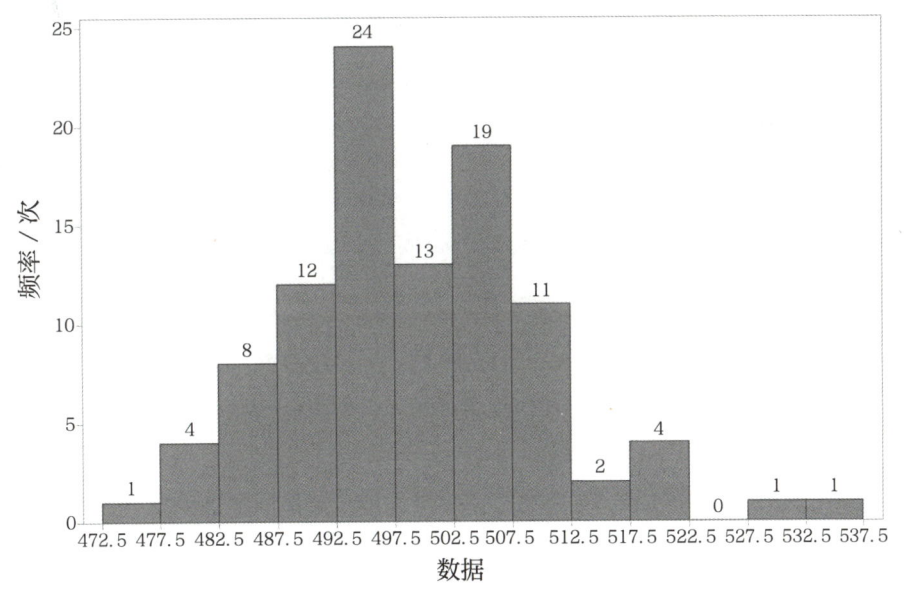

图7-78 直方图示例

7.19.2 何时使用直方图

直方图是最常用的一种统计图形，通常是用来观察连续数据（参照第6.3节的数据观部分）的分布特点。属性的数据不能使用直方图，例如缺陷A、缺陷B这种文本型表示事物属性的数据，通常不能使用直方图。还有不良品的数量，例如1个、2个、3个……这类数据是属于整数，任意两个数字之间不能无限细分，通常不适合使用直方图。从直方图可以看出一组数据的特点，例如它的最小值、最大值、中心值、每个区间包含的数据量、数据比较集中的区间、数据的形状（数据是否围绕平均值对称，集中还是分散，是否存在异常的数据）等特点。

7.19.3 直方图的使用范例

例如我们采集了100个硬盘读取时延数据，以ms为单位，见表7-10。如果想了解其分布特点，可以通过直方图来分析，这里不展示。

表7-10 100个硬盘数读取时延数据/ms

534.43	503.22	512.02	495.37	480.18	513.36	483.7	496.94	485.71	507.77
504.41	511.67	511.11	490.43	520.5	502.24	514.84	500.63	485.99	507
479.52	499.76	495.58	518.15	491.41	495.48	499.9	491.51	502.54	510.22
509.39	503.9	480.93	493.32	493.17	492.42	510.94	527.78	499.58	499.79
489.43	504.58	496.23	506.46	503.17	505.45	502.9	501.66	505.88	493.09
497.33	498.92	497.29	475.24	508.4	492.67	494.92	490.21	492.44	503.03
510.4	485.82	509.4	503.95	487.54	484.55	493.86	500.94	508.19	496.08
499.58	505.06	520.19	505.87	493.41	500.32	500.76	496.53	493.45	487.66
494.59	507.36	481.64	493.76	484.68	495.54	503.83	495.89	494.75	504.97
495.59	484.94	489.17	491.46	519.43	494.17	499.18	486.28	491.5	506.64

步骤1：我们将表7-10的数据输入Minitab，注意：建议将所有数据输入同一列，如图7-79所示；或者直接使用Minitab打开文件"直方图.mwx"。

步骤2：执行"图形>直方图（H）"菜单命令，如图7-80所示。

步骤3：在弹出的对话框中选择"简单"，如图7-81所示。

步骤4：双击左边的"数据"，选入"图形变量"信息框中，并点击"确定"。如图7-82所示。

Minitab绘制的直方图如图7-83所示，可以看出这100个硬盘的读取时延最小值小于480ms，最大值大于530ms。（最左边和最右边的条形的横坐标暂没有显示）；从分布上来看，数据大致上是左右对称的，有可能是属于正态分布。正态分布也称"常态分布"，又名"高斯分布"，其特点是数据分布左右对称，两头低、中间高，平均值处数据出现的频率最高，像个钟形，它是最常见的一种分布。自然界大部分数据是符合正态分布的，例如婴儿自然分娩的天数、同一年龄段男性的身高、体重等。但要注

7 DAI动环改进方法论的工具与方法

数据
534.43
504.41
479.52
509.39
489.43
497.33
510.40
499.58
494.59
495.59
503.22
511.67
499.76
503.90
504.58
498.92
485.82
505.06
507.36
484.94

图7-79 Minitab输入数据示例（部分数据）

图7-80 "直方图"菜单命令

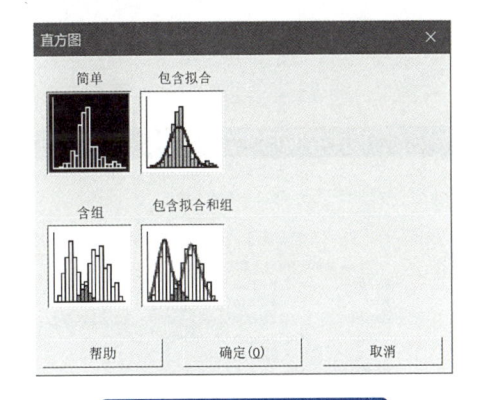

图7-81 "简单"操作界面

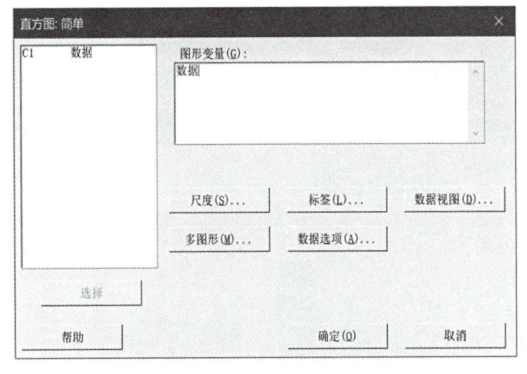

图7-82 直方图简单项操作界面

意，并非所有的数据都属于正态分布，也可能属于二项分布、泊松分布、韦伯分布、指数分布等。数据具体符合哪种分布，可以在Minitab中进一步判断。

如果想修改横坐标显示的刻度值，可以双击横坐标，会弹出"编辑图形"的对话框，我们再一次双击横坐标，会再次弹出一个对话框，我们在新的对话框中，选择

171

"刻度位置"，并且在其中标识需要的刻度数据。操作界面如图7-82所示。

例如输入数据"472.5 477.5 482.5 487.5…"，注意数值之间使用空格隔开。点击"确定"后，则输出的图形结果如图7-84所示。

从图7-85可以看出，472.5~477.5包含1个数据，477.5~482.5包含4个数据，532.5~537.5包含1个数据。

我们还可以进一步计算数据的最小值、最大值、标准差等统计量，如步骤5所示。

步骤5：我们可以在"统计"菜单下点击"基本统计"点击"显示描述性统计量"，如图7-86所示。

步骤6：然后双击图7-87左边的"数据"，将其选入"变量"信息框中，然后点击"确定"。

输出结果如表7-11所示。

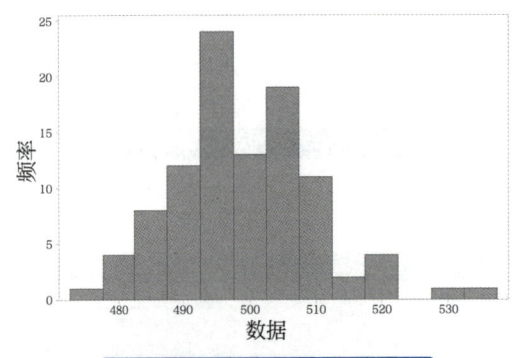

图7-83 Minitab绘制的直方图

图7-84 直方图修改横坐标刻度操作界面

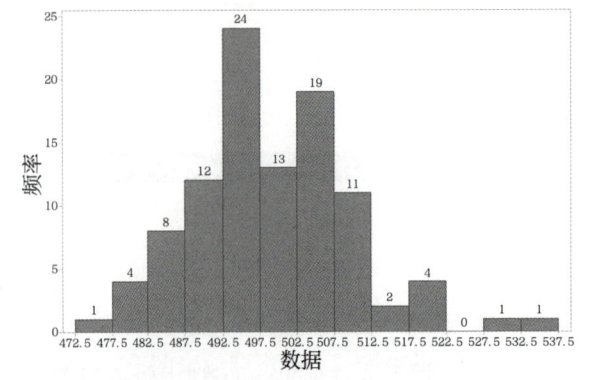

图7-85 修改横坐标刻度后的直方图

图7-86 图形化汇总操作一级菜单

表7-11 数据描述性统计结果

N	N*	均值	均值标准误差	标准差	最小值	下四分位数	中位数	上四分位数	最大值
100	0	499.15	1.06	10.58	475.24	492.50	499.05	505.77	534.43

注：N表示数据列中有数据的个数，N*表示数据列中无数据的个数

由表7-11可以看出，这100个硬盘读取时延的平均值是499.15ms，最小值是475.24ms，最大值是534.43ms，中位数是499.05ms，标准差是10.58ms。

除了想看到直方图外，我们还想同时看到统计量，那么依次点击"统计"中的"基本统计"的"图形化汇总"，如图7-88所示。

图7-87 描述性统计量操作

图7-88 "图形化汇总"操作一级菜单

然后在弹出的对话框中将"数据"选入"变量"信息框中，如图7-89所示。

得到带有统计信息的直方图，如图7-90所示。

图7-90不仅可以了解数据的特点、最小值、最大值，以及数据的形状，还可以得到很多的信息，例如可以看见P=0.506，如果$P>0.05$，则表示数据的总体是符合正态分布的。另外可以看到数据的均值、标准差、方差、最小值、最大值、中位数等信息。

7.19.4 直方图的使用误区

1）把条形图（柱状图）和直方图混淆。请见范例提醒1。

2）绘制时样本量太少。通常样本大于20时，直方图效果才会较好。

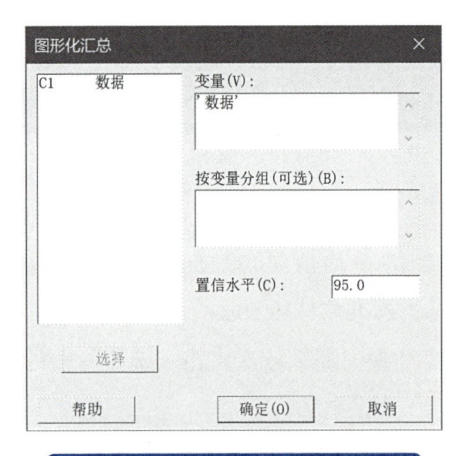

图7-89 图形化汇总操作二级菜单

图7-90 带有统计信息的直方图

3）绘制时条形图的区间分得太少或者太多。

4）没有经过正态性检验，仅仅凭图形的外观来判断数据的总体是否正态分布。请见范例提醒2。

范例提醒1：直方图与条形图的区别

直方图的横坐标通常是连续型的数据，代表数据分布的各个区间，条形与条形之间是没有间隙的。而条形图的横坐标通常是文本型数据。条形与条形之间是有间隙的。

例如表7-12所示的退货数据，其中一列是文本型数据（例如日期），因此更合适绘制条形图。

表7-12 退货数据示例

时间	退货数据	时间	退货数据
2019年1月	2418	2019年7月	2410
2019年2月	2339	2019年8月	2326
2019年3月	2243	2019年9月	2134
2019年4月	2213	2019年10月	2230
2019年5月	2451	2019年11月	2456
2019年6月	2383	2019年12月	2470

通过Minitab "图形" 中的 "条形图" 菜单可以得到图7-91所示的退货数据条形图。

注意到，条形图的横坐标是文本数据，而且各个条形之间通常是有间隙的，这与直方图存在差异。

范例提醒2：数据的正态性检验

数据有时候通过直方图看起来好像是左右对称的，但不要急于判断其为正态分布，最好使用P值来做出更为严谨的判断。例如打开"活塞环直径.mwx"文件，利用第3列数据"活塞环直径"，得到图7-92所示直方图。该直方图看起来左右好像是对称的，很像正态分布。但是通过计算P值可以发现图7-93中，$P<0.005$，远小于0.05，这一组数据是非正态分布的。

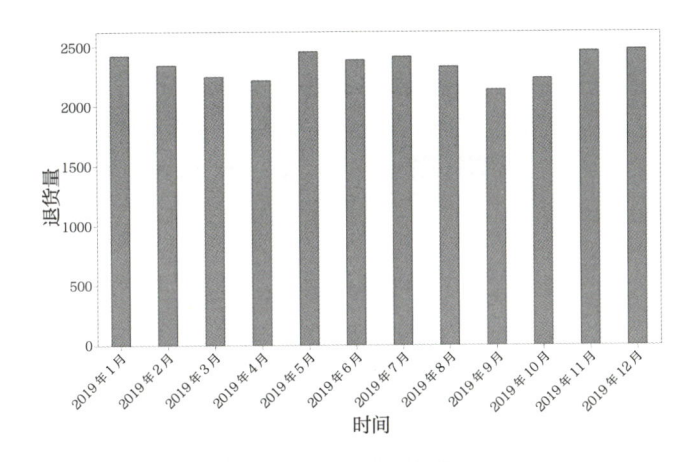

图7-91 退货数据条形图

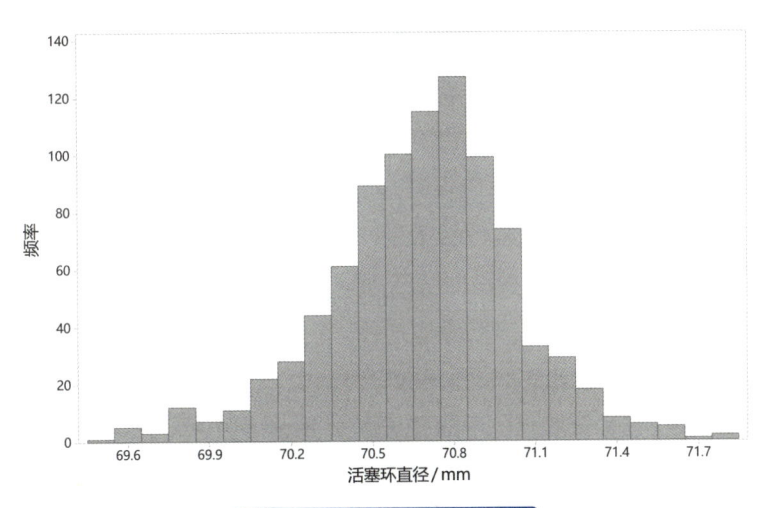

图7-92 活塞环直径直方图

通常我们说"一图胜千言",但也有些时候"眼见未必为实",要判断数据是否符合正态分布,最好通过P值来做判断。如果$P<0.05$,则该组数据所代表的总体是非正态分布的。如果$P>0.05$,则不能否定该组数据是正态分布。

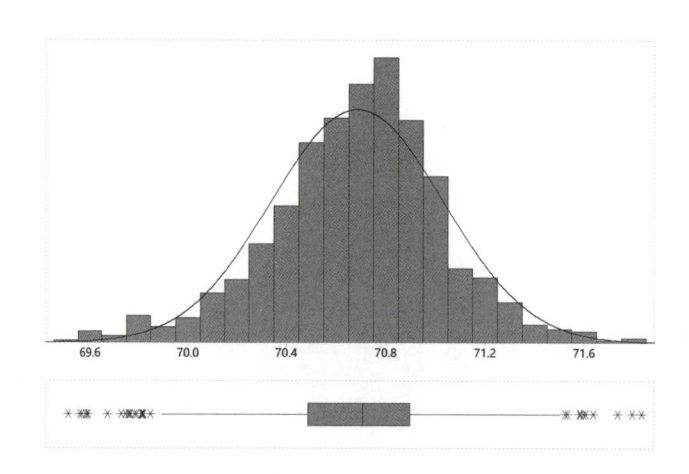

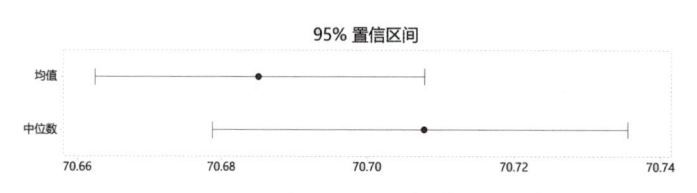

图7-93 含统计信息的活塞环直径直方图

如果数据是非正态分布,有多种原因,有可能数据本身不是正态分布,例如产品的可靠性、人群的收入数据很可能就不是正态分布;也有可能是因为数据中存在一些异常点,如果把异常点去除,数据就会恢复正态分布;还有可能数据并非出自同一个总体,例如活塞环的直径数据是非正态分布,有可能是因为数据并非来自同一条生产线(或同样的工艺条件)。我们可以将活塞环的直径数据按生产线进行细分,将3条生产线生产的零件分开绘制形化汇总,我们可以在Minitab中继续依次点击"统计"中的"基本统计"的"图形化汇总",然后在图7-94所示的对话框中,将"活塞环直径(mm)"选入

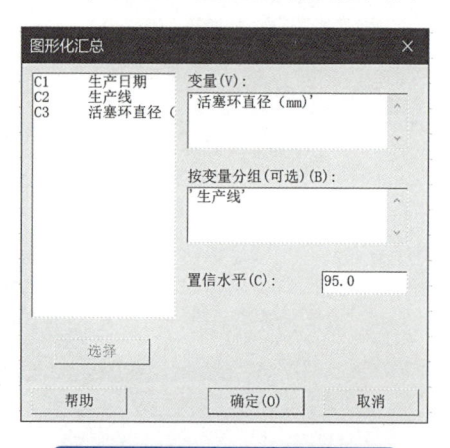

图7-94 图形化汇总二级菜单

"变量"中,将"生产线"选入"按变量分组"中,得到图7-95所示的直方图。可以发现,每条生产线生产的零件数据都是正态的。

在图7-95,每个图形有$P>0.05$。所以不能否定数据的总体是符合正态分布的,但可以初步认为3条生产线中每条生产线的直径数据都是正态分布的。

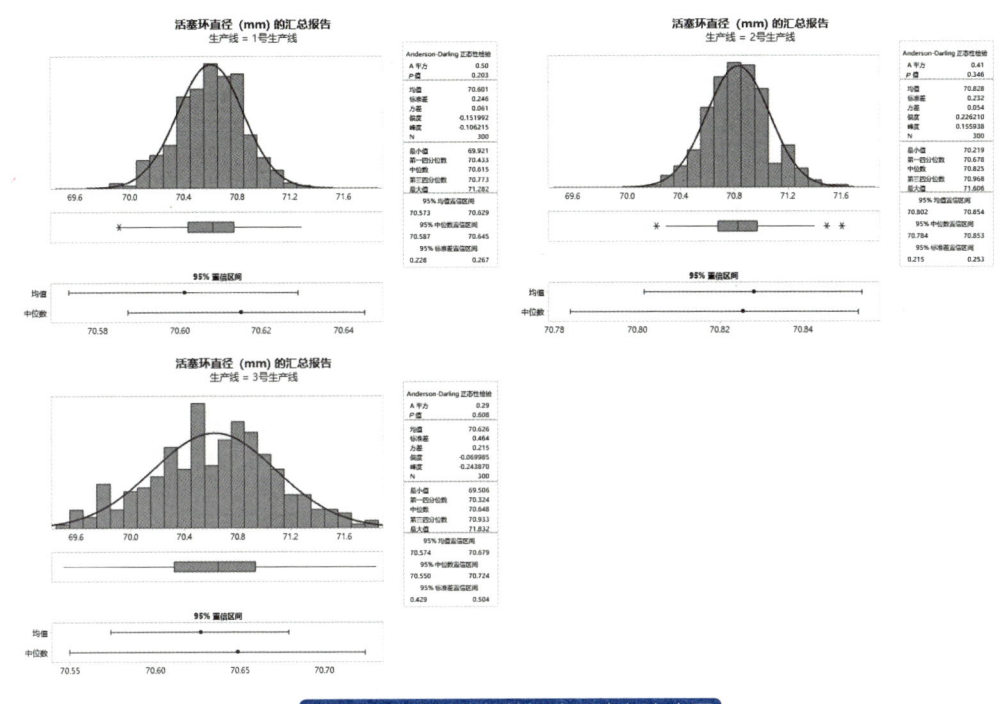

图7-95 变量分组的活塞环直径直方图

7.20 鱼骨图

7.20.1 什么是鱼骨图

鱼骨图是日本的质量管理大师石川馨(Kaoru Ishikawa)最早提出来的,又称为石川馨图,或者"Ishikawa",石川馨是质量管理小组(QCC)的奠基人之一。因为这个图看上去有些像鱼骨,所以叫鱼骨图。因为图上会同时显示结果和原因,也可以叫作

"因果图"。运用鱼骨图有利于把所有潜在原因展示出来加以组织、归类,以便于找到问题的真正原因。

在鱼骨图中,问题或缺陷(即后果)通常标在"鱼头"处。在鱼骨上有几根大的鱼刺,鱼刺上标明主要原因。通常是从人员、机器、材料、方法、环境、测量(俗称:人、机、料、法、环、测,或者5M1E: Manpower、Machinery、Material、Method、Measurement、Environment)共6个维度去寻找原因。除了这6个维度,也可以从其他的维度去寻找原因。大鱼刺上还有中或小的鱼刺,可以在中或者小的鱼刺上标明更细致、更为底层的子原因。鱼骨图如7-96所示。

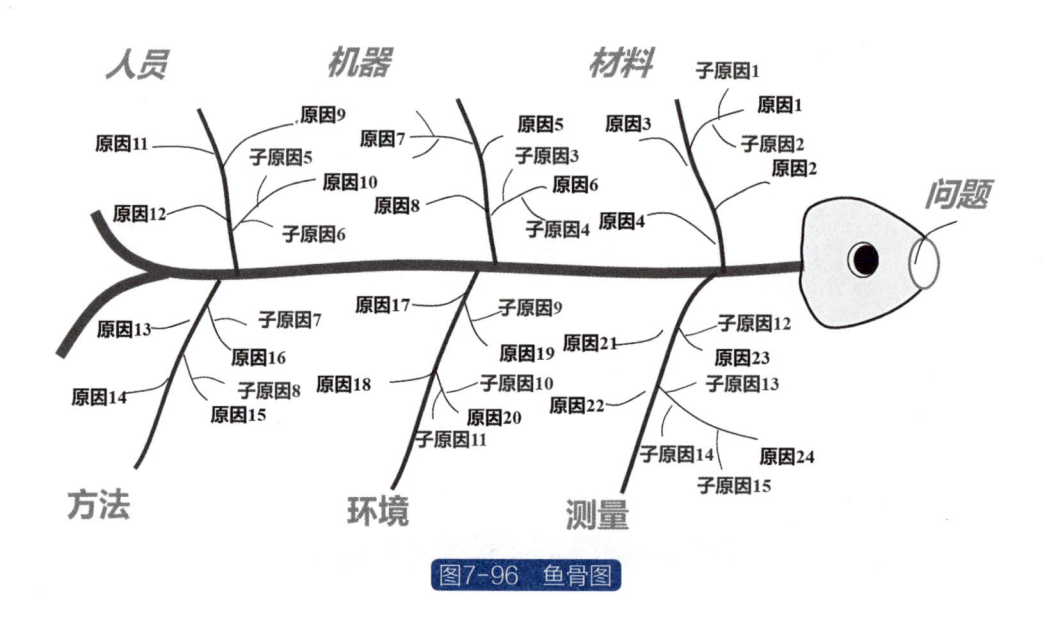

图7-96 鱼骨图

7.20.2 鱼骨图的使用步骤

步骤1 明确问题,在鱼头标识要研究的问题。鱼骨图只能用于单一目标的分析,问题也需要具体,例如手机待机时间短、电脑的键盘失灵等。

步骤2 确定潜在原因的主要类别(大鱼刺),制造业一般从5M1E(即"人机料法环测")6个维度着手,服务业常把4P[即人员(People)、政策(Policy)、程序(Procedure)、场所(Place)]作为主要类别,当然确定主要类别时也可以不限于上述分类方法。

步骤3 主要类别的5M1E必须用中性词描述(不说明好坏),第二层和第三层的中/小要因必须使用名词+具体的负面描述(如温度超过200°)。

步骤4 绘制鱼骨图时，通常会跟头脑风暴结合起来。组织熟悉相关问题的小组成员共同来集思广益，小组成员可以包含不同流程、不同部门，甚至可以包含客户和供应商，共同通过头脑风暴的方式，把所有可能的原因都找出来，以免遗漏。

步骤5 绘制鱼骨图时，必要时还可以细分到第四层和第五层，甚至更细。也可以跟5Why分析法结合起来，将原因展开到可以采取措施的程度。

步骤6 找出所以可能的原因后，再在鱼骨图中识别和选取几个影响最大的原因，进一步进行数据收集、要因验证、试验设计、采取纠正措施和预防措施等，将主要原因控制在最佳条件，以保证问题不会再次发生。最后将主要原因的控制方法写到作业指导书、控制计划等相关文件中进行控制。

7.20.3 鱼骨图范例

公司组织的培训，培训效果不佳，我们可以通过鱼骨图来寻找可能的原因，如图7-97所示。

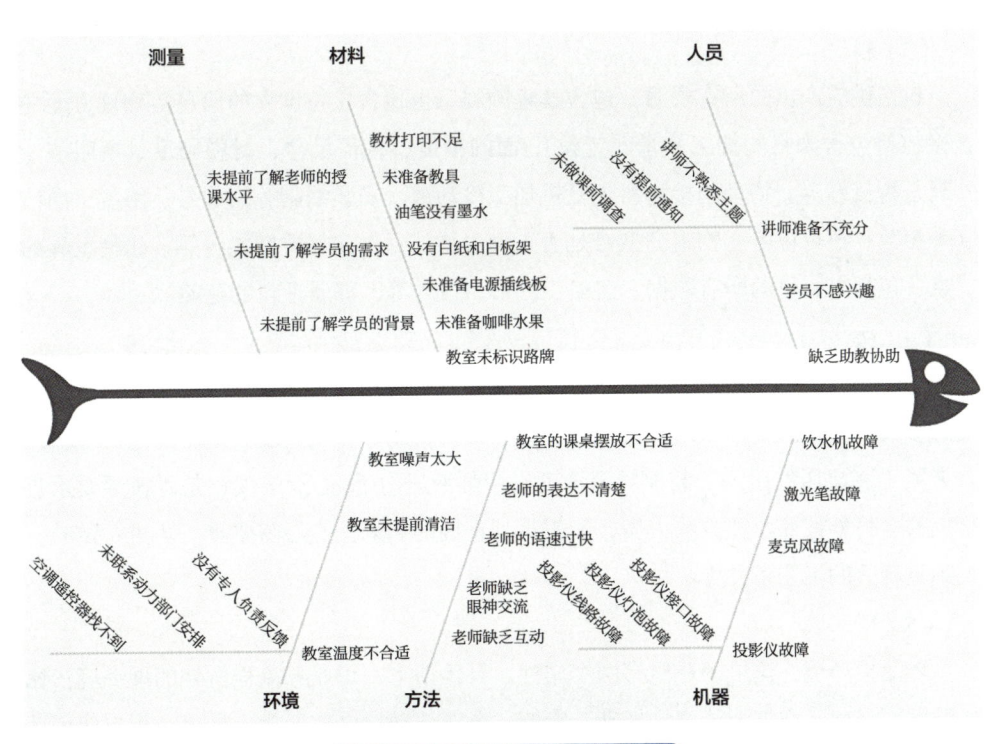

图7-97 培训效果分析鱼骨图

7.20.4 鱼骨图的主要类别

（1）人

注意这里的人并不是指细分为操作员工、物料发放人员、设备维护人员、设备设置员工、班组长、管理人员等，而是要考虑是否因为"人"的主观或被动原因直接导致的问题，最常见的就是人的技能是否不足或者误操作，或者作业员是否会操作，是否认识物料、是否了解作业方法，以及作业员是否经过正式的培训、动作要领是否满足要求。至于岗位是否设置合理，则属于管理或者机制问题，应该放在"机"这个部分。

（2）机

机有两个属性，一个指向传统的"机器"类，比如考虑设备和工装、模具、刀具、工具、辅具的选型是否合适；这些设备和齐聚是否工作正常；设备、工装、模具、刀具、工具、辅具的硬件状态和精度是否满足要求等。

另一个属性，指向"机制"，比如是否按照一定周期，对设备进行检修、清洁、上油、延长设备的使用寿命；或者设备是否做好了预防性或者预测性维护保养；人员上是否职责不清，缺乏责任人，或者是否人选不合适。

（3）料

料指供应产出的所有资源，包含物理的料，也包含比特世界的信息。物理方面的直接物料包含来料的加工余量、定位孔/面的精度、直径尺寸、材料硬度、电阻值、外观是否良好等。物理间接物料包括机加工冷却液、安装油脂等的型号、浓度、净洁度等参数；还可以考虑物料的型号是否正确、物料是否在保质期之内等。比特世界的信息，包括电脑里的所有数据、表格、图形、报告等，都属于料的范畴。

（4）法

法泛指方法，比如是否有书面的作业方法，员工是否按作业方法去做，包含设备上的参数，例如温度、时间、流速、压力、刀具转速、加工速度、电压、电流等；还有夹紧工装液压气压、工装模具清洁度、切削液压力/温度/清洁度，是否按照要求进行点检。另外按照作业方法去做，能否得到正确的结果；是否需要进一步进行试验，找到更合适的工艺条件等。

（5）环

环泛指环境，这里的环境有两个属性，具体如下。①业务流程所处的硬环境，比如温度、湿度、空气清洁度、振动、电流、电压波动、电磁干扰、噪声、用户使用环境等；也包括测量仪器选取是否合适；测量方法、测量人员、测量的环境，以及部件选择、样本量的大小是否存在问题。②业务流程所处的软环境，比如公司的财务政策、营销政策、激励措施等在业务流程上的"环境"。一般而言，软环境的作用很难评估，除非是特别严重的直接影响，否则不建议轻易将其纳入环境因素。

7.20.5 鱼骨图的注意事项

鱼骨图通常与排列图结合起来，先利用排列图找到最主要的问题，再利用鱼骨图寻找根本的原因。

寻找根本原因时，应借助于团队的力量进行头脑风暴，尽可能多而全地找出原因。头脑风暴时不要指责别人的观点，要鼓励每个人畅所欲言，表达自己的观点。

鱼骨图通常也会跟5Why分析法结合起来，通过不停地询问为什么，一层一层地查找答案，最终找到真正的原因，制定最有效的措施。

7.20.6 鱼骨图的使用误区

鱼骨图虽然看起来是一个简单的工具，真正要把它用好也不容易。鱼骨图存在较多的使用误区，具体如下，请大家多加注意。

1）如果鱼骨图用于寻找原因时，通常鱼头要朝右，不要朝左。

2）鱼骨图的中小鱼刺不要太少，太少通常代表没有经过深入讨论和思考，容易遗漏一些原因。

3）原因不要写得太宏观或者表述模糊不清，例如单独写一个"机器"，让人不明确其具体所指，是指的是机器的选型，还是刀具的磨损，还是运行的参数。另外注意不要将措施也归入原因。

4）原因写得不可控制，后续将无法进行改善。例如写"工作人员的经验""工作人员的素质"，这些表述都看起来无法控制。可以从可控的角度去写，例如"工作人员的评价和培养""工作人员的奖惩制度"等。

5）鱼骨图的鱼头通常只能放一个问题，不要放好几个问题。如果一个大问题可以细分为好几个小问题，而小问题又有很多原因时，建议使用FTA（失效树）或者系统图更合适，或者使过程流程图等工具来替代鱼骨图。

6）如果问题涉及的流程较多时，鱼骨图并不能容易地区分人、机、料、法、环、测等具体指是哪个过程，这时候用过程流程图更合适。

7）寻找原因时不要只在办公室"闭门造车"。小组可以先在办公室进行头脑风暴，结束后还需要多去现场了解情况，确认实物，这样才更可能找到真正的原因。

7.21 5Why 分析法

7.21.1 什么是5Why分析法

5Why分析法就是对一个问题连续追问5次"为什么",以追究其根本原因。这种方法最初是由丰田汽车公司发展出来的。据说当时丰田汽车公司的前副社长大野耐一经常在车间走来走去,遇到问题时会停下来向工人发问。他喜欢连续地追问"为什么",直到找到真正原因和解决办法,这就是后来著名的"5个为什么",即5Why。

虽然叫5个为什么,但使用时并不限定只做"5次",目的是必须找到根本原因为止,有时可能只要3次,有时也许要更多次。5Why通常也被称为Why-Why法。

7.21.2 5Why分析法使用范例1

丰田汽车公司前副社长大野耐一有一次视察车间时发现机器停了,于是通过5Why分析法进行提问。

问题1:为什么机器停了?
答案1:因为机器超载,保险丝烧断了。
问题2:为什么机器会超载?
答案2:因为轴承的润滑不足。
问题3:为什么轴承会润滑不足?
答案3:因为润滑泵失灵了。
问题4:为什么润滑泵会失灵?
答案4:因为它的轮轴耗损了。
问题5:为什么润滑泵的轮轴会耗损?
答案5:因为杂质跑到里面去了。

如果管理层或者员工没有这种追根究底的精神来查找原因,他们可能会找到表面的原因,采取一定的措施,但这并没有从根本上解决问题。假设只问了一个为什么,他们很可能只是换根保险丝草草了事;如果只问了两个为什么,很可能解决方案就是加润滑油,而加润滑油并不能彻底解决问题。只有经过连续不断地问"为什么",才更可能找到问题的真正原因和解决的方法。范例1中问了5次为什么后,发现真正原因是杂质导致润滑泵的轮轴耗损。最后采取的措施是在润滑泵上加装滤网，这样就可以预防杂质混入。只有针对真正原因采取措施，措施才会有效。

5Why分析法通常会结合3个层面来使用，可以发挥更好的效果。3个层面指从以下层面来寻找原因。

1）为什么会发生？其直接的原因是什么，直接原因是回答为什么产品"坏了"或为什么零件"漏装""零件断裂"等问题。直接原因为材料的硬度太低、扭矩设置不合适、温度设置太高等。

可以连续追问为什么找到根本的原因，通常可以从"制造"和"设计"的角度来思考错误或者缺陷发生的原因。

直接原因通常能够通过更换设计方案，或者调整工序的工艺参数等来得到解决。

2）为什么没有发现？"检验""试验""抽检"失效原因是解释产品或者服务的缺陷在流出之前未被检测出的原因。

需要回答"为什么没人注意它"或者"我们是怎样漏掉检测"这两个问题。

可能的原因是检测区域光照不足、检查员对标准不熟悉、缺少防误防错的装置、检测项目未在检验指导书中列出等。

从"检验"的角度连续追问为什么，找出缺陷会流出的根本原因。通常能够通过增加防误防错装置使得更容易探测问题或将检验标准更加明确来解决问题。

3）为什么没有从系统上预防？从"系统"或"流程""职责""资源"的角度连续追问为什么，以找到根本原因并加以预防。系统上的原因往往是导致问题发生的首要因素。戴明博士曾认为："引起质量不良和效率低下的85%的原因在于系统。"系统上的漏洞往往不是由员工能够决定和纠正的，需要管理层的介入，从组织层面、管理层的角度来思考为何没有有效检测，为何会出错。其原因可能是组织的跨部门沟通不顺畅，也可能是领导层的错误决策，也可能是错误的流程或者管理的漏洞等。通常能够通过变更流程、明确职责、分配资源、审核质量体系等方法来解决。

以上3个层面，每个层面连续5次或更多次为什么，找到真正的原因。通常只有以上3个层面的问题都探寻出来，才能发现根本问题，彻底地找到解决办法。因此，该方法又可以称为3层5Why分析法，如图7-98所示。

7.21.3　5Why分析法的分析步骤

步骤1　了解问题及表现。只有提出正确的的问题，才能找到正确的答案。

步骤2　调查原因。不要认为原因是显而易见的，应该不断提问为什么前一个事

图7-98　3层5Why分析法

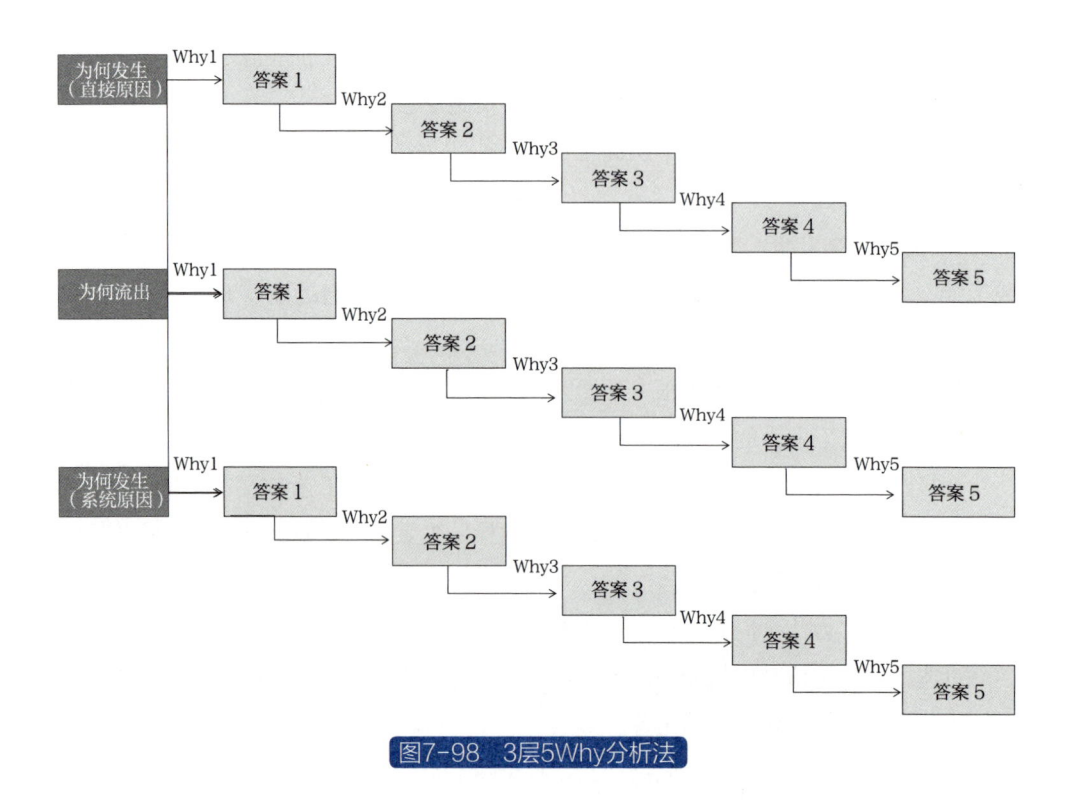

件会发生，直到找到根本原因。在调查原因时，可以从3个层面连续追问为什么。为何会发生（直接原因）、为何会流出、为何会发生（系统原因）。

步骤3　根据找到的原因，制定解决方案。

7.21.4　5Why使用范例2

医院的护士W将错误的药物发给住院的病人，差点酿成医疗事故。让我们一起通过5Why分析法来寻找根本原因。具体过程如图7-99所示。

7.21.5　5Why分析法注意事项

通常情况下，在询问为什么的时候，回答者不要找借口或者推卸责任。例如：

问题1：设备为什么坏？

回答1：设备满负荷。

问题2：为什么满负荷？

回答2：公司订单多。

```
针对某个问题：护士将错误的药物发放给病人，差点酿成医疗事故
```

视角1：为什么会产生此问题 （失效链/技术层面）	视角2：为什么不能尽早发现此问题 （检验/试验/抽检）	视角3：为什么不能彻底解决此问题 （过程/流程/职责/资源）
↓Why W 看错药物 ↓Why 两种药物的包装和颜色很相似 ↓Why 两家药厂不知道他们包装相似	↓Why W 没有确认 ↓Why W 的注意力不集中 ↓Why 因为 W 没有休息好 ↓Why 因为 W 下班后还需要做家务 ↓Why 因为 W 最近刚刚搬家，家里的卫生还没有做好	↓Why W 的工作太忙碌 ↓Why 住院病人数量增加了30%，可是护士的数量仍然没有增加 ↓Why 信息未及时沟通 ↓Why 缺乏信息系统

根因分析：5Why挖掘根因

问题解决：临时方案/过渡方案 — 反馈给制药厂，更改包装 | 医院安排义工，帮助 W 做清洁 | 每日报表上汇总住院人数，据此协调工作量

问题解决：综合决策，精准施策 — 1、建立多能工制度，每个员工都具有多技能。2、升级信息系统，药品条码和病人条码关联，自动识别。

图7-99　5Why分析法使用范例2

这样就将问题引入歧途，最后的解决办法可能是减少公司订单了，这显然不是大家想看到的。所以请注意答案尽量从可控的角度出发。

找到根本原因后，还需要针对根本原因采取的措施。需要确认措施到底属于检测措施，还是预防措施，是否能从系统或者流程上杜绝问题的再次发生。最后验证措施是否真正有效。

7.22 假设检验

7.22.1 什么是假设检验

假设检验是推断统计的重要工具，先对总体提出某种假设，然后利用样本信息判断假设是否成立的过程称为假设检验。我们从以下几个生活常见的场景来了解假设检验。

你认可以下观点吗？

观点1：美国女子排球运动员海曼31岁因心脏病发作去世。健身教练马华从事大众健身操事业15年，2001年去世，终年42岁。所以想长寿就不要运动，要静养。

观点2：张三一生不抽烟，活了74岁。李四从50岁起开始抽烟，活了84岁。王五从84岁开始抽烟，活了104岁，所以抽烟对健康有好处。

观点3：某省调查了4 000名百岁老人的生活习惯，发现大约70%的老人很少锻炼，30%的老人经常锻炼，所以锻炼不重要，不锻炼才能活得久。

相信大部分人不认同以上3个观点，但又拿不出反驳上述观点的有力证据。假设检验可以为我们提供帮助，理解了假设检验的思想，就可以让我们多一些理性判断、少一些主观臆断；多一些冷静思考，少一些人云亦云；多一些数据决策，少一些拍脑袋说话。

7.22.2 假设检验的概念

我们通过一个实际的案例说明假设检验的概念。

20世纪80年代早期，两项观察性研究结果提示：孕妇在怀孕期间补充维生素可以降低新生儿神经管缺陷（NTD，Neural Tube Defect）。医学研究委员会维生素研究小组于1991年开展了一项大规模的随机对照实验，结果显示593名服用叶酸的怀孕女性中，6人所怀胎儿患有神经管缺陷；602名没有服用叶酸的女性中，怀孕后21人所怀胎儿患有神经管缺陷。该项研究使用统计学方法确定了服用叶酸组与对照组的差别不是简单偶然出现的，而是归因于叶酸的作用。得出这一结论就需要假设检验。

先介绍总体与样本的概念。总体是指包含全部研究对象的集合。我们关心的是所有女性服用叶酸是否会显著降低所怀胎儿神经管缺陷，这里有两个总体，一个总体是没有服用叶酸怀孕的女性，一个总体是服用叶酸后怀孕的女性。由于总体中元素数量太过庞大，作为一项研究，受时间、经费等条件限制，不太可能去研究所有的怀孕女性，因此要通过抽取样本的方法进行研究。602名没有服用叶酸怀孕的女性是从所有未服用叶酸怀孕的女性中抽取的一个样本，593名服用叶酸后怀孕的女性是从第二个总体中抽取的样本，我们希望通过样本来推断两个总体是否有显著差别，或者说服用叶酸是否可以显著降低新生儿神经管畸形的比率，这就是用样本来推断总体，是假设检验的典型应用。

7.22.3 假设检验中原假设和备择假设的确定

为了进行假设检验，需要确定两个假设，分别是原假设和备择假设。

通常将研究者想收集证据予以支持的假设作为备择假设，或称研究假设；将研究者想收集证据予以反对的假设称为原假设，或称零假设。

对于服用叶酸降低新生胎儿神经管畸形发病率的问题，我们希望看到这种药物是有效的，或者说希望服用叶酸可以显著降低发病率。用P_1表示未服用叶酸女性所怀胎儿神经管畸形的发病率，P_2表示服用叶酸女性所怀胎儿神经管畸形的发病率，我们想证明的假设是药物有效，即$P_1>P_2$，那么这个结论为备择假设。我们不想看到的结果是药物无效，或者说想反对的假设是$P_1 \leq P_2$，那么这个结论为原假设。具体表示如下。

原假设：$P_1 \leq P_2$

备择假设：$P_1 > P_2$

从逻辑分析的角度，我们要求原假设与备择假设是互斥的，原假设不成立，那么备择假设就是成立的。

7.22.4 假设检验的两条原理

假设检验有两条基本原理：反证法原理和小概率事件原理。

反证法是间接论证的方法之一，是通过断定与论题相矛盾的判断（即反论题）的虚假来确立论题真实性的论证方法。假设检验的反证法原理是指先假定原假设成立，如果找到了与原假设成立矛盾的足够强的证据，就可以推翻原假设或者拒绝原假设。

小概率事件原理之所以叫小概率事件，是因为这种事件出现的概率特别小，在一次实验中几乎不可能发生。但如果出现了小概率事件，我们就有理由怀疑我们的假定有极大可能是错误的。比如某公司共有100名员工，年会抽奖设立了一等奖一名，奖金10 000元；二等奖两名，奖金各5 000元；三等奖10名，奖金各2 000元。抽奖采取随机抽取的方式，把每名员工编号后，根据计算机产生的随机数来确定获奖人员。结果该公司的总经理获得了一等奖，两名副总经理获得了二等奖，三等奖也大都由公司的中层领导获得。对于这种情况，大家普遍的反应是抽奖肯定不是随机的，而是提前内定的，因为随机抽样出现这种情况的概率太小了，即小概率事件发生了。

反证法原理和小概率事件原理是紧密联系的，先假定原假设成立，再看抽取到目前这种样本的概率，如果概率非常小，我们就认为小概率事件出现了，出现了与原假设成立矛盾的情况，就要推翻原假设，认为备择假设是成立的。那么概率小于多少就可以认为是小概率事件，统计学家给出的建议是0.05，通常只要事件发生的概率小于0.05，就可以认为是小概率事件了。

7.22.5 何时使用假设检验

当收集了样本数据，希望用样本推断总体，得出关于总体的某个结论时使用假设检验。

7.22.6 假设检验的Minitab实现

对于服用叶酸可以降低怀孕女性所怀胎儿神经管畸形的发病率问题，我们已经确定该问题是双比率检验的问题，用Minitab检验的方法如下。

如图7-100所示，执行"统计>基本统计>双比率"命令，单击下拉箭头选择"汇总数据"，样本1是未服用叶酸女性的抽样结果，事件数输入21，试验数输入602；样本2是服用叶酸女性的抽样结果，事件数输入6，试验数输入593；单击"选项"按钮，在弹出的对话框中单击备择假设右侧的下拉箭头，选择"差值>假设差值"，单击"确定"后得到的结果如下，其中，Z值为判断正态分布的依据。

原假设　　　　$H_0: P_1-P_2=0$

备择假设　　　$H_1: P_1-P_2>0$

方法	Z值	P值
正态近似	2.90	0.002
Fisher精确检验		0.003

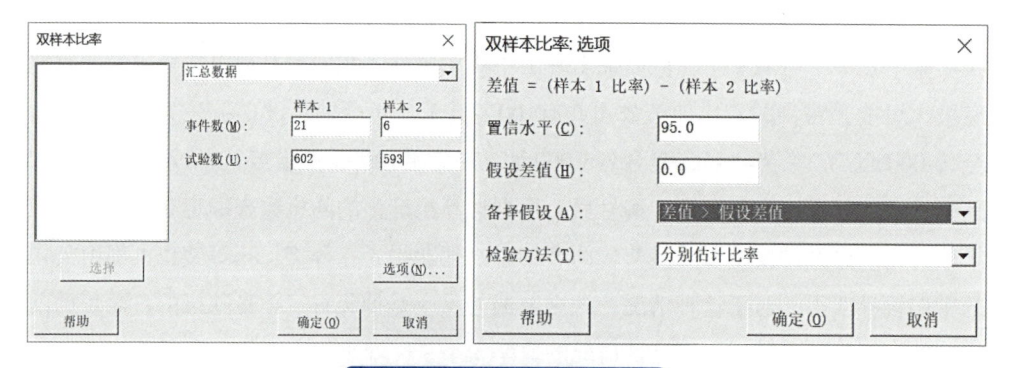

图7-100 双比率检验对话框

从结果中可以看出，备择假设是$P_1-P_2>0$，与$P_1>P_2$含义是一样的。首先假定原假设$P_1-P_2=0$成立，出现这种样本的概率也就是可能性只有0.003，这个概率太小了，我们认为小概率事件出现了，原假设看来是不成立的，要推翻原假设。用我们习惯的语言描述一下这个过程：先假定服用叶酸与否的新生胎儿神经管畸形的概率相同，在这个结论成立的情况下，抽取样本得到这种结果的概率只有千分之三，这个概率太小了，所有我们有足够的理由认为原来假定$P_1-P_2=0$成立是错误的，而备择假设才是成立的，服用叶酸确实可以显著降低新生胎儿神经管畸形发病的概率，这也是了药物筛选的基本方法。

回到本节开始提出的如何反驳3个观点的问题，这3个观点都是错误的，要么因为抽取的样本量太小，要么抽取的样本右偏，要么是方法有问题。

7.23 散点图

孩子的身高是很多家长比较关注的问题，很多人认为，孩子的身高只取决于父亲，这个观点靠谱吗？

其实，这种困扰不只中国有，在外国也有。一百多年前，统计学家、英国皇家学会院士佛朗西斯·高尔顿（Francis Galton）爵士和有统计学之父尊称的卡尔·皮尔森（Karl Pearson）等对此进行了研究。他们对英格兰市民进行了抽样调查，得到1 078对成年父子身高的数据。儿子身高与父亲身高之间的关系可以通过散点图进行分析，如图7-101所示。

从图7-101可以看出，父亲身高较高的，儿子的身高通常也比较高。我们把连续变量（y）随着连续变量（x）增加而增加或减少的现象称为相关。如果y随着x的增加

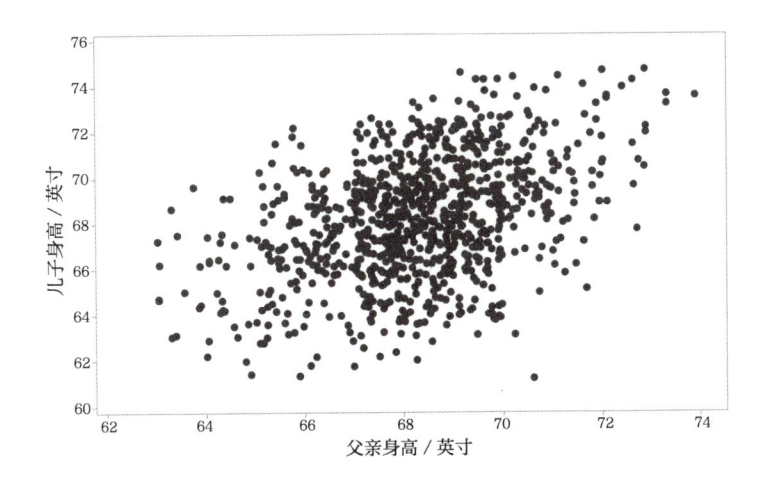

图7-101 儿子身高与父亲身高关系散点图

而增加，称y与x正相关；如果y随着x的增加而减少，则称y与x负相关。

另一方面，我们也看到，儿子身高随父亲身高增加得并没有那么紧密，或者说并不是非常密切。我们在图7-101中加几条参考线看起来就更清楚了，如图7-102所示。

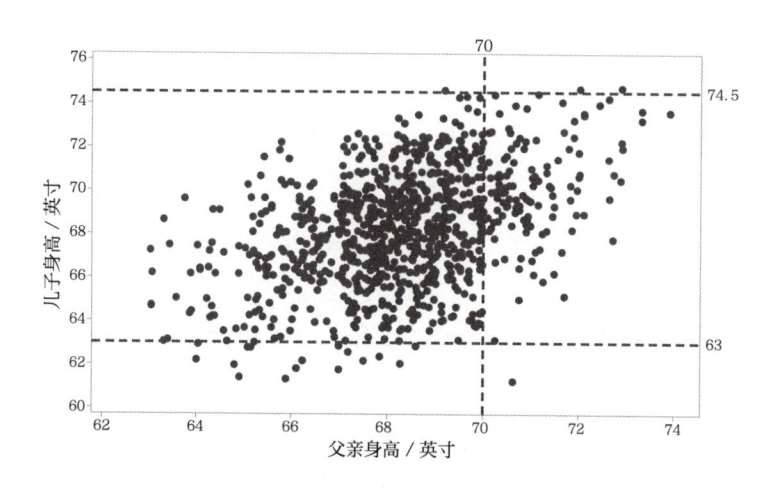

图7-102　增加参考线的儿子身高与父亲身高散点图

当父亲身高为70英寸（即177.8 cm）时，儿子身高范围为63～74.5英寸（即152.4～189.23cm），其变化量高达11.5英寸（即29.21 cm）。换句话说，儿子身高与父亲身高的相关性并没有那么强！

为此皮尔森定义了相关系数r来衡量两个变量之间线性关系的强弱。图7-103～图7-106分别为4种相关系数的散点图，由此分析相关系数和两个变量之间的相关性。

相关系数r=1或r=-1，两个变量之间是完美的函数关系。

相关系数r=0.8或r=-0.8，两个变量之间呈现比较明显的相关性。当一个变量增加时，另一个变量呈现出比较明显的增加或减小趋势，但波动开始变大。

相关系数r=0.4或r=-0.4，两个变量之间的相关性进一步减弱。当一个变量增加时，另外一个变量增加或降低的趋势不明显，主要表现为随机波动。

图7-106中两个变量的相关系数r都近似为0。从图7-106（a）可以看出，随着X_4的增加，Y_7没有表现出任何趋势，看起来只有随机波动；图7-106（b）所示虽然线性相关系数也接近为0，但从散点图中可以看出两个变量之间可能存在较为明显的二次关系。

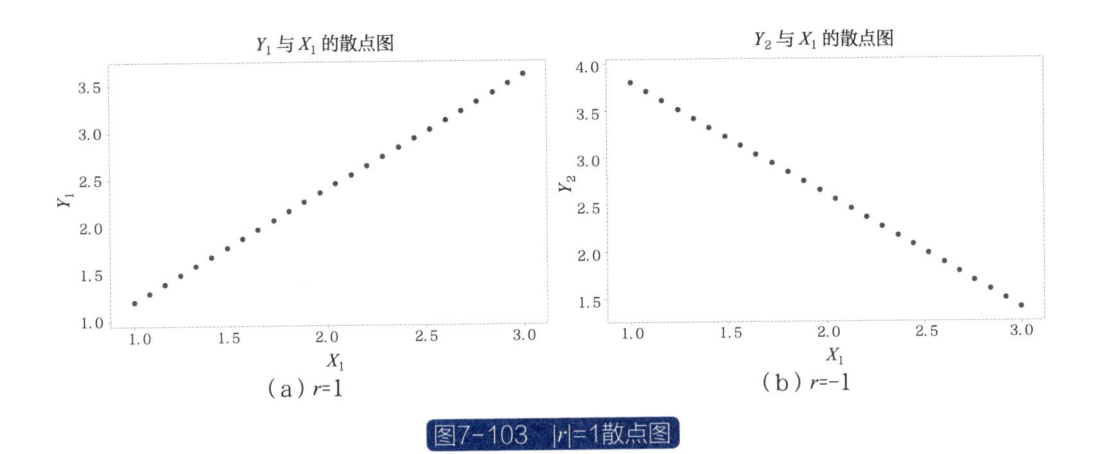

(a) $r=1$

(b) $r=-1$

图7-103　$|r|=1$散点图

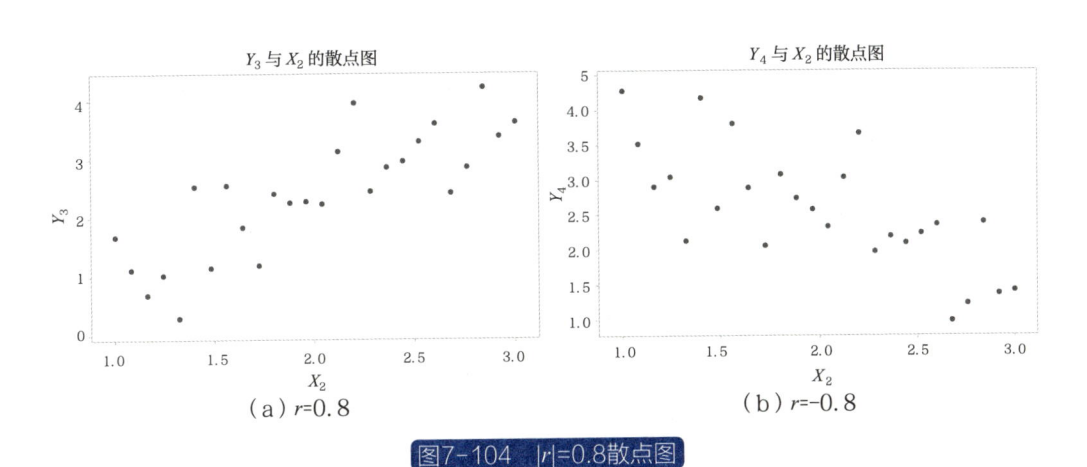

(a) $r=0.8$

(b) $r=-0.8$

图7-104　$|r|=0.8$散点图

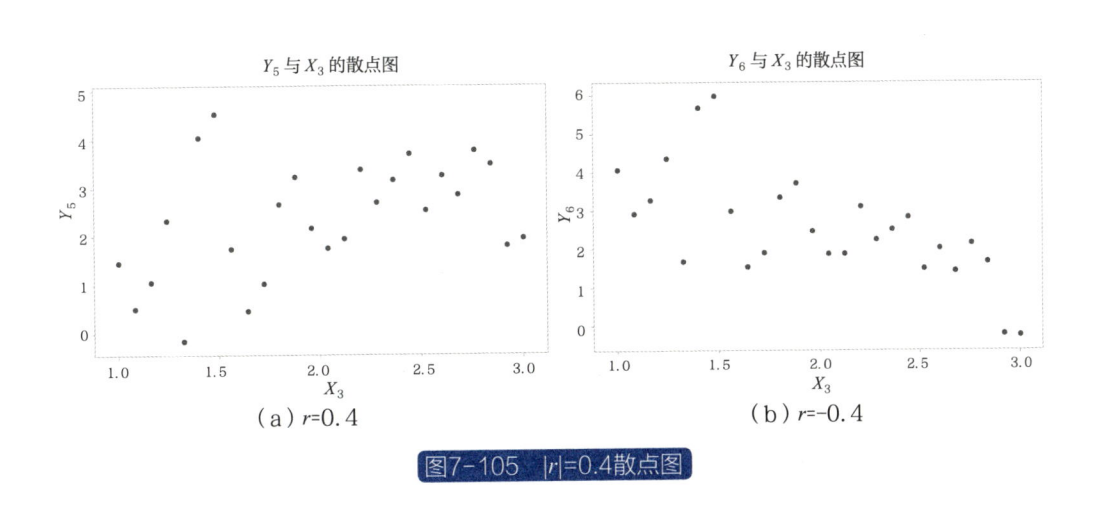

(a) $r=0.4$

(b) $r=-0.4$

图7-105　$|r|=0.4$散点图

(a) r=0 情况 1　　　　　　　　(b) r=0 情况 2

图 7-106　|r|=0 散点图

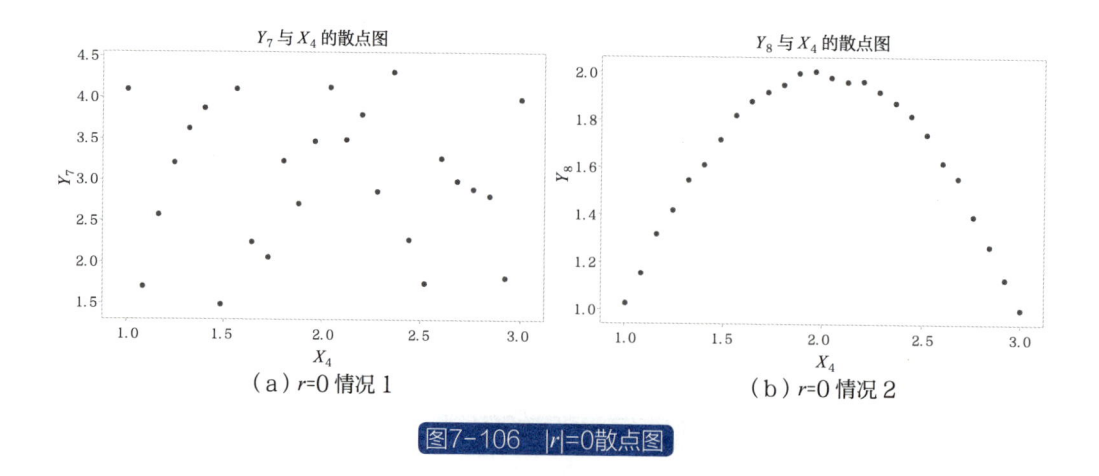

高尔顿研究的儿子身高与父亲身高的关系，经过计算，这 1 078 对父子身高的相关系数 r=0.419，属于较弱的相关性。那么结论就出来了，父亲的身高确实对儿子的身高有影响，但影响比较弱。看来身高只取决于父亲的说法并不靠谱！

使用散点图时可能存在以下误区，具体如下。

（1）用散点图进行因果推断

两个变量之间存在很强的线性相关关系，不一定意味着两个变量之间有因果关系。国外有人统计了医院每年死亡的病人数量及医院规模的数据，绘制了散点图，如图 7-107 所示，发现两者存在较强的相关关系。由此得出看病应该避免去大医院的结论，显然这是非常荒谬的。因此，两个变量之间相关不见得有因果关系。

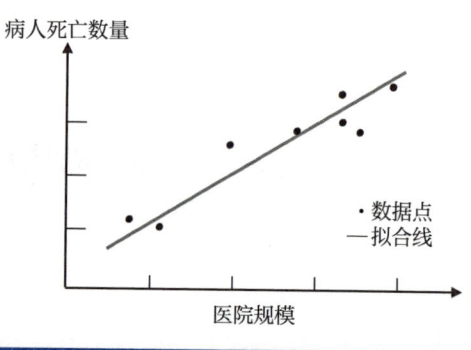

图 7-107　医院规模与病人死亡数量的散点图

（2）相关关系外推

相关关系的存在只限于研究的范围，把相关关系的结论外推到超出研究的范围，可能导致错误的结论。比如二手车的价格与可使用年限的关系，在一定时间内，随着车辆可使用时间的降低，二手车的价格是逐渐降低的，两者之间存在负相关的关系。但这个结论一般只在一定的范围内有效，超过一定的车龄范围（如 50 年），售价和车龄的关系未必就是负相关了，也许变成正相关关系。

（3）忽视异常值

有些情况下异常值对相关关系的判定影响非常大，这时一定要注意异常值。

图7-108的子图中各有一个点看起来非常特殊，与其他点格格不入，到底是什么原因导致这种情况发生？这个点是否合理？应该保留还是删除？这些都需要进一步的分析。

用Minitab绘制散点图非常简单，我们以儿子身高与父亲身高的数据为例，说明用Minitab绘制散点图的方法。先把成对的数据存储在数据表中，然后执行"图形>散点图"命令，在弹出的对话框中选择"简单"按钮，然后输入X和Y，操作界面如图7-109所示。

单击"确定"按钮就可以得到图7-101所示的散点图。

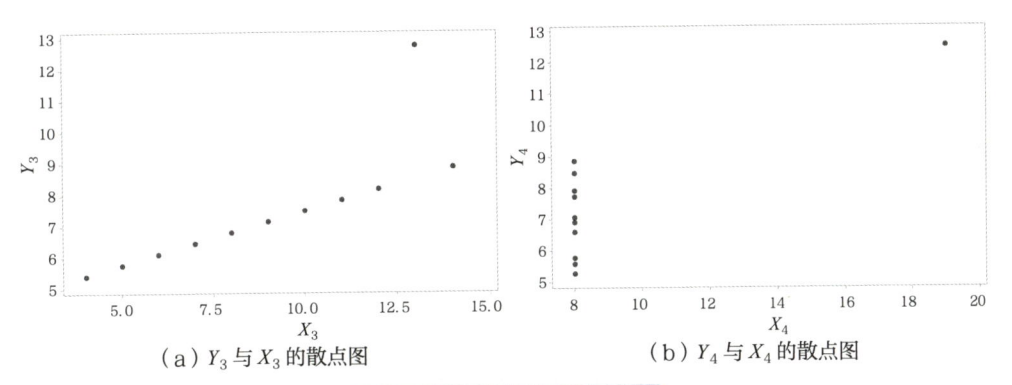

（a）Y_3 与 X_3 的散点图　　　（b）Y_4 与 X_4 的散点图

图7-108　有异常值的散点图

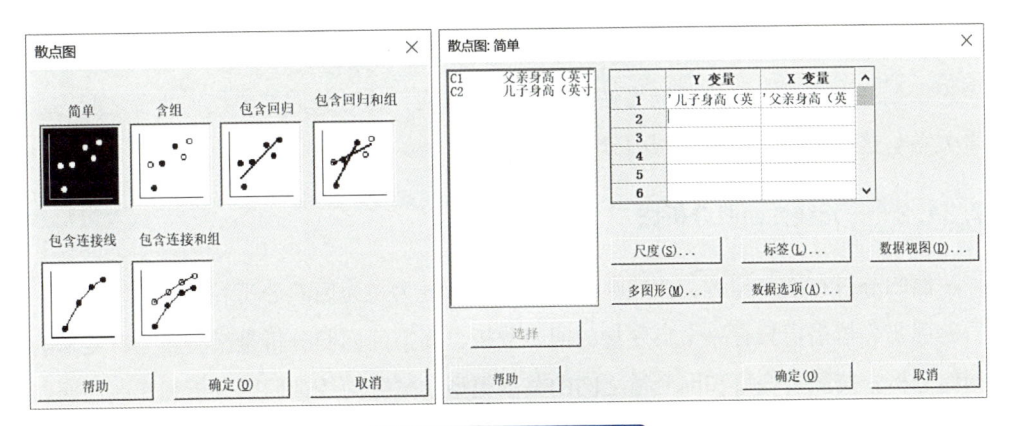

图7-109　散点图对话框

7.24 回归分析法

7.24.1 什么是回归分析法

回归是用于定量分析自变量X与因变量Y之间关系的一种统计分析工具，又称为回归分析。

在实际工作中，我们经常与变量打交道，而且我们通常都想知道变量之间的关系，从而帮助我们做出决策。比如，一款路由器产品信号不好，我们需要做出改进，其可能的原因是天线不够长，但我们不能完全确定天线不够长是导致信号不好的原因，因此要通过数据来分析天线的长度与信号强度之间的关系。如果是正相关，我们就应该在成本和体积允许的情况下，尽量把天线做长。同样，在不同行业也有很多需要通过相关性来做判断的场景，比如钢铁中碳成分含量与抗拉强度之间的关系、某家银行各分行贷款余额与不良贷款之间的关系、人的胖瘦程度与血液中胆固醇含量的关系等。

通常我们把变量之间的关系分为两种，一种是函数关系，比如圆的半径与面积之间的计算公式是，知道了圆的半径就可以计算圆的面积。我们在数学课上学到的有关变量之间关系的知识大多属于这一种。变量之间的关系还存在第二种情况，有某种关系，但又不是确定的关系，这种情况我们一般用相关关系来描述。

确定了变量之间存在相关关系，如果我们从专业上怀疑变量之间有因果关系，或者想根据一个变量的取值预测另外一个变量的取值，这时我们就要找到两者之间的定量关系，这项工作我们称为回归分析。

7.24.2 一元线性回归分析法

回归分析有很多种类，按照涉及变量的多少分为一元回归分析和多元回归分析，一元回归分析是指只有一个自变量的回归分析，而多元回归分析是指有多个自变量的回归分析；按照自变量和因变量之间的关系类型，可分为线性回归分析和非线性回归分析。本文介绍一元线性回归。

某电子产品焊接过程焊点的拉力强度是关键质量特性，拉力强度是指焊点拉断所需要的最大的力，单位是N，希望拉力越大越好，这种情况我们称为望大型指标。技术人员怀疑焊接过程中涂抹的焊膏量对于拉力强度有显著影响,于收集了20个焊点涂抹的焊膏量与拉力强度数据,见表7-13。

表7-13 焊膏量与拉力强度数据

序号	焊膏量/ml	拉力强度/N	序号	焊膏量/ml	拉力强度/N
1	5.1	66.3	11	4.5	58.3
2	4.1	60.0	12	3.8	57.6
3	5.2	66.8	13	5.8	66.7
4	4.2	62.2	14	6.6	70.1
5	4.4	61.7	15	4.6	62.8
6	5.0	66.1	16	5.5	67.5
7	6.7	72.8	17	6.1	72.2
8	5.6	64.7	18	4.5	62.8
9	4.9	61.0	19	5.8	67.6
10	4.5	59.8	20	4.0	58.0

我们来建立焊膏量与拉力的一元线性回归方程,如果方程有效,则希望找到焊膏量的最佳值并预测最大拉力。所需的文件为Minitab数据文件"一元回归分析.mtw"。

这种情况通常我们先绘制两个变量之间的散点图,判断两个变量大致的关系,如图7-110所示。

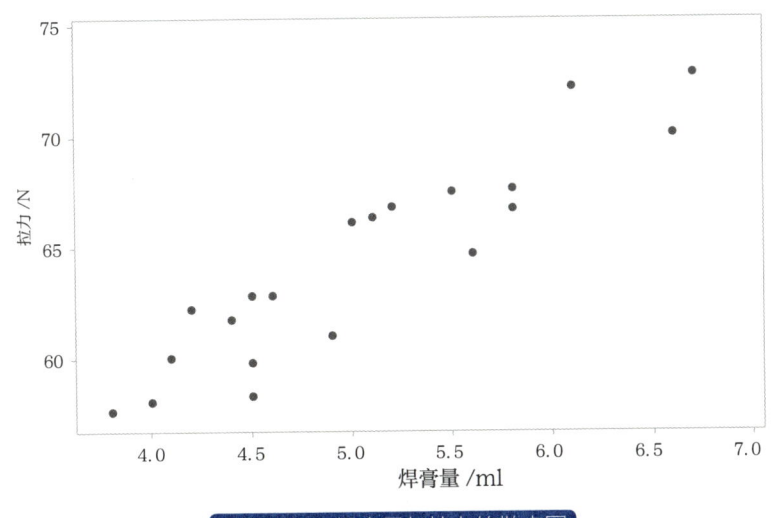

图7-110 焊膏量与拉力的散点图

从图7-110可以看出，随着焊膏量的增加，拉力呈现出比较明显的增加趋势，但还是有一定波动。在焊膏量相近甚至同样的情况下，得到的拉力值并不一样，可能高一些，也可能低一些。总体来说，要想获得较高的拉力值，焊膏量涂抹的应该多一些。

以上是定性判断，但是要回答更深入的问题，比如焊膏量最大的涂抹量是多少？对应的拉力值又是多少？要得的这些数值，就需要用回归分析了。根据散点图可以判断，两个变量之间用线性回归分析是合理的。

（1）画散点图

执行"图形>散点图"菜单命令，选择"简单"按钮，然后单击"确定"。在弹出的对话框中"Y变量"输入"拉力"，"X变量"输入"焊膏量"，如图7-111所示。

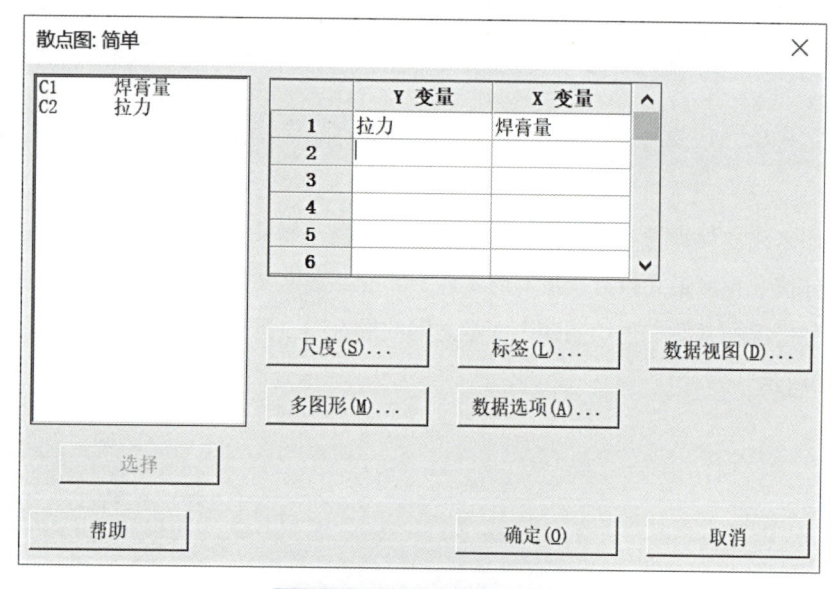

图7-111 绘制散点图界面

得到散点图如图7-110所示。

（2）建立一元线性回归模型　执行"统计>回归>回归>拟合回归模型"命令，在弹出的对话框中"响应"输入C2列"拉力"，"连续预测变量"输入"焊膏量"，单击"图形"按钮，选择"四合一"单选按钮，如图7-112所示。

（3）分析回归模型

分析回归模型共4个步骤，具体如下。

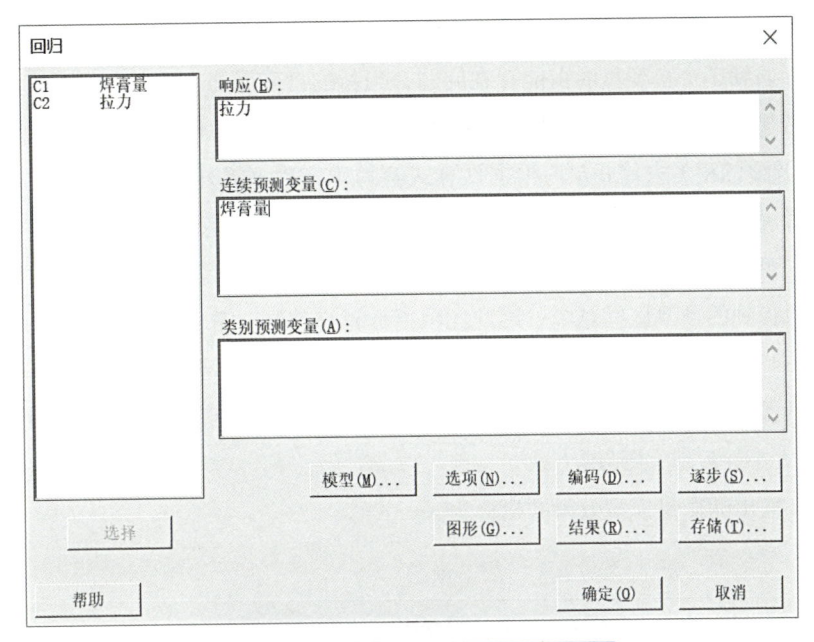

图7-112 一元线性回归模型创建界面

步骤1 判断整个模型是否显著，或者说用焊膏量预测拉力是否有意义。只有当模型显著时，才有必要继续分析。如果模型不显著，说明我们怀疑的焊膏量对拉力有显著影响是错误的，这是就需要再去寻找其他因子。通过Minitab得到的回归方程是"拉力=39.28+4.949×焊膏量"，这个回归方程是否有意义？首先需要判断模型是否显著。

判断模型是否显著是通过假设检验实现的。首先要确定假设检验的原假设和备择假设。判断模型是否显著的原假设H_0：模型不显著；备择假设H_1：模型显著。当模型项检验的$P<0.05$时拒绝原假设，认为模型是显著的，否则就认为模型不显著。Minitab输出了模型检验的结果为

来源	自由度	Adj SS	Adj MS	F值	P值
回归	1	336.25	336.248	103.60	0.000
焊膏量	1	336.25	336.248	103.60	0.000
误差	18	58.42	3.246		
失拟	15	47.52	3.168	0.87	0.638
纯误差	3	10.90	3.635		
合计	19	394.67			

可以看出，回归的$P=0.000<0.05$，说明模型是显著的。

步骤2 判断模型效果，通常用R^2、R^2_{adj}、S衡量回归模型总效果。

R^2衡量回归方程解释观测数据变异的能力，其值越接近1代表模型拟合得越好。但这个指标遇到多个自变量时可能存在问题，当新的自变量加入模型中，不管这个变量影响是否显著，R^2都会增大，所以从R^2增大看不出新增加的自变量是否有意义，需要用R^2_{adj}（调整的R^2）去修正R^2。根据计算式容易确定R^2_{adj}比R^2小，但如果R^2_{adj}比R^2小得不多，或者说R^2与R^2_{adj}差距很小，说明模型拟合效果好。

衡量模型效果的第三个指标是残差标准差S，其值越小，说明指标的波动越小，进行预测时得到的预测区间越窄，因此此项指标越小越好。粗略地说，预测区间最窄时大约是$\pm 4S$，也就是4个残差标准差的宽度。但S大小往往需要与具体的指标联系起来，需要具备相应的专业知识进行判断，非该领域性有时很难判断，但可以根据R^2粗略判断S的大小，R^2越大则S越小。

Minitab输出的衡量模型效果的指标为

S	R^2	R^2_{adj}	R^2（预测）
1.80157	85.20%	84.37%	82.09%

可以看出，R^2=85.2%，说明用焊膏量可以解释拉力85.2%的变异；R_{adj}^2=84.37%，与R^2差距不大，S=1.80157，说明模型拟合效果不错。

步骤3　残差分析。建立回归模型是基于自变量X与因变量Y之间存在线性关系，使用最小二乘法建立回归方程。线性关系假定符合是否，我们需要进行残差分析。

Minitab输出了拉力四合一残差图，如图7-113所示。

首先判断残差是否服从正态分布。图7-113（a）给出了残差的正态性检验结果，图中数据点都在一条直线周围，没有什么明显的趋势或规律，尤其是正态性检验的$P>0.05$，可以认为残差服从正态分布。

其次是看与拟合值的残差图，也就是右上角的图形即图7-113（b）。图7-113（b）的横轴是拟合值，也就是把自变量代入回归方程得到的Y。从前面的分析可以知道，我们建立的回归方程是拉力=39.28+4.949×焊膏量，把每个X代入回归方程可以得到对应的拟合值。这张图重点要看残差值是否随机地在水平轴上下无规则地波动，有没有中间低两边高或中间高两边低的弯曲形状，或者类似与喇叭形状的残差。如果残差是随机波动的，说明残差没有异常。图7-113（b）中没有出现明显的弯曲或喇叭的形状。

再次是分析与观测值顺序的残差图也就是右下角的图形，即图7-113（c）。这张图形重点看残差是否出现了越来越高或越来越低的趋势。从图7-113（c）可以看出，残差没有明显的趋势。

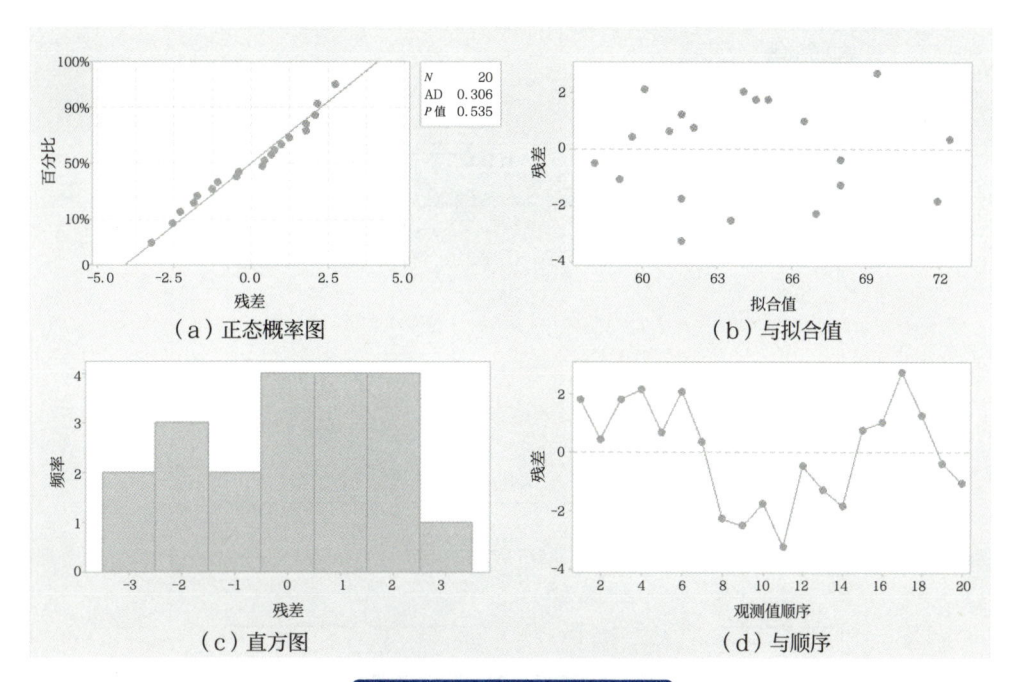

图7-113 拉力四合一残差图

(a) 正态概率图
(b) 与拟合值
(c) 直方图
(d) 与顺序

综合以上3张图形判断，残差没有发现异常情况，说明拟合线性模型是合适的。

步骤4　利用回归模型进行预测。我们建立回归模型的目的是希望通过设置焊膏量得到最优的拉力。可以使用Minitab的响应优化器功能寻找焊膏量的最佳设置。执行"统计>回归>回归>响应优化器"，在弹出的对话框中单击"目的"下列表框的下拉箭头，选择"最大化"，如图7-114所示。

单击"确定"按钮后，Minitab输出优化结果如图7-115所示。

从图7-115可以看出，当焊膏量为6.7时，可以得到最大的拉力值为72.44 N。

需要注意的是，过程是存在波动的，即使我们精确地把焊膏量控制在6.7并焊接多次，得到的拉力也是有波动的，可能比72.44高一些，也可能比72.44低一些。Minitab在给出拟合值的同时在会话窗口中给出了95%预测区间，具体为

变量	设置
焊膏量	6.7

响应	拟合值	拟合值标准误	95%置信区间	95%预测区间
拉力	72.440	0.900	（70.550，74.331）	（68.209，76.671）

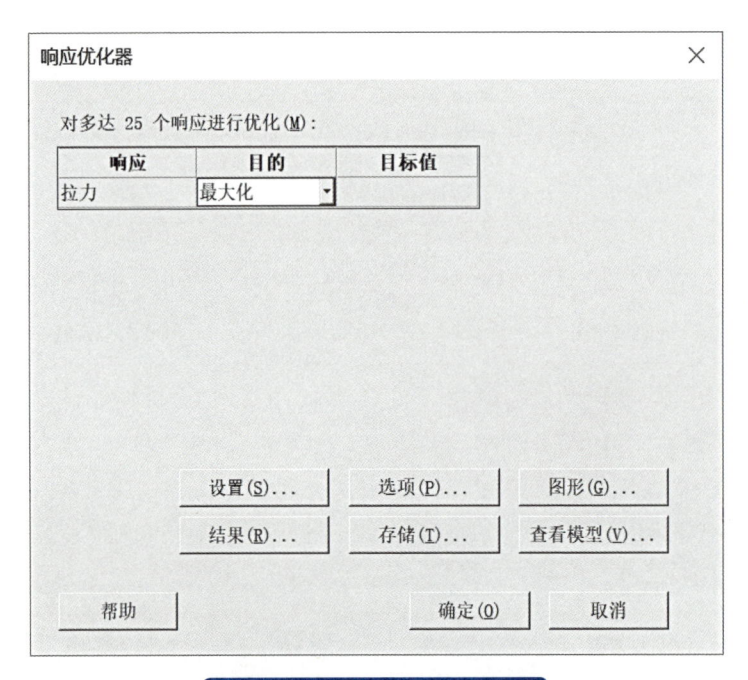

图7-114 响应优化器设置界面

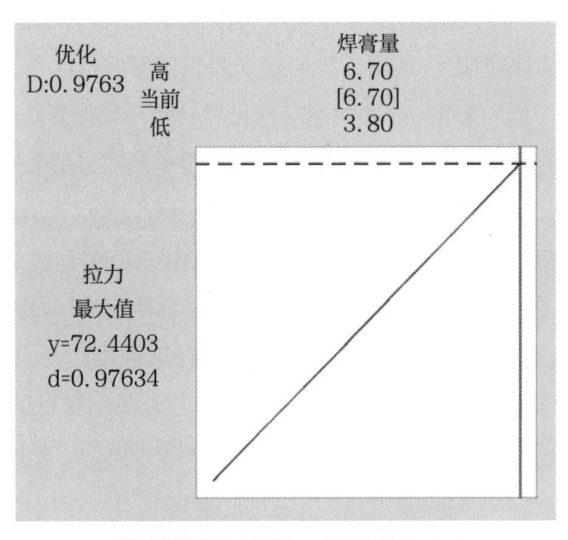

图7-115 Minitab输出的优化结果

这里的95%预测区间是有实用价值的，其含义是：如果我们把焊膏量控制在6.7ml并焊接100个焊点，测量拉力数值，预计大约有95个的拉力在68.21～76.67N。

得到了95%预测区间后，如果条件允许，我们还可以做几次验证试验，以验证模型的是否与实际情况吻合。比如我们把焊膏量设置为6.7ml，进行10次焊接试验，测量焊接的拉力强度。如果10次试验结果中有8次、9次或10次落在95%预测区间内，说明模型与实际情况是吻合的，下一步我们就可以按照焊膏量设置为6.7。如果10次试验的拉力测量值只有不超过6次落在95%预测区间内，说明模型与实际情况不太符合，此时需要再进行一些深入分析。

7.24.3 回归分析法的注意事项

在使用回归分析时要注意以下问题。

1）两个变量有线性相关关系未必有因果关系。有人统计了1999—2009年共计11年某个地区掉进池塘淹死的人数与尼古拉斯·凯奇出演的影片数的关系，如图7-116所示，结果发现两者呈现出很完美的线性相关关系，但这并不意味着两者之间有因果关系，此时建立回归模型没有意义。

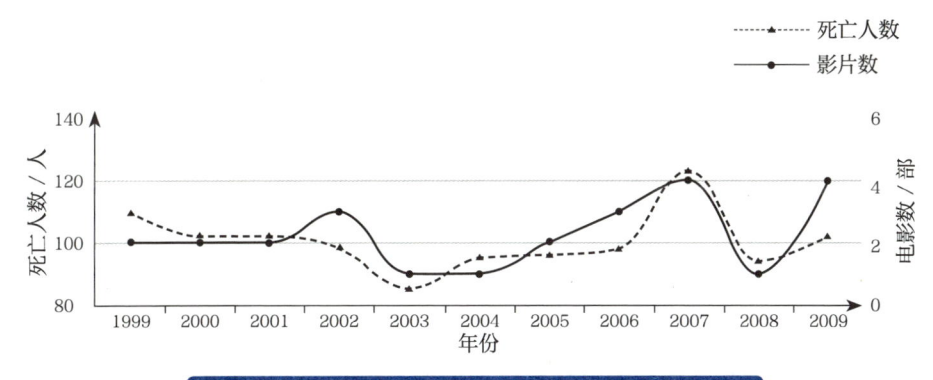

图7-116 淹死人数与尼古拉斯·凯奇出演电影数关系

2）回归模型外推是危险的。有人可能会说，从响应优化器看，焊膏量越高，拉力越大，这一点从回归方程也可以看出来。如果我们把焊膏量设置为10ml，是否可以得到更高的拉力呢？答案是不知道。我们收集了焊膏量在3.8～6.7ml的数据，只能预测焊膏量取值在这个范围之内的拉力数值。超出了这个范围两个变量之间是否还是线性关系，我们都是不知道的。

7.25 失效模式及后果分析（FMEA）

7.25.1 什么是FMEA

失效模式及后果分析（FMEA，Failure Mode and Effect Analysis），FMEA是一种用于确定、识别和消除产品在系统、设计、过程和服务中已知的和潜在的失效、问题、原因的方法。

FMEA 是一个非常有效的风险评估的工具，从20世纪40年代开始，逐渐应用于航空航天、汽车工业、医疗技术、电子电器、化工等行业。2019年，美国汽车工业行动集团（AIAG，Automotive Industry Action Group）和德国汽车工业联合会（VDA，Verband der Automobilindustrie）联合发布了新版FMEA书。

我们在工作或者生活中经常因为没有提前进行系统的风险评估，没有提前采取一些预防或者探测的办法，而导致严重的后果。我们先来看一个故事，一个强大的王国是如何灭亡的？王国为何灭亡呢？是因为王国在战争中惨败。王国为何在战争中惨败？是因为将军牺牲了。将军为什么牺牲了？是因为战马摔倒了。战马为什么摔倒了？是因为马掌（马蹄铁）掉了。马掌为什么掉了？是因为铁钉没有钉紧马掌。因为一个小小铁钉的松动，竟然导致了整个王国的灭亡！

故事虽然看起来有些夸张，但在现实中也是经常出现类似的情况的。美国的"挑战者"号航天飞船的失事，是人类探索太空史上的一次悲壮的事故，其技术上的直接原因就是右侧燃料箱的橡胶密封环在低温条件下失效，造成燃料泄漏并产生问火焰，导致一连串的连锁反应。最后"挑战者"号在升空73s后爆炸解体坠毁，机上的7名宇航员丧生。如果能够事先能够识别该风险并加以预防，悲剧或许不会发生。

7.25.2 何时使用FMEA

当出现以下情形时，可以使用FMEA。

情形1：当进行了新产品、新过程、新服务的设计时。

情形2：对现有产品、过程、服务进行改变或改进时。

情形3：将现有产品、过程、服务用于新的环境、场所时。

7.25.3 FMEA的作用是什么

FMEA可以对产品或者服务的实现过程进行系统分析，明确客户需求，找出潜在的失效模式，以及可能导致的后果，并分析原因。

FMEA能够系统地评估风险，然后根据风险的高低，找出可以除去或减少潜在问题发生机会的方法，以提高产品或者服务的质量的一种系统化的活动。FMEA的重点是问题的预防，而非事后的检测，为风险的识别和消除，提供文档的记录和动态更新。

7.25.4 怎么使用FMEA

FMEA有很多种不同的版本，最常用的有设计FEMA（DFMEA，Design FEMA）和过程FMEA（PFMEA,Process FMEA），让我们来看看FMEA的表格和范例吧。图7-117中是FMEA模板。

1）序号：序号指的是过程的编号。

2）过程/步骤：是指FMEA研究的过程或者过程中更细致的步骤。

3）功能及要求：功能是指过程设计的意图或目的；要求是指功能的进一步的细化和量化。要求通常是可测量或者可以评价的特性。例如，时间（s）、功率（W）、流体（体积）、速度（r/min）等。FMEA中如果不能准确识别客户对产品或者服务的要求会导致客户的需求无法满足，因此这一步尤其重要。功能及要求通常需要考虑到四类客户：内部客户、外部客户、法律法规、产品最终用户/操作者。了解客户的功能及要求可以通过调研、访谈、电话及邮件沟通等方式，也可以使用QFD质量功能展开来系统地整理和收集客户的需求。

4）潜在失效模式：是指过程不能符合客户预期的要求。失效模式通常包含7种典型的情况：过程功能丧失；部分功能丧失；过程功能降低；过程功能超出预期；间歇过程功能；非预期过程功能；过程功能延迟。

以笔记本键盘举例，以上7种失效模式的表现具体如下。

过程功能丧失：整个键盘失灵。

部分功能丧失：部分键盘失灵，或者键盘的背光功能失灵。

过程功能降低：键盘的灵敏度下降，需要较大力量才能输入字符。

过程功能超出预期：键盘敲一次，却出来几个字符。

间歇过程功能：键盘有时候灵敏，有时候不灵敏。

①	②	③	④	⑤	⑥	⑦	⑧	⑨	⑩	⑪	⑫	⑬	⑭	⑮	措施结果			
															⑯	⑰	⑱	⑲
序号	过程/步骤	功能及要求	潜在失效模式	潜在失效后果	严重度	潜在的失效原因	频度数	现行过程预防控制	现行过程检测控制	探测度	风险优先指数	建议的措施	责任人及目标完成日期	采取的措施和日期	严重度	频度数	难检度	风险优先指数

图7-117 FMEA模板

非预期过程功能：键盘敲字母A，却出来字母"B"。

过程功能延迟：敲击键盘后，字符出现时延。

5）潜在失效后果：客户所觉察的过程的失效模式的后果。例如噪声、粗糙、外观不良、异味、不稳定、工作减弱、运行间歇、泄漏、不符合法规等，通常根据客户可能发现或经历的情况来描述失效的后果。分析失效后果的意图就是在小组所拥有的知识层次上，尽可能地预测到失效的后果。

6）严重度，严重度是评价失效模式对应的后果的严重程度，严重度是按照1~10打分评价。1分为对客户无影响，10分为影响非常严重，影响人身安全或者违反法律法规的要求。

7）潜在的失效原因：是指引起失效模式的流程变异来源。可能是更底层的某一个小步骤出错，也可能是流程中的作业要素、人员、设备、材料、环境等因素出现了偏差。例如，喷嘴堵塞、传输速度不稳定、材料供给太快、温度偏离中心值等。在FMEA中，系统地识别各种失效原因，才能更好地制定有效的检测和预防措施。

8）频度数：频度数是失效原因发生的可能性。采用1~10分打分制，1分为不发生，10分为发生频次非常高。

9）现行过程控制预防：目前采取了何种措施来预防要因的发生。

10）现行过程检测控制：目前采取了何种探测手段来探测失效模式或者潜在要因的发生。

11）探测度：也称为难检度，指探测失效原因或者失效模式的难易程度。采用1~10分打分制，1分代表几乎确定能够探测，10分代表几乎不可能探测。

12）风险优先指数：是严重度与发生频次与探测度这3个分数相乘的结果。分值范围为1~1 000。分值越高代表风险越高。（2019年的新版FMEA，根据严重度与发生频次及探测度的1 000种组合来决定采取行动措施的优先级。行动的优先级可以分为高、中、低。详情可以参考2019年的新版FMEA，本节在此不作展开。）

13）建议的措施：FMEA团队建议将来采取何种探测措施或者预防措施，以降低风险。建议首先使用预防控制，预防措施比探测措施更有价值。

14）责任人及目标完成日期：谁来负责实施建议措施及计划何时完成建议措施。

15）采取的措施和日期：最后实施的措施是什么？这些措施可能跟之前的计划的措施是一致的，也可能是不一致的。这些措施完成的日期也需要写上。

16）严重度：采取措施后重新评估严重度。值得注意的是严重度通常难以改变，除非产品或者过程设计发生了变更。

17）频度数：采取措施后重新评估发生频次。当采取的措施是预防措施时，发生频次才有可能会下降。

18）难检度：如果采取了新的措施，可以重新评价采取措施后，探测失效原因或者失效模式的难易程度。

19）风险优先指数：采取措施后重新评价RPN值。

7.25.5　FMEA案例

FMEA不仅可以用于制造业中识别和评估各种制造，装配环节所带来的风险，也可以用于服务行业或者管理流程中，系统地评估各个流程中隐藏的风险，从而提前加以预防。美国的"挑战者"号航天飞船的失事，不仅仅因为技术上的风险未能实现识别和预防，也有管理上的风险未能识别和预防。下面举一个简单的例子，让我们初步来了解一下FMEA在服务流程中的应用。获得六西格玛绿带的小S开了一家餐厅，她希望通过FMEA来评估客户从排号到等待上菜的过程中的种种风险。FMEA如图7-118所示（注，本节面向的对象是非汽车行业的FMEA入门者，如果读者对FMEA感兴趣，可以参考AIAG和VDA联合发布2019年新版FMEA，学习更新和更全面的内容）。

7 DAI动环改进方法论的工具与方法

序号	过程/步骤	功能及要求	潜在失效模式	潜在失效后果	严重度	潜在的失效原因	频度数	现行过程预防控制	现行过程检测控制	探测度	风险优先指数	建议的措施	责任人及目标完成日期	采取的措施和日期	严重度	频度数	难检度	风险优先指数
10	客户取号	客户取号并等待时间小于15min	客户等待，客户放弃等号去其他餐厅了	客户流失，影响短期及长期营业额	8	排队区域硬件设施不充分，空间狭小，缺少凳子	6	无	1.领班每15min确认等候区凳子是否足够 2.领班每15min确认等候区茶水是否充足	5	210	1.等候区域硬件等升级 2.等候区域配备棋、电脑等娱乐设施	经理 2019-3-16	1.客户等候区域扩容，并配备够椅子、小吃、茶水、饮料等 2.等候区域备棋、电脑等娱乐设施	8	1	5	40
20	引导客户就餐	迎宾员引领客户来到餐桌，餐桌已经清洁干净，餐具已经摆放整齐	1.桌面及地面不及时清洁干净 2.餐具未摆放好	影响客户对餐厅的印象，客户不满意	6	迎宾员态度不好	3	无	客户如果有投诉，对服务员进行处分	5	105	1.执行神秘客户调查制度 2.每月评选优秀迎宾员	经理 2019-3-16	1.神秘客户每月调查迎宾员由客户投票评选优秀迎宾员2019-3-15 2.每月由优秀迎宾员2019-3-16	8	3	2	48
						职责和流程表不清晰，无人安排清洁	4	无	主管巡视确认	3	72	由服务员及时负责排清洁人员	客安主管 2019-3-16	上一批客人离开时，服务员马上安排人清洁2019-3-16	6	2	3	36
						职责和流程表不清晰，无人确认清洁情况	4	无	主管巡视确认	3	72	服务员及时负责检查确认	客管主管 2019-3-16	清洁完毕后，服务员马上检查确认2019-3-16	6	2	3	36
30	客户点餐	客户拿到菜单和点餐在1min内拿到菜单	客户拿到菜单/客户等菜单时间超过1min	客户等待太久，客户不耐烦	5	菜单破损或者丢失	3	无	主管每月确认1项菜单数量	5	75	采用数字化菜单，客户可以扫码点菜	经理 2019-3-16	数字化菜单已经采用2019-3-16	5	1	5	25
						服务员分工不明确	5	无	主管巡视确认	5	105	采用数字化菜单，客户可以扫码点菜	经理 2019-3-16	数字化菜单已经采用2019-3-16	5	1	5	25
40	上菜	上菜员上菜/5min内，第一道菜20min内所有菜上齐	1.第一道菜上菜时间超过5min 2.最后一道菜超过20min	客户等待太久，不满意，下次不再来	7	配菜员未提前做准备	4	无	每月1次定期点检维修或者更换破损或者的设备或者设施	5	140	根据历史数据做好预测，提前做好配菜准备工作	配菜员 2019-3-16	每月上班前提前准备好配菜	7	1	5	35
						厨房硬件不足或者损坏，未及时补充或者维修	2	无		3	42	1.厨房布局优化 2.硬件升级，购置效率更高的新设备	经理 2019-3-16	1.厨房布局调整，工具及设施得到补充 2.购买了更多的新设备	7	2	1	14

图7-118 FMEA案例示意

参考文献

[1] 阿维纳什·K. 迪克西特, 巴里·J. 奈尔伯夫. 策略思维——商界、政界及日常生活中的策略竞争[M]. 王而山, 译. 北京：中国人民大学出版社, 2013.

[2] VISSER C S P. 8D problem solving explained : turning operational failures into knowledge to drive your strategic and competitive advantages[M]. Eindhoven : in2quality, 2017.

[3] HEATH D. Upstream : the quest to solve problems before they happen[M]. New York : Avid Reader Press, 2020.

[4] 戴维·迈尔斯. 社会心理学[M]. 侯玉波, 乐国安, 张智勇, 等译. 北京：人民邮电出版社, 2016.

[5] 德内拉·梅多思. 系统之美：决策者的系统思考[M]. 杭州：浙江人民出版社, 2012.

[6] 加里·史密斯. 简单统计学[M]. 刘清山, 译. 南昌：江西人民出版社, 2018.

[7] 吉尔利·A.拉姆勒, 艾伦·P.布拉奇. 流程圣经[M]. 王翔, 杜颖, 译. 北京：东方出版社, 2014.

[8] 乔治·戴伊, 克里斯汀·穆尔曼. 由外而内的战略[M]. 北京：中国财富出版社, 2015.

[9] 王海颖. 把一个产品做到极致：福特自传[M]. 南京：江苏文艺出版社. 2016.

[10] GHARAJEDAGHI J. 系统思维：复杂商业系统的设计之道[M]. 王彪, 姚瑶, 刘宇峰, 译. 北京：机械工业出版社, 2014.

[11] 詹姆斯·P. 沃麦克, 丹尼尔·T. 琼斯. 精益思想[M]. 沈希瑾, 张文杰, 李京生, 译. 北京：机械工业出版社, 2015.

[12] 杰弗瑞·莱克. 丰田模式：精益制造的14项管理原则[M]. 李芳龄, 译. 北京：机械工业出版社. 2016.

[13] 杰里米·里夫金, 特德·霍华德. 熵：一种新的世界观[M]. 上海：上海译文出版社, 1987.

[14] 约瑟夫·M. 朱兰, 约瑟夫·A. 德费欧. 朱兰质量手册[M]. 焦叔斌, 苏强, 杨坤, 等译. 北京：中国人民大学出版社, 2014.

[15] 马文·维斯伯德, 桑德拉·简诺夫. 未来探索：将愿景、承诺和行动融入全系统的引导方法[M]. 林恩慈, 译. 北京：电子工业出版社, 2016.

[16] 迈克尔·哈默, 丽莎·赫什曼. 端到端流程：为客户创造真正的价值[M]. 方也可, 译. 北京：机械工业出版社, 2019.

[17] MAIER N R F. Psychology in industrial organizations[M]. Boston：Houghton Mifflin School, 1973.

[18] WATZLAWICK P, WEAKLAND J H, RICHARD FISCH R, et al. Change：principles of problem formation and problem resolution[M]. NewYork：W.W. Norton&Company, 2011.

[19] 皮特·圣吉. 第五项修炼[M]. 张成林, 译. 北京：中信出版社, 2018.

[20] 彼得·S.潘迪, 罗伯特·P.纽曼, 罗兰·R.卡瓦诺. 六西格玛管理法：世界顶级企业追求卓越之道[M]. 毕超, 崔丽野, 马睿, 译. 北京：机械工业出版社, 2017.

[21] 菲利普·科比. 流程思维：企业可持续改进实践指南[M]. 肖舒芸, 译. 北京：人民邮电出版社, 2018.

[22] FRAZIER P W. Back to basics：a disciplined approach[J]. Quality Progress, 2019, 52(5)：64.

[23] ACKOFF R, GHARAJEDAGHI J, CAREY A. Systems thinking for curious managers[M]. Chicago：Triarchy Press, 1988.

[24] ACKOFF R L. Idealized design：creating an organization's future[M]. London：Pearson Prentice Hall, 2006.

[25] Rogers E M. Diffusion of innovations[M]. New York：Free Press, 2003.

[26] 托马斯·派兹德克. 六西格玛书：绿带、黑带和各级经理完全指南[M]. 王其荣, 译. 北京：机械工业出版社, 2018.

[27] 威廉·爱德华兹·戴明, 乔伊斯·尼尔森·奥尔西尼. 戴明管理思想精要：质量管理之父的领导力法则[M]. 北京：金城出版社, 2019.

[28] SCHERKENBACH W. Deming's road to continual improvement[M]. Knoxville Tennessee：SPC Press, 1991.

[29] 威廉姆·布瑞奇, 苏珊·布瑞奇. 转变之书[M]. 林旭英, 译. 海口：南方出版社, 2015.

[30] 冯端, 冯少彤. 溯源探幽：熵的世界[M]. 北京：科学出版社, 2005.

[31] 郭红丽, 袁道唯. 客户体验管理：体验经济时代客户管理的新规则[M]. 北京：清华大学出版社, 2010.

[32] 贾新章, 游海龙, 顾锗, 等. 统计过程控制理论与实践[M]. 北京 : 电子工业出版社, 2017.

[33] 韦诚. 方法学——科学发现的理论基础[M]. 合肥 : 安徽大学出版社, 2008.

[34] 西内启. 统计思维[M]. 杭州 : 浙江人民出版社, 2017.

[35] 涌井良幸, 涌井贞美. 统计学入门很简单 : 看得懂的极简统计学[M]. 刘楚姮, 译. 北京 : 人民邮电出版社, 2019.

[36] 张显. 热力学熵概念的再思考[J]. 绍兴文理学院学报, 2010, 30(2) : 40-42, 57.

后记

方法论是关于自然、社会和思维活动的结构、逻辑组织、方法和手段的学说，它的主要任务就是探讨实践活动及其科学理论的最一般过程及其规律，并对这些过程和规律进行理论概括，上升为具有"规范"意义的理论认知。因此，方法论是普遍适用于各门具体社会科学并起指导作用的范畴、原则、理论、方法和手段的总和。企业里的工作方法论，也是对企业某个领域运营和管理规则的高度概括，它提供了解决问题的终极办法。

当笔者在编撰《DAI动环改进》时，就是依循这样的原则来整理和创作的。它不仅仅用界定、分析、改进这三大步骤来模型化改进行为，更重要的是，它抽象出持续改进理论中的三大一般性原则：由外而内原则，系统化原则，统计原则，并将这三大原则由始至终地贯穿在界定、分析、改进这3个步骤中，指导所有的改进行为。同时，在三大一般性原则之下，发展出工作哲学观，用来指导改进者"应该追求什么"。这5个工作哲学观分别是：流程观、数据观、增值观、速度观、变革观。这些工作哲学观进一步规范改进行为，使组织内的改进除了有一般性原则作为最高纲领，还有了工作理念可以支撑三大步骤的完成。DAI动环改进方法论还集合了持续改进理论中几乎所有主流的应用工具，可以在每个具体的改进步骤，帮助改进者落实详细的改进行动。因此，DAI动环改进方法论，完全符合方法论的定义，是标准的企业管理方法论之一。

同时，DAI动环改进方法论是易于复用的。某个员工在解决某个具体问题时采用的方法，往往因为场景的限制，难以推广或借鉴。DAI动环改进方法论针对改进问题背后的规律进行提炼，形成了一套具备普遍意义的方法论，员工就可以从中得到原则性指导，不光可以解决某个领域的问题，更可以在一定范围内解决更多同类问题。即使问题的具体情况有所变化，DAI动环改进方法论也可以起到作用，支持多场景、跨部门、跨领域地解决问题，做到跨界复用。同时，员工掌握了DAI动环改进方法论，也可以触类旁通，对于各种场景的问题，都能够举一反三地解决，大大提升组织的技能效力。供应链部门可以应用DAI动环改进方法论，服务部门也可以应用，营销部门也可以用，制造部门也可以用……DAI动环改进方法论和精益理论、六西格玛一样，适合在各个部门去完成改进，降低组织的熵。

DAI动环改进方法论还具备方法论的可传承性，这是企业建立学习型组织的关键要素。建设学习型组织的一个巨大挑战，就是员工手上的套路、具体方法或技巧，因为片面、细碎、专用，并且有员工私域技能的壁垒，最终很难被整理和总结，也就很难被传承，也很难形成企业的能力。而DAI方法论作为企业的工作理论体系，一旦被组织认可和执行，就会被相关组织整理和总结，并不断补充最新的应用案例，最终形成一套非常便于传承的体系。这在精益理论、六西格玛，以及8D的传承中都得到了验证。一方面，DAI动环改进方法论适合作为理论在各种培训和咨询的场景下使用，也就是通过被动教学的方式进行传承，另一方面，具有一定学习能力的员工，也可以非常容易地通过自学的方式进行传承，从而促进企业组织能力的建设。

我们希望DAI动环改进方法论能够帮助企业员工在实际工作中，快速有效地实施改进。它的一般性原则、工作哲学观、改进模型步骤都是依循方法论的层级及有效构成来设计的。DAI动环改进方法论站在巨人的肩膀上，继承了六西格玛、精益理论、戴明学说等诸多改进方法论的理念和实践，并进行了行之有效的扬弃，把很多高深但不常用的理论和工具做了大胆的精简。同时，高度提炼了原则和工作哲学观，解决了当代企业在实施改进中，遇到原则性问题难以抉择的困境。

同时DAI动环改进方法论也有适用范畴：它仅适用于企业的持续改进领域，不适合直接应用于战略决策、市场布局、产品创新等。不过有趣的是，这些部门的工作或业绩一旦需要改进，DAI动环改进方法论仍然适用。因此，DAI动环改进方法论是一套只要有改进的需要，就可以使用的方法论。但DAI动环改进方法论并不是完美的，它和企业的业务一样，也需要不断持续的改进和优化。我们希望企业家、管理者、一线工作者，以及业界的专家多给予我们批评和指导，让我们不断完善这套方法论。